愉しい学問

フリードリヒ・ニーチェ
森　一郎 訳

講談社学術文庫

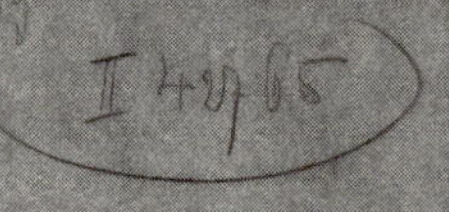

Die

fröhliche Wissenschaft.

(„la gaya scienza“)

Von

FRIEDRICH NIETZSCHE.

Ich wohne in meinem eignen Haus,
Hab Niemandem nie nichts nachgemacht
Und — lachte noch jeden Meister aus,
Der nicht sich selber ausgelacht.

Ueber meiner Hausthür.

Neue Ausgabe

mit einem Anhange:

Lieder des Prinzen Vogelfrei.

LEIPZIG.
Verlag von E. W. Fritzsch.
1887.

ニーチェ著『愉しい学問』増補第二版（1887年）原書表紙
東北大学附属図書館ヴント文庫所蔵　撮影：小岩勉

目次

凡例

・本訳書は、Friedrich Nietzsche, *Die fröhliche Wissenschaft* (1882), Neue Ausgabe mit einem Anhange: Lieder des Prinzen Vogelfrei, 1887 の翻訳である。『批判的学習版 ニーチェ全集』第三巻（*Friedrich Nietzsche Sämtliche Werke. Kritische Studienausgabe*, Band 3, Deutscher Taschenbuch Verlag/ de Gruyter, 1980）（＝KSA版）所収のテクストに拠って訳出した。

・東北大学附属図書館の「ヴント文庫」には、一八八七年刊の原書第二版（Friedrich Nietzsche, *Die fröhliche Wissenschaft („la gaya scienza“)*, Neue Ausgabe mit einem Anhange: Lieder des Prinzen Vogelfrei, Leipzig, Verlag von E. W. Fritzsch, 1887）が収蔵されており、こちらも参看した（扉裏写真を参照）。

・訳出にさいしては既存の翻訳も参考にさせていただいた（「訳者あとがき」を参照）。先人の訳業に謹んで御礼申し上げる。

・ニーチェがドイツ語以外の言語、とくにラテン語を用いている場合は、〔 〕内に原語を添えるようにした。ただし、フランス語や英語の場合は、そのかぎりではない。ルビを振ってすませることもある。ルビは、必要に応じて、ドイツ語の読みにも用いた。

・原文のダッシュ（—）やリーダー（…）は、訳文になるべく再現するようにした（「——」、「……」）。感嘆符（！）は、日本語に再現することは控え目にし、その代わり、詠嘆をこめた訳文になるよう工夫した（たとえば、文末に「……だ。」を用いるなどしたため、「……だ。」の文末が若干多めになっている）。

・原文の強調（隔字体（ゲシュペルト））は、訳文では傍点を付した。ただし、各断章の見出し（原文では隔字体）は、ゴシック体とした。

・訳注は、なるべく抑制したつもりである。簡単なものは、本文中に〔　〕内に書き添え、長めのものは、アスタリスク（＊）つきの通しの注番号を本文に付したうえで、巻末に一括して載せた。巻末一括注はおおむね解釈をふくむ補注であり、本文を通読するさいには飛ばしてもらってかまわない。逆に、巻末一括注から本文へ進められるよう、通し番号の次の〔　〕内に本書の頁付けを添えた。

・本書には、今日では差別的とされる表現が出てくる。できるだけ配慮した訳文にしたつもりだが、不充分なところが残っているかもしれない。ニーチェの問題提起の烈しさに改めて思いを致すとともに、読者の寛大なご理解を賜わりたいと思う。

愉しい学問

私は、自分自身の家に住み、
誰の真似も全然したことがない。
そして——自分自身を笑い飛ばさない大家は、
残らず笑い飛ばしてやった。

わが門扉に記す[*1]

第二版への序文

一

この本には、おそらく一つの序文だけでは足りない。いや結局のところ、たとえ序文が複数あったとしても、似たことを体験したことがなければ、序文を読んでこの本の**体験**に接近できるかどうか、依然として疑わしいままだろう。この本は、雪解けをもたらす春風の言葉で書かれているように見える。そこには大はしゃぎ、落ち着きのなさ、辻褄の合わないこと、四月の変わりやすい天気があり、それゆえ、冬はまだ近くにいることが、またそれと同様に、冬に対する**勝利**が、不断に告げられている。その勝利はやって来つつあり、やって来るにちがいなく、おそらくすでにやって来ている。……感謝の念が、絶えず迸(ほとばし)り出ている。まさに最高度に思いがけないことが、つまり快復しつつある者の感謝の念が、起こったかのようである。——というのも、**快復**こそ、この最高度に思いがけないことだったからである。「愉しい学問」、この題名は、一個の精神が無礼講のお祝いをする農耕神祭(サトゥルヌス)、という意味である。その精神は、長期の恐るべき圧迫に辛抱づよく抵抗してきた——辛抱づよく、苛酷に、冷厳に、屈服せず、だが希望も抱かず——のであり、その精神が、今や突如として、希望という発作に襲われるのである。つまり、健康への希望、快復の陶酔にである。そのさい、非理性的で狂気じみたものが幾つも現われ出てくるとしても、何を驚くことがあろうか。肌には剛毛の生えた、愛撫されたり誘惑されたりするのには不向きな問題にさえ、勝手気ままな情愛が惜しげもなくたっぷり注がれるとしても、驚くには当たらない。本書全体は、長期の窮乏と虚脱のあとの、浮き浮きした愉快な気分以外の何物でもない。つまりそれは、力が回復し、明日と明後日への信頼が新たに目覚め、未来を、近づく冒険を、ふたたび開けた海を、ふたたび許されふたたび信じられるに至った目標を、突然に感知し予感するさいの、小躍りする喜びにほかならない。今となってみれば、私の背後には、何という一切が横たわっていたことか。青春のただなかの砂漠、疲労、不信、氷結の、この断片。不当な位置に挿し込まれた、この老境。苦痛のこの僭主制、ひいてはその暴君ぶりをも凌いで、苦痛の帰結――帰結とは慰めのことだ――すら拒否した、矜持の僭主制。病的に烱眼になった人間軽蔑に対する正当防衛としての、この過激な孤独化。精神上の不注意な養生法と贅沢嗜好――人呼んでロマン主義――から徐々に生じた吐き気によって処方された、苦くて渋くて苦痛を与える認識のみに向かう、この原理的切り詰め――。おお、誰が私のこうした一切を追感できるというのか。だが、それができる人ならきっと、私のいくばくかの愚かしさとか、浮かれ騒ぎとか、「愉しい学問」とか以上のものまでも、大目に見てくれるだろう。――たとえば、第二版に添えられた一握りの詩篇――ある詩人が一切の詩人たちを許しがたい仕方で笑い物にしている詩をも。――ああ、この復活した男が悪意をぶちまけずにはいられない相手は、詩人とその美しい「抒情的感情」だけではないのだ。彼がどんな種類の生贄を求めているか、パロディーの題材となるどんな種類の怪物が彼をたちまち惹きつけることになるか、誰が知ろう。「悲劇が始まる〔Incipit tragoedia〕」――怪しげでありながら怪しげでなく慎重でありかつ軽率なこの本の終わりには、そう記されている。用心したまえ。とびきり意地悪で悪質な何かしらが、そこに告知されている。パロディーが始まる〔incipit parodia〕、たしかにその通り……。

二

――だが、ニーチェ氏のことは措こう。ニーチェ氏が健康を回復したことなど、われわれに何の関係があろうか。……心理学者たる者、健康と哲学の間柄という問題ほど、魅力的な問題を知らない。また、心理学者自身が病気になった場合、彼はありったけの学問的好奇心を自分の病気につぎ込む。なにしろひとは、一個の人格であるとすれば、自分の人格の哲学をも、必ずや持つからである。しかしながら、そこには相当の違いがある。哲学することが、当人の欠陥である人もいれば、当人の財産や能力である人もいる。前者の人間は、哲学を必要とする。支えとしてであれ、安らぎとしてであれ、薬品としてであれ、救済としてであれ、高揚としてであれ、自己疎外としてであれ、そうである。後者の場合、哲学は美しき贅沢にすぎず、せいぜいのところ、勝利に満ちた感謝の爽快感でしかなく、概念の天空に宇宙大の大文字で書きつけられるのが関の山である。しかるに、もう一方の、もっと普通の場合には、つまり、病気の思想家がみなそうであるように——哲学史では病気の思想家のほうがおそらく優勢だろう——窮状が哲学を駆り立てる場合には、病気の重圧のもとへ運び込まれる思想それ自体は、いったいどんなことになるだろうか。これは、心理学者の関心をそそる問題である。しかも、ここでは実験が可能である。特定の時刻に目覚めようと心に決め、安んじて眠りに就く旅人と同じように、われわれ哲学者も、病気になった場合、心身ともにしばし病気に身をゆだねる。——いわば、自分に対して目を閉じるのである。眠らない何物かがいること、時間を数えて自分を起こしてくれる何物かがいることを、旅人は知っているが、それと同じように、われわれも知っているのだ。決定的瞬間にふと気がつくと、われわれは目覚めていることを。——そしてその場合、何物かが飛び出て来て、精神を現行犯で取り押さえることを。私が言っているのは、弱さとか改心とか恭順とか硬化とか陰鬱化とかいった、精神の病的状態と呼ばれるものすべてのことである。それらは、健全な日常では、精神の矜持に逆らうものなのだが（なにしろ「誇り高き精神、孔雀、馬、これぞ地上の最も誇り高き三大動物なり」と古来歌われてきたほどだから——）。そういう種類の自己審問、自己誘惑のあとでは、いっそう繊細な眼でもって、およそこれまで哲学の話題にされてきた事柄すべてを眺めやることができるようになる。思わず入り込んでしまった思想の脇道、裏小路、休息所、日の当たる場所を、以前より正しく探り当てられるようになる。そういった場所へと、悩める思想家は、悩めるがゆえにこそ、誘（いざな）われ、誘惑されるのである。今や分かってくるのは、病める身体とその欲求が、知らず識らずのうちに精神を、どこへ押しやり、突き動かし、おびき寄せるか、である。――何らかの意味での、日向（ひなた）のほうへ、静寂のほうへ、温暖のほうへ、忍耐のほうへ、薬物のほうへ、慰安のほうへ、である。戦争よりも平和を上位に置く、あらゆる哲学。幸福という概念を消極的に解してしまう、あらゆる倫理学。終末（フィナーレ）、つまり何らかの種類の終極状態を説く、あらゆる形而上学ならびに自然学。脇道、彼岸、外部、上部を求める、主として美的または宗教的な、あらゆる要求。それらを考えるにつけ、哲学者に霊感を与えてきたのは病気だったのではないか、との疑問を抱いたとしても不思議ではない。生理学的欲求にすぎないものを、客観的なもの、観念的なもの、純然たる精神的なものといったマントを被って無意識のうちに変装させるやり方は、愕然とするほど、広く行き渡っている。――そして、じつにしばしば私は自問してきたのだが、大まかに見て、哲学とはこれまで総じて、身体の一解釈、身体の誤解の一つにすぎなかったのではないか。思想史をこれまで導いてきた最高の価値判断の背後には、身体の性状に対する誤解が隠されている。個人のそれにしろ、身分階級のそれにしろ、人種全体にしろ、そうである。形而上学のあのむちゃくちゃな大胆不敵さの一切は、とりわけ、この世に生きることに価値はあるのか、という問いに対する形而上学の答えは、身体の特定のあり方を示す徴候であると、さしあたりいつでもそう見てよい。そのような世界肯定または世界否定は、科学的に測定すれば、全部ひっくるめて一粒の意義も宿していないとしても、しかし、それだけいっそう価値ある示唆を、歴史家や心理学者に与えるのである。つまりそれらは、今言ったような意味での、身体の徴候と解されるのであり、身体の出来の善し悪しの徴候、歴史における身体の充実、力強さ、自負の徴候、あるいは、身体の障害、疲労、貧困化の徴候、身体の終末の予感や終末への意志の徴候、と解されるのである。私が依然として期待したいのは、語の例外的意味における哲学的医師――民族、時代、人種、人類の総体としての健康という問題を追究しなければならない医師――が、私の疑惑を尖鋭化させては、次の命題を敢然と述べる勇気を、いつかは持つことになることである。すなわち、どんな哲学的営為においても、これまで問題とされてきたのは、「真理」などでは毛頭なく、別の何かであり、言うならば、健康、未来、成長、権力、生であったのだ……。

三

――あの重い長患いの時期から得たものは、私にとって、今なお汲み尽くせないほどであり、そういう時期に感謝の念も表わさずに別れを告げたくないという私の気持ちは、分かってもらえることだろう。それと同様、私の健康が概して変化に富んでいるおかげで、どんないかつい精神の持ち主にも立ち勝って、私がどれほど強壮なものを持ち合わせているかは、私自身よく分かっている。数多くの健康をこれまで通り抜けてきたし、今も繰り返し通り抜けている哲学者は、それと同じだけ多くの哲学をも、くぐり抜けてきたのである。すなわち、彼にできるのは、自分の状態をそのつど、最も精神的な形態と遠さのうちへ置き換えること、これ以外にはないのだ。――この変身の術こそ、哲学なのである。民衆がそうするように、霊魂と身体を分離することは、われわれ哲学者には許されない。まして、霊魂と精神を分離するなど、われわれに許されるはずもない。われわれは考える蛙ではないし、冷ややかな内臓をもった客観化装置でも記録機器でもない。――われわれは絶えず、自分の思想を自分の苦痛から産み出しては、その思想に、自身の内なる血液、心臓、熱気、喜悦、情熱、苦悶、良心、運命、宿命を、母親のように献身的に、そっくり授けてやらねばならない。生きるとは――われわれにとって、われわれの存在の総体を、われわれに関係する一切のものをも、光と炎に絶えず変化させることである。われわれにできるのは、それだけである。また、病気に関して言えば、われわれはそもそも病気なしにすまされるのかと、ほとほと訊いてみたくなる。大いなる苦痛こそ、精神の究極の解放者なのだ。というのも、大いなる苦痛とは、ローマ数字のVをXに見せかけて騙すと思いきや、正真正銘のXつまり未知数記号X[*2]に変えてしまうような、大いなる疑惑の教師なのだから。……大いなる苦痛、つまり、じっくり時間をかけてわれわれをいわば生木の薪で火あぶりにする、あの長くのろのろした苦痛に強いられてはじめて、われわれ哲学者は、みずからの最後の深みへと下りてゆくのであり、おそらくわれわれがかつて自分の人間性をそこへはめ込んでいた一切の信頼、一切の温情、粉飾、穏和、中庸を脱ぎ捨てるのである。私は、そのような苦痛が「向上させる」かは、疑わしいと思う――が、苦痛がわれわれを深化させる、ということなら知っている。ところで、われわれが苦痛に、われわれの矜持、われわれの嘲笑、われわれの意志力を対置させることを学んで、どんなにひどく虐待されても虐待者に毒舌でもって仕返しをするインディアンのような真似をするにせよ、あるいは、苦痛を前にして、あの東洋風の虚無——涅槃（ニルヴァーナ）と呼ばれるもの——のうちへ、つまりおし黙った、かたくなで、聞く耳をもたぬ自己放棄、自己忘却、自己滅却のうちへ引きこもるにせよ、ともかくわれわれは、そうした長期の危険な自己支配の訓練のなかから、ある別個の人間として現われ出てくる。若干の疑問符を余分に携え、とりわけ、従来ひとが問うてきたよりも今後はいっそう多く、いっそう深く、いっそう厳密に、いっそう苛酷に、いっそう邪悪に、いっそう静かに問おうとする意志を携えて。生への信頼は失われた。すなわち、生きること自体が問題と化した。——だからといって、いかんともしがたくわれわれは陰気な人間になったなどと思わないでほしい。生への愛すらなお可能であり、——愛し方が違うだけである。それは、疑念を抱かせる女に対する愛なのだ……。しかるに、一切の問題的なものの刺激、Xに浸る悦びは、その種のいっそう精神的で、いっそう精神化された人間の場合、あまりに大きいので、この悦びは、問題的なものの一切の困窮の上に、不確実さの一切の危険の上に、愛する者の嫉妬の上にすら、照り輝く灼熱のように、繰り返し繰り返し降り注がずにはいない。われわれは知る、新しい幸福を……。

四

最後に、最も本質的なことを言わないままでいるわけにはいかない。ひとは、そのような数々の深淵から、そのような重い長患いから、ひいては重い疑惑の長患いから、新しく生まれてふたたび立ち戻ってくる。脱皮して、いっそう敏感になり、いっそう意地悪になり、悦びを好む趣味の上品さが増し、一切の慶事をより繊細に味わえるようになり、いっそう快活な感覚をそなえ、悦びにおけるいっそう危険な第二の無垢をそなえ、いっそう子どもじみていると同時に、かつて誰かが到達したよりも百倍も洗練されて。おお、今やわれわれには、享楽がどんなに疎ましく感じられることか。享受にありつく連中が、つまり現代の「教養人」、現代の金満家や支配者たちが、平生解しているような、粗野でかび臭い褐色の享楽など、クソくらえだ。今日の「教養人」や大都会の住人が、芸術や書物や音楽という精神的飲料（アルコール）の助けを借りて、みだらな「精神的享楽」に耽る、その歳の市のドタンバタンの大騒ぎに、今やわれわれは、どんなに意地悪く耳をそばだてることか。情熱たっぷりの芝居がかった絶叫を耳にして、われわれは今や、なんと苦痛をおぼえることか。教養賤民の好むロマン主義的な騒擾と乱痴気騒ぎの全体は、崇高なもの、高められたもの、ひねくれたものへの彼らの熱望ともども、われわれの趣味に、どんなに縁遠くなっていることか。否、われわれ快復しつつある者にそもそも何らかの芸術がなお必要だとすれば、それは別種の芸術である。――明るい炎のように燃え上がり、雲一つない大空に向かってゆく、嘲笑的で、軽やかで、束の間で、天衣無縫の、神業のごとき芸術だ。とりわけ、芸術家のための芸術、芸術家だけのための芸術だ。そのためにはまずもって何が必要か、われわれは後になってからもっと上手に心得る。快活さ、あらゆる快活さなのだ、わが友よ。芸術家としてもそうなのだ。——そのことを私は証明したい。われわれ知者は今や、いくつかのことをよく知りすぎている。おお、われわれは今や、よく忘れること、よく知らないでいることを学ぶ。芸術家としてだ。そして、われわれの未来に関して言えば、かのエジプトの若者の轍(てつ)[*3]を、われわれがふたたび踏むことはまずないだろう。つまり、夜、神殿に乱入し、彫像を抱擁し、しかるべき理由があって隠されたままになっているものをことごとく、露わにむき出しにし、明るい光に晒そうとする、といった真似をわれわれはしないだろう。否、この悪趣味、「いかなる犠牲を払っても真理を」と欲する、この真理への意志、真理への愛のこの若気の至り的酔狂——には、ほとほと嫌気がさした。そうするにはわれわれは、あまりに経験を積み、あまりに真面目で、あまりに快活で、あまりに焼きを入れられ、あまりにも深い。……真理から覆いが剝ぎとられてなお、それでも真理が真理にとどまるとは、われわれはもはや信じない。そう信ずるには、われわれはあまりにたっぷり生きた。一切を裸にして眺めたりしないこと、一切のそばに寄り添ったりしないこと、一切を理解し「知る」ことを欲したりしないこと、今日ではこれは、礼節の問題であるように思われる。「神様はどこでもついてきてくださるって、本当なの？」と、幼い少女が母親にたずねた。「でも、それってお行儀悪いと思うわ」——哲学者たちへのれっきとした目配せ(ウインク)だ。謎やら色とりどりの不確かさやらによって自然が身を隠すさいに見せる羞恥に、もっと敬意が払われるべきだった。おそらく真理とは訳ありの女性なのであり、みだりにその訳を見せたりしない訳があるのではないか。おそらく彼女の名前は、ギリシア語で言うと、バウボ（ほと）なのでは。……おお、さすがギリシア人。彼らは、生きることを心得ていた。その極意は、表面に、皺に、皮膚に、勇ましく踏みとどまること、仮象を崇拝すること、形を、調べを、言葉を、仮象のオリュンポス山を丸ごと信仰すること、ここにあるのだ。ギリシア人は表面的だった――深さゆえにだ。われわれもまさにそこへ帰ってゆくのではないか、精神の無鉄砲者たるわれわれは。われわれは、現代思想の最も高く最も危険な絶頂にまでよじ登ったし、そこから四方を見渡し、そこから足下を見下ろすのであった。われわれはまさにその点で――ギリシア人ではないのか。形の、調べの、言葉の、崇拝者ではないのか。それゆえにこそ――芸術家ではないのか。

ジェノヴァ近くのルータにて

一八八六年秋

「冗談（たわむれ）、策略（たくらみ）、復讐（しかえし）」

ドイツ語の押韻による序曲

1番　ご招待

わが料理をおためしあれ、食いしん坊諸君。
あすにはもう、案外いけると分かるだろう。
あさってには、こりゃ旨いと舌鼓を打つこと間違いなし。
もっと欲しいと仰せの節は、――そう、
自慢の古き七つ道具をあやつって、
七つの新しき勇気を大盤振る舞いしてみせよう。

2番　私の幸福

求めることにうんざりして以来、
見出すことを私はおぼえた。
風に行く手をさえぎられて以来、
どんな逆風も追い風にしてわが船は帆を張る。

3番 怯(ひる)むことなく

おまえの立っているところ、そこを掘れ、地下深く。
その下にはきっと泉がある。
ぼんやりした連中には、ほざかせておけ、
「下にあるのはきまって地獄だ」と。

4番 ボケとツッコミ

A 僕って病気だったの？ もう治ったんだっけ？
だいいち、僕の医者って誰だっけ？
あれれ、ぜんぶ忘れちゃったよ。
B それなら、あんたはもう治ったってことさ。
だって、「健忘」って言うだろ。

5番 有徳の士に

われわれの徳も、軽やかに脚を挙げて進むべきである。

ホメロスの詩行と同様、やって来たかと思えば、
去ってゆくのでなければならぬ。

6番　世間的な賢さ

平らな低地に安住するな。
高すぎる山によじ登るな。
この世のながめが絶景なのは、
中ぐらいの高さから見たとき。

7番　入門書、つまり我と共に歩め〔Vademecum〕とは
――汝と共に歩め〔Vadetecum〕ということ

私の流儀と言葉におびき寄せられて、
君は私に従うのか、私について来るのか。
君自身に忠実について行くことだ――
そうすれば私に従うことになる――あわてなさんな。

8番　三度目の脱皮のとき

私の皮膚は、もう皺が寄って破けてきた。
新しき衝動に駆られ、はや熱望するは、
大地(つち)をもう山ほど呑み込んだのに、
まだ大地(つち)を求めてやまぬ、わが内なる蛇。
石と草のあいだを、私はもう這っていく、
腹を空かせて、うねうね進んでいく。
私がいつも食ってきた糧(かて)を、また食うために、
おまえをだよ、蛇の餌、大地(つち)よ。

9番　私の薔薇

そう、私の幸福は――幸福にしようとする――、
どんな幸福も、そう、幸福にしようとするのだ。
なのに、君たちは私の薔薇を摘もうとするのか。
君たちは身をかがめ、身をひそめて、

石柱と、茨の生け垣とのあいだから、
いつも指をくわえて物欲しそうに盗み見するのだ。

だって私の幸福は——からかうのがお好き。
だって私の幸福は——わるだくみがお好き。——
だから、君たちは私の薔薇を摘もうとするのか。

10番　軽蔑者

私は、多くのものがこぼれ落ちるがままに任せる。
それゆえ君たちは私のことを、軽蔑者と呼ぶ。
あふれんばかりに注がれた杯を飲み干す者は、
多くのものがこぼれ落ちるがままに任せるが——、
とはいえ、酒のことを軽んじているわけではない。

11番　ことわざ風に言うと

ピリリと舌を刺すのに口当たりは柔らかで、武骨なのに華奢（きゃしゃ）で、

お馴染みなのに風変わりで、汚れているのに清らかで、
阿呆と賢者が、仲良く連れ添って。
これらすべてで私はあるし、またそうありたい。
鳩であると同時に、蛇であり、かつ豚でありたいのだ。

12番　光の愛好者に

眼と感覚を弱らせたくなかったら、
太陽を追いかけるにも日陰を選べ。

13番　踊り手(ダンサー)にとって

つるつる滑る凍てつく氷上、
それも立派なパラダイス、
踊りの上手な者にとっては。

14番　あっぱれな男

伐り出した丸太そのままのむきだしの敵意のほうが、
膠で貼ってつなぎとめた友情よりはまだましだ。

15番　錆び

錆びも必要——鋭利なだけじゃまだ物足りないな。
さもなきゃ、おまえはいつも言われる——「あいつは青二才だ」

16番　上に向かって

「山を登るには、どう行けば一番いいですか？」
ひたすら登れ、だが登っていることは忘れよ。

17番　乱暴者の言い草

お願いなどいらない。ただ、そうめそめそ泣くのはやめてくれ。
持っていけ、お願いだ、片っ端からとっとと持っていってくれ。

18番　狭い料簡

狭い料簡は、どうにもやりきれない。
狭くて、善にも悪にも居場所がない。

19番　その気もないのに女たらし

暇つぶしに、言葉の空砲を一発放った、
出鱈目に——そしたら女が落ちてきた。

20番　天秤にかけて考えると

こらえるには、苦痛は二つあったほうがラク、
一つよりは。ではいっそのことそうしますか？

21番　傲慢に反対

威張るな。さもないとおまえをパチンと

破裂させるには、ほんの一刺しで十分。

22番　男と女

「おまえが恋心を抱く女を、奪ってやるがいい」

そう男は考える。女は奪うのではない。盗むのだ。

23番　解　釈

自分で自分を解釈しても、自分を置き入れるだけのこと。
私は私自身の解釈者にはなれない。
でも、自分自身の道をひたすら登っていく者なら、
私の像(すがた)も、まばゆい陽光へ引っぱり出してくれる。

24番　厭世家(ペシミスト)向きの薬

何もかも不味(まず)い、と不平をこぼすのか。
相変わらず、君はぶつくさ言うのだな。

悪態をつき、大騒ぎして、唾を吐くのを聞かされると、
ホトケの私でも、堪忍袋の緒が切れそうだ。
騙されたと思って言うことを聞きなさい。覚悟を決めて、
でっぷりしたヒキガエルを一匹、呑み込むのだ。
目をつぶって、一気に行ってみよう。
君の消化不良には、これが一番。

25番　お願い

私は、たくさんの人の心を知っている。
なのに知らない、自分が何者なのかを。
私の眼は、私にあまりに近すぎる――
私が今見ており、かつて見ていたものは、私ではない。
私だって、もっとうまく自分の役に立てたいところだ、
自分からもっと遠く離れたところに居られたら。
しかも、私の敵ほどには遠くないところで、だ。
一番近い友ですら、もう遠すぎる――
近くも遠くもない、彼と私との中間がいいのだ。

諸君は察してくれるか、私のお願いが何かを。[*4]

26番　わが酷(むご)さ

百の石段を私は踏み越えねばならぬ、
高みへ上ってゆかねばならぬ。君たちの叫ぶ声が聞こえる、
「おまえは酷いやつだ。われわれを石だとでも言うつもりか」——
百の石段を私は踏み越えねばならぬ、
誰だって石段なんかになりたくはない。

27番　放浪者

「道は途絶えた。あたりは底知れぬ谷間、あとは死の静寂のみ」——
そうなることを欲したのはおまえだ。道から外れたのはおまえの意志だ。
放浪者よ、今こそ正念場だ。冷たく冴えた眼で見つめるがよい。
おまえの負けだ、もしおまえが思い込んだら——危険だと。

28番　初心者のための慰め

子どもが、ブーブーうなる豚どもに囲まれて、
途方に暮れ、足の指まで萎縮させて佇(たたず)んでいる。
泣くことならできる、いや、もう泣くしかない――
いつか立って歩ける日が来るのだろうか。
怯(ひる)むな。私に言わせれば、まもなく、
子どもは踊ってみせるようになるだろうさ。
両足でしかと立てるようになったあかつきには、
逆立ちだってできるようになるだろう。

29番　星のエゴイズム

丸い回転樽よろしく、わが身を回転させ、
絶えず自分の周りを回るのでなかったら、
焦げて燃え出すこともなく、灼熱の太陽を
追いかけることに、どうして耐えられよう。

30番　隣　人

隣人が近くにいるのを、私は好まない。
高く遠いところへ、とっとと行ってくれ。
でなくて、どうして私の星となれよう。──

31番　変装した聖人

おまえの幸福がわれわれを圧迫しないようにと、
おまえは自分の身を包んだ、悪魔の策略と、
悪魔の機知と、悪魔の衣装で。
だが、ムダなことさ。おまえの目つきからは、
聖人が馬脚を現わしている。

32番　自由を奪われし者

A　彼は立ったまま聞き耳を立てている。何が彼を迷わせたのか。
彼の耳もとでしきりに飛びかかっている物音は何か。

彼を打ちのめしたのは、いったい何だったのか。

B　かつて鎖に繋がれていた者は誰でもそうだが、
どこにいても彼には聞こえるのさ――鎖のカチャカチャいう音が。

33番　一人きり

人に従うのも、人びとを導くのも、私にはいとわしい。
服従だって？　ごめんこうむる。かといって、まっぴらさ――支配するのも。
自分を恐れない者は、誰にも恐怖を与えない。
そして、恐怖を与える者だけが、他の人びとを導くことができる。
自分自身を導くことだけでもう、私にはいとわしい始末。
私が好きなのは、森や海の獣たちのように、
優雅なひととき、しばし自分を忘れること、
霊妙な狂気を思い煩（わずら）ってしゃがみこむこと、
帰ってこい、と遠方からどうにか自分を呼び寄せること、
自分を自分自身へと――導くのではなく、誘惑すること。

34番　セネカとその手の輩〔Seneca et hoc genus omne〕

連中が頻りに書きまくっているのは、
耐えがたいほど賢明な無駄口ばかり。
恰も、一番大事なのは、書くことで、
次に哲学することだと言わんばかり。

35番　氷

そうとも、時には私も氷を作る。
氷は消化に良いというからねえ。
君たちが食べすぎて消化不良になったなら、
おお、どんなに私の氷を好きになることか。

36番　若き日の著作

私の知恵のアルファからオメガまでの一切合切が、
ここで私に鳴り響いた――だが、何を私は聞いたのか。

今の私には、もはやそうは響かない。
聞こえるのは、永遠の苦悶(アー)と嘆息(オー)ばかり、
わが青春の残響が、わずかに響くのみ。

37番　気をつけろ

あの辺りは、旅するのも今どきは楽じゃない。

君に才気(ガイスト)があれば、用心も二倍要るほどだ。

君を誘い、君に惚れ、あげくは君を引き裂く連中がいる。

熱狂的心酔者(ガイスター)のことだ——。奴らには、知能(ガイスト)というものがない。

38番　信心深い人は語る

神はわれらを愛し給う、なぜならわれらを造られたのだから——

「人間こそ神を造ったのだ」——君たち利口者は、そう言い返す。

ならば、造り主とは被造物を愛するものではないか。

否定などするはずがあろうか。なぜなら造り主なのだから。

これは、ヨタ歩きの論法というもの。足に付いているのは、悪魔のひづめ。

39番 夏には

われら額に汗して
パンを食うべし、だって？
汗をかくときは、食べないほうがよい、
これが、賢い医者の診立て。
天狼星(シリウス)が瞬いて合図する――何が足りないのか。
あの熱烈なウインクは何を求めているのか。
われら額に汗して
ワインを飲もう、これぞ天命。

40番 嫉妬なし

いやまったく、彼の眼には嫉妬がない。だから君たちは彼を尊敬するのか？
君たちが尊敬しようとも、彼は一顧だにしない。
彼の眼は、遠くを見つめる鷲の眼だ。
君たちなんか眼中にない――彼が見つめるのは、ひたすら星また星。

41番　ヘラクレイトス主義

地上の一切の幸福を、
友よ、与えてくれるのは、戦いだ。
そう、友となるにも、
砲煙が必要だ。
友の証しとなる三位一体とは、
苦難を前にしての兄弟愛、
敵を前にしての平等、
そして自由——死を前にしての。

42番　お上品すぎる者たちの原則

つま先立って歩くほうがよい、
四つ足でしのび込むよりは。
鍵穴から覗き見するほうがよい、
開いた戸から侵入するよりは。

43番　激励の言葉

名声を得たいと願っているのか。
ならば、次の教えに留意せよ――
潮時になったら名誉を進んで断念せよ、
名誉にかけて。

44番　徹底家

探究家だって？　この私が？　そんな言い方はやめてくれ――
私はただ重いだけだ――何ポンドもあるほどだ。
私は落ちに落ち、たえず落下し、
ついに地の底に達するというわけ。

45番　永遠に

「私は今日来た、私には今日こそ好機だから」――
永遠に来る者は、みなそう考える。

彼には、世間のおしゃべりなど気にならない、

「あんたは来るのが早すぎた。あんたは来るのが遅すぎた」

46番 疲れた者たちの判断

疲れ切った者たちはみな、太陽を呪う。
彼らにとって、木の価値とは――木陰。

47番 没 落

「彼は沈む、今や堕ちてゆく」――君たちは彼をあれこれ嘲る。
本当を言えば――彼は君たちのもとへと降りてゆくのだ。
彼のありあまる幸福が、彼には荷厄介となり、
彼の過剰な光が、君たちの闇を追い求める。

48番 法則に反対

今日からは、細い紐で結んで、
私の首の周りに、からくり時計がぶら下がる。
今日からは、星は運行を停止し、
太陽も、鶏の鳴き声も、影も、動くのを止める。
かつて時間を告げてくれたものが、今や、
おし黙って、耳も目もふさがれてしまった。――
自然という自然が、私に沈黙する。
法則に従って時計がチクタク動くところでは。

49番　賢者は語る

民衆からは隔たって、それでいて民衆のために、
私はわが道をゆく、あるときは太陽、あるときは雲――
いつも彼ら民衆の上に懸(か)かって。

50番　頭を失くした男

あの女には才気(ガイスト)がそなわってきている――どうやって見つけたのだろう。

ある男が近ごろ、彼女のせいで分別を失くした。
このお楽しみの前まで、男の頭の中は豊かだった。
男の頭は、悪魔にさらわれた――いや、そうじゃない、女にだ。

51番　はかない望み

「すべての鍵が、いっそのこと、
さっさと消えてなくなってくれ、
そして、どんな鍵穴も、
この合鍵で開くようになってくれ」
いつまでもそう願っている、
思い思いに、彼ら――合鍵たちは。

52番　足で書く

私は手だけを使って書くのではない。
足もつねに共著者であろうと欲する。
しっかりと、自由に、勇ましく、私の足は、ときには野を、ときには紙を、駈けめぐる。

53番　『人間的、あまりに人間的』──ある本

来し方を顧みれば、憂鬱で臆病になるもの。
未来を信じられるのは、自分が信じられるときだけ。
おお、鳥よ、自由精神よ、おまえを鷲の仲間に加えようか。
それとも、ウフフと鳴くおまえは、女神ミネルヴァのお気に入りなのか。

54番　私の読者に

丈夫な歯と、丈夫な胃──
これを私は、あなたに望みたい。
私の本をよく嚙んで、こなしたあかつきには、
私と仲良くなれること、請け合いだ。

55番　写実主義画家

「自然を忠実に、完璧に描け」――かく言う彼は、ではどう始めるか。
いつか自然が絵の中にすっぽり収まることなどあろうか。
世界の極微の断片でさえ無限だというのに――
彼が描くのは、結局、彼の気に入るものだけ。
それで、彼の気に入るものとは？　彼に描くことのできるもの。

56番　詩人の虚栄

膠（にかわ）さえありゃ、それでくっつけて、一丁あがり、
材木なんか、あとはもう自前で見つけられるさ。
意味もなく韻を踏んでいる四つの句に、意味を
あてがう芸当は、――ちょっとした自慢の種さ。

57番　選り好み屋の趣味

自由に選ばせてもらえるなら、

私は、小さな場所でいいから、
楽園のまんまん中を選びたい。
でも、もっといいのは――入口の前。

58番　鼻の曲がった天狗

天狗の鼻は、国じゅうを眺めわたす、
馬のように鼻の孔を大きく膨らませて――
天狗の鼻よ、おまえは鼻持ちならないやつだ、
高慢な小人よ、だからおまえはいつもへし折られる。
それで、いつも仲良く並んでいるのだな、
まっすぐな自尊心と、天狗の曲がった鼻が。

59番　ペンが進まない

ペンが進まない、こりゃ地獄だ。
こうも進まないのは、永劫の罰を下されたということか――
ならばと、おれはインク壺をわし摑みにして、

太ぶとインクで流麗に書きまくる。
なんと捗（はかど）ることか、すらすらと、雄渾に。
やることなすこと、なんとうまくいくことか。
なるほど、書いた文字は、はっきり読めないが、
それがどうした？　おれの書いたものを、いったい誰が読む？

60番　高等な人間

この人は上へ登ってゆく——彼は讃えられるべきだ。
ところが、あの人の場合、いつも上から降りてくる。
彼は、称讃をみずから放下（ほうげ）して生きる。
彼こそ、正真正銘の上人なのだ。

61番　懐疑家は語る

おまえの人生は半ば終わった。
時計の針は進み、おまえの魂は戦慄（わなな）く。
久しく魂はあちこち彷徨（さまよ）い、

求めたが見出さなかった――なのにここで躊躇うのか。[*5]
おまえの人生は半ば終わった。
この世は苦痛であり、一刻一刻が間違いであった。
おまえはまだ何を求めるのか。なにゆえに？――　――
そう、これぞ私の求めるもの――その理由のそのまた理由こそは。

62番　この人を見よ〔Ecce homo〕

そうだとも、おれは自分がどういう素姓か知っている。
炎のように、飽くことを知らず、
わが身を燃え立たせ、焼き尽くす。
摑んだものはすべて、光と化し、
離したものはすべて、炭と化す。
おれは、まちがいなく炎なのだ。

63番　星のモラル

ゆけ、星よ、定められたその軌道を。
闇がおまえに何のかかわりがあろうか。

この時代を安らかに通り抜けることだ。
こだわるな、近づくな、世の悲惨に。
おまえの輝きは最も遠い世界のためのもの。
同情はおまえにとって罪悪であれ。
おまえにふさわしいただ一つの戒(いまし)めはこれだ——清らかに光れ。

第一巻

1番

この世に生きることの目的を説く教師。[*6]――人間を善意のまなざしで見るにせよ、悪意のまなざしで見るにせよ、私がそこに見出すのは、万人は全体として、また各人は個別に、一個の使命をいつも担っているということである。すなわち、人類という種属の保持に役立つことを行なうという使命を、である。しかもそれはじつに、人類に対する愛情からではなく、この本能よりもいっそう古く、いっそう強く、いっそう容赦なく、いっそう克服しがたいものは人類にそなわっていない、という単純な理由による。――つまりこの本能こそは、人類という畜群動物種の本質にほかならないからである。ひとは往々にして、隣人を例にとって近視眼的に近くから品定めしては、この人は有益、あの人は有害、この人は善人、あの人は悪人と、さっさときれいさっぱり選り分けるが、総計を差し引き勘定し、全体をゆっくり熟考してみるなら、そういったきれいごとの選り分けには疑り深くなり、ついにはケリをつけることになる。どんなに有害な人間でも、人類という種の保存という観点からすれば、おそらく、依然として有益このうえない人間であろう。というのも、そういう人間がみずから携えたり、他人に植え付けたりしている衝動は、それなくしては人類がとっくに弛緩するか腐敗するかしたであろう代物だからである。憎しみ、他人の不幸を眺める悦び、掠奪欲、支配欲、そのほか悪と呼ばれる一切のもの、それらは種の保存の驚くべき経済に属するのである。もちろんそれは、費用のかさむ、全体としてひどく馬鹿げた浪費経済なのだが。

――だが、その経済がこれまで人類を維持してきたことも、実証ずみである。わが親愛なる仲間、隣人よ、君が人類にとって不都合に、それゆえ「非理性的」かつ「劣悪」に生きることが、そもそもできるのかどうか、私にはもう分からない。人類という種属に害を及ぼしうるようなものは、おそらく、何千年も前に絶滅してしまったし、今では、神にさえもはや不可能となった事柄に属する。君の最善なり最悪なりの欲望に身を任せ、とことん破滅してみるがいい。――いずれにせよ、たぶん君は相変わらずそれなりの人類の促進者にして恩恵者であろうし、それゆえ君の讃美者を得ることができるだろう――同様に、君の嘲笑者をもだ。だが、君に決して見つからないのは、個人としての君自身を、君の最善の点までも完全に嘲笑することを心得ている者であろう。つまり、ハエやカエルの如き君の無限のみじめさを、真理と折り合いがつくほど存分に、君に言って聞かせることのできる者は、見つかるまい。完全な真理からして笑うためにはそう笑わないわけにはいかない仕方で、自分自身を笑うこと――、それができるほどには、これまで、どんなに優れた者たちでも真理感覚を充分持ち合わせていなかったし、どんなに才能豊かな者たちでも天分をあまりにわずかしか持ち合わせていなかったのだ。おそらく、笑いにとっても、なお未来といったものが存在するのだろう。「種属こそすべてであり、個人など永久に何物でもない」――この命題が人類に体得され、各人に常時この最終的解放と無責任性への通路が開かれる、そのときこそおそらく、笑いは知恵と結び付いているであろうし、そのときこそおそらく、「愉しい学問」だけが残るであろう。当分の間は、事情はまだまったく別であり、当分の間は、存在という名の喜劇はまだ自分自身に「自覚される」には至っておらず、当分の間は、相変わらず悲劇の時代、さまざまな道徳と宗教の時代なのである。道徳と宗教のあの創始者たち、倫理的評価をめぐる戦いのあの開始者たち、良心の呵責と宗教戦争のあの教師たちが、たえず新たに出現してくることは、何を意味するのか。この舞台上での彼ら主人公は、何を意味するのか。なにしろ、彼らはこれまでこの舞台の主人公だったし、時おり見かけるにすぎないあまりに身近な他の連中はみな、いつも彼ら主人公の露払いを務めるだけだったのだから。機械仕掛けや舞台裏としてであれ、腹心や近侍の役割においてであれ、そうである。（たとえば、詩人とはつねに何らかの道徳の近侍であった。）——おのずと分かることだが、彼ら悲劇役者もまた、人類という種のために働いている。たとえ彼ら自身は、神のために、また神の使いとして働いていると信じていようとも。彼らも人類全体の生を促進しているが、それは生への信仰を促進することによってである。「生きるのは価値あることだ」——と、彼らの誰もが叫ぶ——、「この生には何かしら意味がある。生はその背後に、その下に、何かを蔵している。心せよ」。最高の人間にも最低の人間にもひとしなみに支配をふるっているあの衝動、種の保存の衝動は、おりにふれ、理性やら知的情熱やらの形で、突如として現われ出てくる。その場合、この衝動は、様々な根拠を絢爛たる護衛として引き連れては、自分がじつは衝動、本能、酔狂、没根拠にすぎないことを全力で忘れさせようとする。生は愛されるべきだ、なぜなら！　人間は自分と隣人を助けるべきだ、なぜなら！　これらすべての「べき」と「なぜなら」が、現にどう名づけられていようと、また将来どう名づけられることになろうと同じことだ。必然的に、つねに、おのずから、いかなる目的もなく起こっていることが、その後は、何らかの目的をめざしてなされたかのように現われ、理性とか究極の掟であるかのように人間に受け入れられていく――、そのために登場して、この世に生きることの目的を説く教師としてふるまうのが、倫理学の先生とやらである。そのために彼ら倫理学者は、第二の別種の存在なるものを案出しては、その新しい力学を用いて、古くて卑俗な存在のほうを、古くて卑俗な蝶番（ちょうつがい）から外して覆（くつがえ）してしまう。そうなのだ。われわれが、この世に生きることを笑うことを、ひいてはわれわれ自身を――ひいては彼を――笑うことを、彼は絶対に欲しない。彼にとっては、個人はあくまで個人であり、最初にして最後のもの、途方もないものである。彼にとっては、種属も総計もゼロも存在しない。彼の発明と価値評価がどんなに愚かしく夢想的であろうとも、彼がどんなに自然の歩みを誤認し、自然の条件を否認しようとも、――倫理学はこれまで総じて、ひどく愚かしく反自然的だったので、そのどれか一つが人類を支配したとしたら、それがもとで人類が破滅したかもしれないほどだが――、それでもやはり、舞台に「主人公」が登場するたびに、新しい何かが、笑いの恐るべき反対物が達成された。つまり、「そう、生きるのは価値あることだ。そう、生きる価値が私にはあるのだ」という思想に襲われるとき、多くの個々人の心をゆさぶるあの深い感動が達成されたのである。――生と、私と、君と、われわれみんながお互い、われわれ自身にとってふたたび当面、興味深いものとなった。――だが長い目で見れば、彼ら大いなる目的の教師がこれまで笑いと理性と自然の支配にことごとく屈してきたことは、否定すべくもない。短い悲劇は、とどのつまり、存在という名の永遠喜劇へつねに移行し、元の黙阿弥となった。「無数の笑いの波」――アイスキュロス〔『縛られたプロメテウス』八九―九〇行〕の言葉を借りれば――が、ついには、これら悲劇役者中の最大の悲劇役者にも寄せては、引きさらってゆくに違いない。しかしながら、こうした笑いによる訂正にもかかわらず、この世に生きることの目的を説くあの教師たちがこのようにたえず新たに出現することによって、全体としては、人間の本性が変化させられた。――今や、人間本性に或る欲求が、ほかでもない、「目的」のそのような教師と教説がたえず新たに出現することを求める欲求が、付け加わったのである。人間は徐々に、他のすべての動物と比べて存在条件を一つ余分に満たさねばならない一個の空想的動物となった。なにしろ人間は、なぜ自分が実存しているのかを知っていると、おりにふれ信じなければならないし、生を周期的に信頼しなければ、生のうちには理性があるのだと信じなければ、人類は栄えることができないからだ。しかも、「笑うことのもはや絶対に許されぬ何かが存在するのだ」とおりにふれて宣告することを、人類という種属は飽かず繰り返すことだろう。さらに、慎重このうえない人間愛好家なら、こう付け加えるだろう、「笑いと愉しい知恵ばかりでなく、悲劇的なものも、その崇高な非理性もろとも、種の保存の手段と必要のうちなのだ」と。――だからこそ、だからこそ、だからこそ。おお、私の言っていることが分かるか、わが兄弟よ。引き潮と満ち潮のこの新しい法則が分かるか。われわれにもわれわれの潮時というものがあるのだ。

2番

知的良心。——私は再三再四、同じ目に遭い、そのたびごとにその経験にあらためて逆らう。たとえ一目瞭然だとしても、私は信じたくないのだ、大部分の人びとには知的良心が欠けているということを。実際のところ、知的良心の要求をいだくと、人口の密集した都市に住んでいても、砂漠にいるかのような孤独を味わうものだと、私にはしばしば思えてならなかった。誰もが、君をよそよそしい目つきで眺めては、ひたすら自分の天秤をいじっている。これは善、あれは悪、と名指しながら。この分銅は目方が足りないと、君が注意してやっても、誰一人赤面することもない。君に腹を立てることさえしない。おそらく、君の疑いを笑っているのだろう。私は言いたい。大部分の人びとは、あれやこれやのことを信じ、かつそれに従って生きており、それを軽蔑すべきことだとは思っていないのだと。そのさい、あらかじめ賛否のための究極的で最も確実な根拠を自覚することもなく、かといって、あとでそのような根拠を見出そうと骨を折ることすらないまま。——最も才能のある男たちや最も高貴な女たちでさえ、やはりこの「大部分の人びと」に入る。気立てのよさとか上品さとか天才とかいったところで、それが何であろう。そうした徳をもつ人間が、信仰や判断に関しては、だらしない感情を自分に許しているとすれば。確実性への要求が、その人の内奥の欲望と最深の必要として認められていないとすれば——高級な人間を低級な人間から区別する基準として、だ。私は、ある種の信心深い人びとのうちに、理性に対する憎悪を見出したが、だからこそ彼らには好感をもった。なにしろそこには、少なくとも、知的良心に悖ると いう疚しさがおのずと表われていたからだ。しかるに、こうした矛盾対立するものの調和〔rerum concordia discors〕〔ホラティウス『書簡詩』一・一二〕、つまり、存在しているものの驚くべき不確実性と多義性の総体のただなかに立ちながら、問いを発しもしないこと、問いを発する欲望と快楽におののかないこと、問いを発する者を憎みもしないし、おそらくはそれどころか、問う者を嘲弄しては除け者にしさえすること、——こうした態度をこそ、私は軽蔑すべきものだと感じる。そしてこの感覚こそ、私が万人にまずもって求める当のものなのである。——何らかの愚かさが、私を再三再四、説き伏せにかかる。人間誰しもこの感覚をもっている、人間なんだから、と。これぞ私流の不公正さにほかならない。

3番

高貴と卑俗。——生まれつき卑俗な連中には、高貴で気前のよい感情はどれも、目的に合っておらず、それゆえまずもって信用ならないものに見える。彼らは、そういったことを聞かされると眼をパチクリさせ、こう言いたげである、「たぶんそこにはうまい儲けでもあるのだろう。ひとの家を覗き見するわけにもいかないが」。——彼らは、高貴な人が、あたかもこっそり儲けをたくらんでいるかのように邪推する。利己的な意図や利得などどこにもないことが分かりすぎるほど分かってしまうと、彼らは、高貴な人は阿呆の一種なのだと決めつける。彼らは、高貴な人が喜んでいるのを軽蔑し、その眼の輝きをあざ笑う。「損をしているのに喜ぶなんて、どうしてできるのだろう。みすみす損をしたがるなんて、どうしてできるのだろう。きっと、理性の病気が高貴な情念と結合してしまったに違いない」。――彼らはそう考え、馬鹿にしたような目付きをする。頭のおかしい人が固定観念から引き出してくる喜びを、彼らが馬鹿にするのと同じように。卑俗な連中の特徴はと言えば、自分の儲けをしっかり睨(にら)んで放さず、目的や儲けのことを考えることそれ自体が、どんなに強力な内的衝動よりも強く、つまり、そうした目的志向衝動によって、間違っても、目的に合わない行為に赴くことはない――これが、彼らの知恵であり自負なのである。彼らに比べれば、生まれつき高級な連中は、非理性的である。――というのも、高貴で気前よく犠牲的な人は、行為するさいには自分の衝動に屈しており、最高の瞬間には彼の理性は休憩するからである。動物は、危険や死のことなど顧みず、わが仔をかばったり、発情期に死に物狂いでメスを追いかけたりする生命の危険を冒してわが仔をかばったり、発情期に死に物狂いでメスを追いかけたりする動物は、危険や死のことなど顧みず、理性は同じく休憩するものだが、それはなぜかと言えば、ヒナやメスとともに味わう喜びや、その喜びを奪われる怖れが、その動物を完全に支配するからである。そのとき動物が普段より愚かになるのは、高貴で気前のよい人がそうなるのと同じである。高貴な人がもっている快と不快の感情は非常に強いので、それに対して知性は沈黙するか、この感情に加担して奉仕するかせざるをえない。その場合、心臓が頭に昇ってくるのであり、そのとき語られるのが「情熱」である。（ときには、その反対の、いわば「情熱の転倒」が起こることもある。たとえばフォントネル[*7]の場合がそうで、或るとき或る人が彼の胸に手を当てて言うには、「最愛の友よ、貴方は胸にも頭脳をもっておられる」。）情熱の非理性または逆理性こそ、卑俗な人が高貴な人に見つけては軽蔑の的とするものにほかならない。卑俗な人の眼には空想的で恣意的な価値しかないように見える対象へと情熱が向かうときには、とくにそうである。卑俗な人は、腹部の情熱に屈している人を見ると腹を立てるが、しかし、そこで我がもの顔にふるまっている魅惑の力がどういうものか、は理解する。だが、たとえば、認識の情熱のために健康や名誉を賭すことのできる人がいるということは、彼には理解できない。生まれつき高級な人の趣味は、例外へと向かう。つまり、普通は寒々とさせるだけで甘美なところなど何もないように見える事物へと向かう。高級な人は、独特の価値規準をもっている。そのうえ、高級な人はたいてい、自分の趣味は特異体質のもので価値規準も独特である、などとは信じない。むしろ彼は、自分にとっての価値と無価値は、万人に妥当する価値と無価値なのだと決めてかかる。そのため、不可解で不手際な事態に陥ってしまうのである。高級な人間に、凡人を凡人として理解し、取り扱うだけの理性が残っていることは、めったにない。まずたいていは、彼は自分の情熱が、万人の隠しもっている情熱と同じだと信じており、そう信じているからこそ、滔々と熱弁をふるうのである。では、そのような例外人間が自分自身を例外とは感じないとすれば、そういう人間が、卑俗な人間を理解し、通例を正当に評価することなど、どうしてできるというのか。――彼らだって、人類の愚かしさや反目的性や妄想沙汰について語る。世の中がどんなに狂っていて、「世の中に必要なはず」のものを蔑(ないがし)ろにしようとしているか、訝(いぶか)しく思う気持ちでいっぱいになりながら。――これぞ高貴な人間の永遠の不公正さにほかならない。

4番

種を保存させるもの。――最も強力で最も邪悪な精神の持ち主が、今日まで人類を最も前進させてきた。彼らは、眠り込んだ情熱の炎を繰り返し燃え立たせ――秩序正しい社会は総じて情熱を眠り込ませる――、比較の感覚、矛盾の感覚、新しいことや大胆なこと、未実験のものに手を出す悦楽の感覚を、繰り返し目覚めさせ、意見には意見で、模範には模範で対抗するよう、人びとを強いた。武器をたずさえ、境界石をひっくり返し、わけても敬虔の念を踏みにじることによって。他方では、新しい宗教と道徳によってだ。新しいものの教師にして説教者なら、誰のうちにも、征服者を悪名高くさせるのと同じ「邪悪さ」がひそんでいる――征服者の場合よりも上品に表現され、すぐには筋肉を運動させたりせず、だからこそ、それほど悪名高くさせることもないとしても、だ。ところで、この新しいものは、どんな事情においてであれ、悪である。征服し、古い境界石や古い敬虔の念をぶち壊そうとするからには、そうである。そして、古いものだけが善なのだ。いかなる時代の善人も、土を掘っては古い思想を埋め、その思想で収穫を上げる者であり、つまりは精神の農夫である。だが、どんな土地も、最後には利用し尽くされ、悪の犂（すき）の刃が繰り返しやって来ざるをえない。――今日では、根本的に間違った道徳説が唱えられ、とくにイギリスで非常に流行っている。それによると、「善」と「悪」の判断とは、「合目的的」と「非合目的的」に関する経験の蓄積だという。また、善と呼ばれるものは、種を保存させるものであり、悪と呼ばれるのは、種にとって有害なものだという。だが本当は、悪しき衝動も、高度に合目的的であり、善き衝動に劣らず、種を保存させ、必要不可欠なのである。——両者の機能が異なるだけのことである。

5番

無条件の義務。——世の中一般に影響を与えるには、とびきり強烈な言葉や語調、雄弁このうえない身ぶりや姿勢が必要だと感じている人間がいるものである。たとえば、革命政治家、社会主義者、キリスト教的および非キリスト教的懺悔説教者が、そうである。中途半端な成果では我慢できない彼らはそろって「義務」について、しかもつねに、無条件的という性格をそなえた義務について語る。——そういったものがなければ、彼らは、彼らの大いなる情熱（パトス）のための権利を失いかねない。彼らにはそのことが充分わかっているのだ。そこで彼らは、何かしらの定言命法を説く道徳哲学に手を出したり、たとえばマッツィーニ[*8]がやったように、かなりの分量の宗教をおのれのうちに摂取したりする。彼らが欲しているのは、自分が無条件に信頼されることだから、まずもって、自分自身を無条件に信頼してかかる必要がある。何らかの究極的で議論の余地のない、それ自体崇高な律法を根拠としてであり、彼らは、自分はその律法の召使にして道具であると感じ、そう言いふらしたがる。ここにわれわれは、道徳上の啓蒙と懐疑にとって最も自然な、しかもたいていは非常に影響力のある敵対者を見出す。だが、彼らはまれな存在である。これに対して、道徳上の啓蒙と懐疑にとっての敵対者は非常に広範な階層にわたって存在しており、名声や名誉が服従を禁じているかに見えて、じつは利害関心が服従を説いているところなら、どこにでもいる。君主や党派や宗派の、あるいはそれこそ金権の道具になっていると思うだけで面目丸潰れだと感ずる人、たとえば由緒ある誇り高き家柄の子孫ゆえにそう感ずる人が、じつは自分自身や世間に対しては、まさにそうした道具であろうとしたり、道具たらざるをえなかったりする場合、その人は、いつでも口で唱えることのできる悲壮な原理を必要とする。——恥ずることなく服従でき、服従しているのを大っぴらにできる、無条件の当為(ゾレン)の原理を、である。上等な部類の奴隷根性の持ち主はみな、定言命法に頑(かたく)なにこだわるから、無条件的性格を義務から取り除こうと欲する者にとっての天敵である。彼らに無条件義務を要求するのは、体面であるが、体面だけとはかぎらない。

6番

威厳の喪失。——思索は、形式に関する威厳をすべて失ってしまった。思索するさいの儀式的なものや荘重な態度ふるまいを、ひとは笑い物にし、たとえ古風な賢者がいたとしても、もはや我慢できなくなっている。われわれ現代人はあまりにそそくさと考え、道の途中で、歩いている最中に、あらゆる種類の仕事の最中に考える。どんなに真剣なことを考えるときでもそうである。支度はほとんど必要なく、静けさすらほとんど必要ない。——あたかも、休みなく回転する一個の機械をわれわれは頭の中に持ち歩いていて、どんな不都合な場合でもその機械はせわしなく働いているかのようである。かつては、誰かがものを考えようとするさいには——それはきっと例外だったのだ——、その様子が見てとれたものだし、この人は今や賢くなろうとして、ある思想に精魂傾けようとしていることが見てとれたものである。祈るためでもあるかのように、考えるために顔を引きしめ、歩みを止めた。それどころか、その思想が——一本足か二本足で——「襲って来る」ときには、何時間も路上でじっと立ち尽くしていた。そうしたふるまいこそ「当の事象にふさわしい威厳ある態度」だったのだ。

7番

勤勉な者たち向きの研究課題。——今日、道徳的（モラール）な事象を研究しようとする者には、厖大な研究領域が開けている。あらゆる種類の情念が一つ一つ考え抜かれなければならず、さまざまな時代と民族、大小の個々人とを通じて、一つ一つ追究されなければならない。それらの理屈の全体、それら一切の価値評価と事象解明が、白日のもとにさらけ出されるべきなのだ。これまでは、存在しているものに彩りを与えてきたすべてのものが、いまだ歴史をもたなかった。そうでないなら、愛、所有欲、嫉妬、良心、敬虔さ、残酷さ、等々の歴史が、どこに存在するというのか。法の比較史すら、それどころか刑罰の比較史さえ、これまでまったく欠けていた。一日のさまざまな配分、労働と祝祭と休息の規則正しい制定の帰結にしても、研究対象とされたことがあっただろうか。飲食物の道徳的影響は分かっているか。飲食の哲学といったものは存在するか。（菜食主義をめぐって賛否両論の騒ぎが繰り返し勃発することからして、そのような哲学がまだ存在しないことは明らかだ。）共同生活についての経験、たとえば修道院の経験は、もう収集されているのか。結婚と友情の弁証法は、もう書かれているのか。学者、商人、芸術家、職人、等々の風習――について考える思想家は、もう見つかったか。そこには考えるべき事柄がじつに多くあるのだ。今まで人間が自分たちの「存在条件」と見なしてきたものすべて、そうした見方にまつわる理屈、情熱、迷信のすべて――これらはもう、とことん研究し尽くされただろうか。さまざまな道徳的風土に応じてそれぞれこれまで成長を遂げてきたし、これからまだ成長を遂げることができそうな人間衝動のさまざまな成長ぶりを観察することだけでも、最も勤勉な者にとっては、あり余るほどの研究課題なのである。ここに挙げた観点や資料を論じ尽くすには、学者たちが幾世代も足並みを揃えて計画的共同研究にいそしむ必要がある。同じことは、道徳的風土が多種多様であることの理由を証示するという課題にも、当てはまる。（「こちらでは、道徳的な基本判断と主要価値尺度のかくかくの太陽が照り、あちらでは、しかじかの太陽が照るのは、なぜか」。）そして、これら一切の理由の誤謬と、従来の道徳的判断の全本質を突きとめることが、これまた一個の新しい課題なのである。もし、これらの課題がすべて成し遂げられたなら、あらゆる問題の中でも最も微妙な、次の問いが前景に現われてくることだろう。つまり、科学が行為の目標を奪い、滅ぼすことができることを証明してみせたあとで、その科学に、行為の目標を与えるということが果たしてできるのだろうか、と。——そして、そのあかつきには、いかなる種類の英雄主義（ヒロイズム）も満足させることのできる実験が、企てられることだろう。これまでの歴史における大いなる苦労や犠牲が、その陰に隠れてことごとく霞（かす）んでしまうような、幾世紀にもわたる実験が。これまで科学は、巨石積上げ式（キュクロプス）建築をまだ築いてこなかった。それにふさわしい時代もやって来ることだろう。

8番

無意識の徳。——ある人が意識している自分自身の性質——とくに、その性質が周囲の人びとにも目立っていて明らかだということを当人が前提している場合——は、その人自身はまるで分かっていない性質やあまりよく分かっていない性質とは、まったく違う発展法則に服している。後者は、その繊細さゆえに、それなりに繊細な観察者の眼の前でさえ、おのれを隠蔽し、あたかも無の陰に身を隠すことができるかのようである。たとえば、爬虫類の鱗（うろこ）に彫られた繊細な彫刻の場合がそれである。そういう彫刻は装飾や武器の用をなすのだろうと推測するのは、間違いであろう。——というのも、それを覗くには顕微鏡が必要だからであり、つまり、そういう彫刻が装飾や武器を意味せざるをえないような類似の動物には備わっていない、技巧的に鋭敏になった眼が必要だからだ。目に見えるわれわれの道徳的性質、とくに、目に見えると信じられている性質は、自分の道をゆく。——まったく名前は同じだが目に見えず、他者から見れば装飾でも武器でもない道徳的性質もまた、自分の道をゆく。たぶんそれは、まったく別の道であろうし、神的な顕微鏡を備えた神的存在をおそらく満足させることのできる線条や繊細さや彫刻を備えているであろう。たとえばわれわれは、われわれの勤勉、われわれの野心、われわれの慧眼をもっている。これについては世間周知だが——、それに加えてわれわれはたぶんもう一揃い、われわれの勤勉、われわれの野心、われわれの慧眼をもっている。だが、われわれのこうした爬虫類的な鱗を覗くための顕微鏡は、まだ発明されていないのだ。——ここで、道徳を本能に還元したがる者たちは、こう言うことだろう、「いいぞ（ブラヴォー）、この男は少なくとも無意識の徳がありうると見ている——それでわれわれは満足だ」。——おお、満足屋の諸君よ。

9番

われわれの爆発。——人類がその初期段階に獲得して身につけた無数のもの、だが非常に微弱で胚芽状態だったため、獲得して身につけたとは誰にも分からなかったもの、それらが、その後ずっと経ってから、おそらく何世紀もあとになって、突如勢いよくこれ見よがしに発芽してくる。それまでの間に力をつけ、成熟していたのである。あれこれの才能や、あれこれの徳をまったく欠いた時代が、少なくないように見える。それらを欠いた人間が少なくないのと同じように。だが、待つ余裕があるなら、孫の代やひ孫の代まで待ってみるとよい。――子孫は、父祖の内面を白日のもとに晒す。父祖自身はまだ何一つ知らなかった、かの内面をである。息子からして、父親の秘密の漏洩者（ろうえいしゃ）だということは、よくある。父は、息子をもうけてから、自分自身をよりよく理解するようになる。われわれはみな、自分自身の内部に、秘密の庭と草木をもっている。別の比喩を使えば、われわれはみな、いずれ爆発の時を迎える成長中の火山なのである。――その時がどれだけ近く、どれだけ遠いかは、しかし誰にも分からない。神様だってご存じない。

10番

隔世遺伝のようなもの。――ある時代の非凡人間（まれびと）とは、過去の文化とその力から、突如姿を現わしてきた若芽である。そう解するのが一番好ましいと思う。いわば、ある民族とその良俗の隔世遺伝なのである。――そう考えれば、実際、非凡人間をいささかなりとも理解できるというものだ。今日、彼らは、縁遠く、稀少で、異常な人間に見える。そうした力を自分の内部に感じる者は、その力に抵抗する別の世界に逆らって、この力を養育し、擁護し、尊敬し、育成していかなければならない。そのため、そうした人間は、それこそさっさと破滅でもしないかぎり、偉人になるか、頭のおかしい変人になるかのいずれかであろう。かつては、これと同じ性質はべつに普通だったし、したがって卑俗だと見なされていた。傑出していたわけではなかった。おそらくそれは要求され、前提されていたのである。そういう性質を具えていれば偉大になれるということなど、ありえなかった。それらを具えていれば、孤独で奇矯な人になるという危険が欠けていたことからしても、そうだった。――とりわけ、民族を保持させてきた家系や身分に、古い衝動のそのようなぶり返しが起こる。これに対して、種族、習慣、価値評価があまりに早く移り変わるところでは、そのような隔世遺伝が起こる見込みはない。というのも、民族における発展の力の場合には、音楽におけるのとちょうど同じだけ、テンポが重要だからである。民族の場合、発展が適度に（アンダンテ）ゆっくりであることが、情熱的でゆっくりした精神のテンポとして絶対に必要なのである。――保守的な家系の精神は、じつにこの種族のものである。

11番

意識。――意識をもつことは、生命体の最後の、最も遅れた発展であり、したがって、生命体の最も未熟で最も無力な部分である。意識をもつことから無数の失策が生じ、そのため人間という動物は必要以上に早く、ホメロスの言い方では「運命の先を越して」破滅してしまうのである。生存維持本能の連合体が、意識よりもはるかに強力でなかったとしたら、それらが総がかりで調整器の役目を果たすこともなかったであろう。人類は、みずからの倒錯した判断と、目を開いたまま見る幻想のおかげで、不徹底さと軽信ぶりのおかげで、要するに、ほかでもなく意識をもっているおかげで、破滅せざるをえなかったであろう。というよりはむしろ、強力な本能がなければ、人類はとっくの昔に存在しなくなっていたことだろう。生物の機能というのは、完成され成熟する以前は、その生物にとって危険な代物である。だから、長期にわたってはなはだしい圧政下に置かれるのも、当然なのだ。それゆえ、意識をもつことは、はなはだしい圧政下に置かれるのであり——、しかも意識をもつことに対する誇りから、そうなることが少なからずあるのだ。意識をもつことにこそ人間の核心がある、とひとは考える。人間における永続的なもの、永遠なもの、究極的なもの、最も根源的なものがここにある、というわけだ。意識をもつことは、確固とした一定量の大きさなのだ、とひとは考え、その成長とか間歇とかは否定し、意識こそ[*9]「生物の統一性」だと見なす。——意識のこの嗤(わら)うべき過大評価と誤認は、大いなる効用を結果としてもたらす。そのせいで、意識のあまりに性急な完成が阻害されてきたからである。人間はすでに意識をもっていると信じたがゆえに、それを手に入れる努力をほとんどしてこなかった。——今日でも事情は依然として変わっていないのだ。知を摂取同化し本能化するという課題は、相変わらずまったく新しく、人間の眼にやっと萌(きざ)し始めたばかりの、まだほとんどはっきり見分けのつかない課題なのである。——この課題を見てとっているのは、これまでわれわれは誤謬のみを摂取同化してきたのであり、われわれがもっている意識の一切は誤謬に関係しているということを、概念的に把握している者たちだけだ。

12番

科学の目標について。——えっ、科学の最終目標は、人間にできるだけ多くの快を作り出し、不快をできるだけ少なくしてやること、だって？　では、快と不快は一本の綱で繋がっていて、一方をできるだけ多く持とうと欲する者は、もう一方もできるだけ多く持たざるをえないのだとすれば——、「天にも届く歓喜の声」をあげようとする者は「死ぬる悲しみ」をも覚悟しなければならないのだとすれば、どうか。おそらくそうなのだ。ストア派なら、少なくともそうだと信じていたし、彼らが、自分のこうむる生の不快をできるだけ少なくするために、できるだけ少ない快を望んだとき、その論理は首尾一貫していた（「有徳の士こそ果報者の極み」という格言が口にされたとき、そこにはこの学派の大衆向けの表看板と、上等な人たち向けの決疑論的な上等さの、両方がこめられていた）。今日でも君たちには、次のどちらかの選択がある。できるだけ少ない不快、要するに苦痛の欠如か——社会主義者やあらゆる政党の政治家が彼らの人民に慇懃に約束してみせるのも、結局のところ、それ以上ではありえない——、それとも、これまでめったに味わえなかった上等の快や喜びが豊かに増大したことに対する代償としてのできるだけ多い不快か、だ。君たちが前者を選ぼうと決心する場合、それゆえ人間の苦痛や苦悩を押し下げ、縮減しようと欲する場合、今度は、喜びを味わう能力も押し下げ、縮減せざるをえなくなる。実のところ、科学をもってすれば、一方の目標も他方の目標も促進することができるのだ。おそらく科学は、今日なお、人間から喜びを奪い、人間をいっそう冷たく、彫像的に、ストア派的にするという力ゆえに、以前より知名度を上げてきている。だが、科学が、大いなる苦痛運び女として発見されることだって、ありえたのだ。――そのあかつきには、おそらく同時に、その逆の力が、つまり喜びの新しい天界を輝かせるという途方もない能力が、科学にあることも発見されたことだろうに。

13番

力の感情の理論によせて。――相手に情けをかけたり苦痛を与えたりすることで、われわれは自分の力を他者に行使する――そのさい、それ以上のことを欲してはいないのだ。われわれの力をまずもって感じてもらわざるをえない人たちには、苦痛を与える。というのも、そう感じてもらうためには、快楽よりも苦痛のほうが、はるかに感覚に訴えやすい手段だからである。――苦痛がつねに自分の原因を尋ねるのに対して、快楽は自分自身に立ち止まってしまって、後ろを振り返って見ようとしないものである。何らかの仕方ですでにわれわれに依存している（すなわち、われわれが原因だと考えることに慣れている）人たちには、情けをかけ、親切にする。われわれは相手の力を増やそうとする。なぜなら、そのようにしてわれわれの力を増やすからであり、あるいは、われわれの勢力内にいるほうが有利だということを示そうとするのである。——そうすれば相手は、自分の置かれた情況にいっそう満足し、われわれの力に敵対する者たちにいっそう敵意を抱き、いっそう喜んで戦うことになるだろう。われわれが情けをかけることに犠牲を払うか、苦痛を与えることに犠牲を払う、つまり相手を犠牲にするかによって、われわれの行為の最終的価値が変わることはない。殉教者が教会のためにそうするように、われわれがわれわれの生命を擲ったとしても、それは、力を求めるわれわれの要求に捧げられた犠牲であり、もしくはわれわれの力の感情を保持する目的のための犠牲なのである。「私は真理を所持している」と実感している者は、この感覚を護持するために、どんなに多くの所有物を手放すことであろうか。自分を「上」の立場に保つために、何と一切を振り捨てることであろうか。——すなわち、「真理」を欠いている他の人びとより上位であることを保つために、だ。なるほど、相手に苦痛を与えている状態が、相手に情けをかけている状態と同じくらい、心地よいこと、まじりけなく心地よいことは、まれである。——この、相手を痛めつけることは、われわれの力がまだ乏しいことの印であり、もしくは、この乏しさに対する嫌悪を洩らしている。また、われわれが現に所持している力に対する新たな危険と不確実性を伴うし、復讐、嘲笑、処罰、失敗の見込みがあることによってわれわれの視界を曇らせる。力の感情が最も敏感で最も貪欲な人間にとってだけは、抵抗する者に力の印章を押しつけることが、痛快であろう。つまり、すでに服従している者（親切にしてやる相手）を見るのは重荷だし退屈だという人たちにとっては、である。自分の生活に薬味をきかせることにどれだけ慣れているか、それが問題なのである。おのれの力の増大を欲する場合、ゆっくりとした増大がよいか、それとも急激なのがよいか、安全に増大させたいか、それとも危険かつ大胆に試みるかは、趣味の問題である。――この薬味を求めるか、あの薬味を求めるかは、つねに当人の気質による。楽に手に入るような獲物は、生まれつき誇り高い人たちにとっては、軽蔑すべきものである。そういう人たちが快感をおぼえるのは、自分の敵となりうるような不屈の人間を目にしたときはじめてであり、同様に、何であれ入手困難な他人の所有物を目にしたときはじめてである。苦しんでいる人に対して、彼らはしばしば苛酷である。というのも、苦しんでいる人は、彼らの努力や誇りに値しないからである。――ひとたびその機会が見つかったあかつきには対戦や格闘がともかくにも名誉となるような同等の人たちに対しては、彼らはそれだけいっそう親切な態度を示す。この遠近法（パースペクティヴ）がもたらす快感のもとで、騎士階級の人間は、選りぬきの礼儀作法を、相互に張り合って身につけたのだった。――誇りに乏しく大いなる征服の見込みもない人たちにあっては、同情が最も心地よい感情である。彼らにとって、楽に手に入る獲物――苦しんでいる人はみなこれである――が最も魅力的なものなのである。そこでは、娼婦の徳としての同情がほめたたえられる。

14番

およそ愛と呼ばれるものすべて。——所有欲と愛、この二つの語をそれぞれ聞いて受ける感じは、いかに異なっていることか。——だが、じつは同じ衝動がそのように二通りの呼ばれ方をしているだけかもしれない。一方の侮蔑表現が用いられる立場というのは、すでに何かを所有していて、所有衝動もどうやら収まり、今度は自分の「財産」が気がかり、という人の立場である。他方の立場は、いまだ満足できず、渇望をおぼえている人の立場であり、それゆえ愛は「善いもの」だと讃美される。われわれの「隣人愛」とは、——あらたな所有物を求めてやまない衝動ではないのか。われわれの知への愛、真理への愛も、また一般に、新奇なものを求めてやまないあの衝動もすべて、同様ではないのか。われわれは、古いもの、確実に所有しているものに、だんだん飽き飽きして、ふたたび手を伸ばす。どんなに美しい風景でも、三ヵ月もそこに暮らしていると、われわれの愛をつなぎとめられるか、もはや定かでなくなり、どこかずっと遠くの海岸が、われわれの所有欲を呼びさます。所有物は、所有されることによって、たいてい取るに足らないものとなる。わが身におぼえる快楽がおのずと維持されるためには、わが身に変化が起こり何か新しいものが生じるということが、たえず繰り返される。——これこそまさに、所有と呼ばれるものにほかならない。所有物に飽き飽きしてくるとは、すなわち、自分自身に飽き飽きしてくるということなのである。（多すぎることにも、われわれは悩む。——投げ捨てたい、分け与えたいといった欲望も、「愛」という尊称を手に入れることができる。）われわれは、誰かが苦しんでいるのを見ると、その人の心をとらえ自分のものにするという、今しも提供された機会を好んで利用する。これをやっているのは、たとえば同情に満ちた慈善家であるが、そういう人間も、自分のうちに目覚めたこの、あらたな所有物を求めてやまない欲望のことを「愛」と呼んでおり、そのさいには、彼に目配せをするあらたな征服のときのように、快感をおぼえる。だが、所有物を求めてやまない衝動という正体を、最も明瞭に暴露するのは、性愛である。愛する者は、自分の恋い焦がれている人を無条件に独占したいと欲し、相手の心も体も無条件に支配したいと欲し、自分だけが愛されて、相手の心の中に最も望ましい最高の存在として住み、支配することを欲する。このことが意味するのは、世の人がみな高価な財や幸せや楽しみに与るのを許さないこと以外の何物でもない、ということを考えてみよう。愛する者は、他の一切の競争相手が落ちぶれて困り果てることを狙い、一切の「征服者」や搾取者の中でも最も情け容赦なく最も我欲に満ちた者として、おのれの黄金の財宝を守る竜となりたがる、ということも考えてみよう。最後に、愛する者自身にとって、他の世の中は全部、どうでもいいもの、色褪せたもの、無価値なものに見えるし、いかなる犠牲も払い、いかなる秩序も乱し、いかなる利害も後回しにすることを、愛する者は辞さない、ということも考えてみよう。以上を考え合わせた場合、性愛というこの獰猛な所有欲と不正が、どんな時代にもまかり通ってきたように、かくも讃美され神聖視されていることに、事実われわれは驚く。それどころか、性愛とはおそらく自己中心主義の無邪気この上ない表現にほかならないというのに、その性愛から、自己中心主義の反対としての愛の概念が引き出されてきたことに驚く。この場合明らかに、まだ所有しておらず欲望を抱いている者たちが、そうした言語使用を行なってきたのである。——たぶん、そのような者たちは、いつも多すぎるほどいた。性愛という方面で所有と飽満に恵まれていた人びとは、おそらく、そこここで「荒れ狂う鬼神（ダイモーン）」について一言洩らしてきたであろう。アテナイ人の中で最も愛すべき、また事実愛されていた、かの人物、ソポクレスのように。だが、エロースはそのような冒瀆者をいつでも笑い飛ばしてきた——彼らこそ、つねにエロースの最大の寵児だった。——おそらく地上のそこここには、次のような種類の愛の続行がある。つまり、二人の間で互いを求め合う、かの所有欲的な欲望が、あらたな欲望と所有欲に、つまり二人の頭上高くそびえる理想を求めてやまない共通の高次の衝動に席を譲るような、愛の続行形態がある。誰がこの愛を知っているだろうか。誰がこの愛を体験しただろうか。その正式名は、友情である。

15番

遠くから。——この山は、それがそびえている地方一帯を、あらゆる仕方で、魅力的で意義深いものにしている。そう百回もつぶやくうちに、われわれはこの山に理屈ぬきの感謝の気持ちをいだくあまり、そういう魅力をもたらす山自身、この地方で最も魅力的な場所にちがいないと信ずるようになる。——そこでわれわれは、この山に登り、幻滅する。突如として、山自身が、またわれわれの周囲と足下の風景全体が、魔法を解かれたようになる。われわれは忘れていたのだ。偉大なものは、善きものと同じく、もっぱら一定の距離をとって眺められることのみを、つまり見下ろされることではなく見上げられることを欲するのでありー、そのようにしてのみ影響を及ぼすということを。おそらく君は、もっぱら一定の遠さから自分自身を見つめることができる場合にのみ、自分はなんとか折り合いのつく、または惹きつける力をもたらす存在なのだと思える人間が、君の身近にもいるのを知っているだろう。そういう人間には、自己認識はやめたまえと忠告すべきである。

16番

橋を渡って。――恥という感情をわきまえている人たちと付き合うときには、とぼけることができるのでなければならない。彼らは、情愛こまやかな感情、あるいは夢想的で昂揚した感情に自分が襲われている現場を押さえる者たちに、突如として憎しみを感ずる。あたかも自分の秘め事を見られてしまったかのごとく。そのような瞬間に彼らを気持ちよくさせたいのであれば、彼らを笑わせるか、冗談半分のちょっとした冷やかしの意地悪を言ってやるといい。――そうすれば、彼らの感情は冷却され、ふたたび自制がきくようになる。おっと、こんな御託は、お噺(はなし)の後でなく前の教訓というやつだ。――われわれの人生は、かつて非常に近しかった。だから、われわれの兄弟付き合いの友情を邪魔立てするものなど、もはや何一つないと思われたし、われわれの間には小さな橋が一つ架かっているだけだった。君がまさにその橋を渡ろうとしたとき、私は君に尋ねた。「君は橋を渡って私のところへ来るつもりなのかい？」——しかしそこで君は、もはやそうしようとはしなかった。そして、私があらためて頼んだときには、君は口をつぐんだ。以来、山や激流が、またおよそ隔絶させるものが、われわれの間に投げ込まれてしまった。われわれがお互い同士行き交おうとしても、もうできなくなってしまったのだ。だが君が今、あの小さな橋のことを思い出すなら、君にはもう言葉もない。——すすり泣きと怪訝な思いがあるばかりである。

17番

自分の貧しさの理由説明をする。——われわれにはもちろん、貧しき徳を、満ちあふれる豊かな徳に変えることは逆立ちしてもできない。とはいえ、徳の貧しさを、やむをえないものに見ばえよく改釈すること、これならできそうである。そうすれば、その貧しさを眺めていやな思いをさせられることもないし、貧しさゆえに運命に向かって非難たらたらの顔つきをすることもない。それが賢い庭師のやり方というものである。賢い庭師は、自分の貧弱な池水を、泉の精の腕にゆだね、もって貧しさの理由説明とする。——彼と同じように、精たちを必要としない者が、誰かいるだろうか。

18番

古代人の誇り。——古代的な色合いの高貴さが、われわれには欠けている。なぜなら、われわれの感情には、古代の奴隷が欠けているからである。高貴な生まれのギリシア人は、みずからの高さと、奴隷という最低の下賤さとの間に、おびただしい数の中間段階と大きな隔たりを見出していたので、奴隷をはっきり見てとるのはおぼつかないほどだった。プラトンでさえ、もはや奴隷をつぶさに見てはいなかった。それと違って、われわれは、平等そのものにではないものの、人間平等説に、慣れっこになっている。自分で自分を思い通りにできない、暇なしの不自由な人——そういう存在は、われわれの眼には、軽蔑すべき輩だというふうには全然映らない。そのような奴隷的な面が、おそらく、われわれ一人一人にあまりに多く具わっている。これは、われわれの社会秩序と活動が、古代人のものとは根本的に異なる、という制約によるものである。——ギリシアの哲学者は、奴隷の数はひとが思っているよりはるかに多いものだ、とする内密の感情を抱いて生涯を送った——なにしろ、哲学者でない者は誰でも奴隷だ、というのである。この世の最高権力者でさえ、自分の言う意味での奴隷に属するのだと考えるに至ったとき、哲学者の誇りは溢れんばかりであった。こうした誇りも、われわれには疎遠であり、不可能である。「奴隷」という語は、われわれには、比喩としてでさえ、充分な喚起力を有していない。

19番

悪。――最も豊饒な最善の人間や民族の生を吟味して、次のように問うてみるがいい。生長して誇らしくそびえ立つことになる樹木は、悪天候や嵐なしに済ませることができようか。外部からの不都合や抵抗、ある種の憎悪、嫉妬、我意、不信、苛酷、貪欲、乱暴は、むしろ好都合な環境に挙げられるのではないか、それなくしては、徳における大いなる成長それ自体がほとんど不可能なのではないか、と。生まれつきの弱者にとっては破滅の元となる毒が、強者にとっては強壮剤となる――強者はそれを毒と呼ぶことすらしない。

20番

愚かさの威厳。――この百年の軌道が、さらに数千年続くとしたら、どうなるか。――人間が行なうことのあらゆる面で、最高の利口さが見られることとなろう。しかし、だからこそ利口さは、その威厳をことごとく失ってしまうだろう。その場合、利口であることは、なるほど必須となろうが、普通で卑俗なものともなり、気むずかし屋の趣味は、この必須の利口さを、卑俗さの証しと感じてしまうだろう。真理と科学が僭主のように支配をふるうあまり、嘘の効用を高騰させるのとまったく同様に、利口さの僭主制が、新種の気高き志操を呼び起こすことになるかもしれない。高貴であるとは――その場合はおそらく、頭の中に愚かしい考えを抱くことを意味するだろう。

21番

無私を説く者たちに。——ある人の徳が善いと呼ばれるのは、その徳が当人に及ぼす影響に着目してのことではなく、その徳がわれわれ、つまり社会に及ぼすとわれわれが想定する影響に着目してのことである。——昔からひとは、徳を称賛する場合、「無私」でも「非利己主義的」でもなかったのだ。さもなければ、徳（たとえば勤勉、従順、純潔、敬虔、正義）が、その持ち主にとってたいてい有害だということを、認めないわけにはいかなかっただろうからである。それらの徳と呼ばれる衝動が、持ち主を内側からあまりに激越かつ貪欲に支配しており、理性によって他の衝動との均衡を保とうとは決してしない以上は、そうである。君がある徳を、本当の徳、完璧な徳（徳を欲しがる微々たる衝動などではなく）を持つとすれば——、君はその徳の犠牲となる。だが、隣人はまさにそれゆえに、君の徳を称賛するのだ。ひとは勤勉な人を称賛する。たとえ当人が、その勤勉でもって視力を損なったり、精神の初々しさや瑞々しさを失ったりするとしても。「働きすぎで壊れた」若者を、ひとは褒めそやしたり傷ましく思ったりするが、それはこう判断するからである。「社会という大いなる全体にとっては、どんなに優れた個人の喪失であろうと、ちっぽけな犠牲にすぎないのだ。なるほど、犠牲が必要だというのは、よくないことだ。そうはいっても、個人がそれとは別の考えを抱き、社会に奉仕する労働よりも自分自身の維持や発展を重視するようになるのは、もっとよくないことだ」。だから、この若者をひとが傷ましく思うとしても、それは、当人のためではなく、自分自身を顧みない忠誠心にとむ一個の道具――いわゆる「健気な人」――が、その死によって社会から失われてしまったからなのである。おそらく、その若者が自分を顧みずに働くことをもう少し控えて、もっと生き永らえたなら、社会のために役に立ったのではあるまいかと、ひとはソロバン勘定をはじくだろう。――そう、たしかにひとはその利点を認めはするだろうが、しかし、一個の犠牲がなされ、犠牲獣の心根がこれ見よがしに繰り返し確証されたという、もう一つの利点を、あとあとまで残るものとして高く評価するのである。そんなわけで、徳が称賛されるとき、本当のところ何が称賛されているのかといえば、まずは、徳における道具的本性であり、次いで、どんな徳をも支配し、個人の利益の総体によってタガをはめられることのない、盲目的衝動なのである。要するに、個々の存在を変化させて全体の機能と化すようにしむけるのに格好の、徳における非理性が、じつは称賛されているのである。徳を称賛するとは、私的には有害なものを称賛することであり――、高貴な我欲や、自己自身を最高度に保護する力を、人間から奪う衝動を称賛することである。――とはいえもちろん、有徳な習慣を教育し体得させるために、ひとは徳の一連の効果を強調するから、徳と私的利益が兄弟のように近しいものとして現われることがある――じっさい、そのような兄弟関係が存在するのだ。たとえば、盲目的に吹き荒れる勤勉、この典型的な道具的徳は、富と栄誉をつかむ道として、退屈や激情を抑える霊験あらたかな毒薬として、喧伝される。だが、勤勉の危険、その最高の危険性については、ひとは口を閉ざす。教育というのは、どこまでもこういったやり方で行なわれる。つまり教育は、個人を、一連の刺激と利益によって誘導し、なんらかの思考様式および行動様式に向かわせようとする。この思考様式や行動様式は、習慣や衝動や激情になってしまうと、当の個人の究極的利益には反して、だが「公共一般の最善のために」、当人のうちで、かつ当人を越えて、支配をふるう。盲目的に吹き荒れる勤勉は、なるほど富と栄誉をもたらしはするが、それと同時に、感覚から繊細さを奪う。だがじつは、その繊細さなくして、富や栄誉を享受することなどできないのである。同様に、退屈や激情を抑えるのに一番効き目のある、あの劇薬つまり勤勉は、それと同時に、感覚を鈍らせ、精神を頑(かたく)なにして新たな刺激を拒絶させてしまう。こういった事例を私はどんなに頻繁に見てきたことか。(あらゆる時代の中で最も勤勉な時代——つまり現代——が、その大量の勤勉と金銭から作り出せるものと言えば、ますます大量に膨れ上がって自己増殖する金銭と勤勉だけである。獲得するよりも支出するほうが、よほど多くの天分を必要とするのだ。——さては、われわれの「子孫」に期待するとしよう。)教育が成功すれば、個人のあらゆる徳は、公的な有用性となり、最高の私的な目的という意味では私的な損失となり——、十中八九、何かしらの精神的‐感覚的な萎縮となり、あるいは早すぎる破滅となりさえするだろう。こういった見地から、従順、純潔、敬虔、正義といった徳を、順々に考量してみるといい。無私の人、犠牲の人、有徳の人を称賛すること——そういった人たちは、自分のありったけの力と理性を、自分自身の維持、発展、向上、促進、権力拡大に使わずに、自分に関しては、慎み深く無思慮に、おそらくそれどころか無関心あるいは皮肉に生きる――、彼らへの称賛は、ともかく、無私の精神から生じているのではないのだ。「隣人」が無私を称賛するのは、無私によって自分が利益を得るからなのだ。かりに隣人自身が「無私」に考えたとしたら、力のあの破損、本人のためになることのあの毀損を拒絶するだろうし、そのような傾向の発生を防ぐように努め、とりわけ、自分の無私を表明するのに、ほかでもない、無私を善いとは呼ばないことで行なうことだろう。――ここに、今日大いに称賛されている道徳にひそむ根本矛盾が示唆されている。つまり、この道徳の動機は、この道徳の原理たる無私に対立しているのだ。この道徳がみずからの正しさの証しにしようとしているものが、その道徳的なものの基準からして、この道徳そのものを反駁しているのだ。「汝は汝自身を断念し、汝を犠牲に捧げるべきである」という命題は、それ自身の道徳に反しないためには、次のような存在者によって布告されるほかないはずなのである。つまり、この命題によって、自分の利益はみずから断念し、そしておそらく、個人の犠牲が求められている以上は、自分自身の破滅を招来せざるをえない、そういった存在者によってである。だが、隣人（あるいは社会）が利他主義を、その効用ゆえに推奨するやいなや、それと正反対の命題、「汝は、他の一切を犠牲にしてでも、利益を求めるべきである」が適用されるのであり、それゆえ、「汝なすべし」と「汝なすべからず」が同時に説教されることになるのだ。

22番

王様のための一日のご予定〔L'ordre du jour pour le roi〕。――一日が始まる。では、まだお休みになられているわがお殿様の本日のご政務とご祝宴の予定を立てることにしよう。陛下は今日、ご機嫌が悪い。だから、ご機嫌が悪いなどとは口にしないよう気をつけよう。ご機嫌については話さないようにしよう。――では、ふだん必要である以上に、本日のご政務をいくぶん荘厳なものにし、ご祝宴をいくぶん荘重なものにしよう。陛下はおそらく、ご病気なのだろう。朝食のときには、昨晩の極めつけの朗報をお知らせすることにしよう。モンテーニュ公到着のお知らせを。公は、自分の病気を屈託なく茶化すことのできる方だ――結石を病んでいるのだが。何人かの人物に接見することにしよう（人物、か――この言葉を聞いたら、客の中のあの年とった偉そうなカエルは、何と言うだろうか。「わしは人物(ペルゾーン)なんかではない」――と言うだろう――「いつだって事象(ザッヘ)そのものだよ」）。――接客は、誰もがうんざりするほど、長くかかるだろう。だからこそ、自分の家の戸口に「ここに入る者は、私に敬意を表わす。入らない者は――私を喜ばせる」と書きつけたあの詩人を、語り草とすべきなのだ。――これぞまさしく、慇懃無礼な物言いをする、というやつだ。おそらくこの詩人には、無礼であらざるをえない彼なりのもっともな理由があったのだろう。彼の詩文は、当の詩文作り職人よりも、立派だという噂だ。さては、彼はもっとたくさんの詩を作り、自分自身はできるだけ世間から引きこもればいい。これこそ、彼の行儀よい行儀悪さの意味(こころ)なのだ。逆に、世のお殿様は、自分で書いた「詩文」よりは、価値があるのがつねだ、たとえバカ殿でも[*10]——おっと、われわれは何をしているのだ。おしゃべりばかりしている。廷臣はみな、われわれはもう働いたし、一生懸命心を砕いた、と考えるものだ。うちの窓よりも朝早く明かりのつく家はない、と。——ほら、あれは鐘の音じゃないか。こりゃまずい。一日のてんてこ舞いが始まるのに、その一日の回り方がわれわれには分かっていない。では、即興でやるしかない、——世間はその日その日を即興でやるものだ。われわれも今日はひとつ世間並みで行くとしよう。——ここで私は、朝の奇妙な夢から覚めた。どうやら、塔の時計の鐘がきつい音を響かせ、独特の重々しい調子で五時を告げたためらしい。思うに、この夢は、夢の神様が私の習慣を笑い物にしようとしたのだ。——一日を始めるに当たって、私自身のためにきちんとその日一日を準備して、見苦しくないようにするのが、私の習慣である。往々にして、あまりに形式ばった、あまりに王様風の仕方で、そうしてきたのかもしれない。

23番

頽廃の示す徴候。——「頽廃」という語で表わされる、時として必然的に生ずる社会の状態に関して、次のような徴候に注意しよう。どこかで頽廃が起こるやいなや、色とりどりの迷信が急増し、それに引きかえ、ある民族のそれまでの信仰全体が、色褪せて無力となる。

なぜなら、迷信とは、二級の自由思想または二番煎じの無神論だからである。——迷信に身をゆだねる者は、自分の性に合った一定の形式や公式を選びとり、選択権は自分にあるとする。迷信的な人は、宗教的な人と比べると、いつもはるかに一個の「人物（ペルゾーン）」である。また、迷信的な社会には、多くの個人および個人の悦びが、すでに存在しているだろう。こうした観点から見れば、迷信はつねに、信仰に対する一つの進歩として現われ、また、知性が自主独立的となって自己の権利を主張しようとするしるしとして現われる。この場合、頽廃を嘆くのは、古い宗教や宗教心の崇拝者であり、——彼らはそれまで、言葉遣いにまで容喙（ようかい）し、どんな大物の自由思想家にも迷信を見つけては誹謗中傷を加えてきた。われわれは、迷信が啓蒙の徴候であることを学ぼう。——第二に、ひとは、頽廃のはびこる社会を、弛緩していると非難する。そういう社会では、戦争の評価や戦争の悦びは、目に見えて低下する。今や、安楽な生活が、熱烈に追求される。ちょうど、かつては軍事上および体育上の名誉が熱烈に追求されたように。だが、往々にして見落とされていることだが、戦争や競技によって華々しい見世物を演じた、往年の、民族のエネルギーと民族の激情が、今や無数の私的な激情に変じて、見えにくくなっただけの話である。それどころか、「頽廃」の状態にあっては、たぶん、民族のエネルギーを消費して発揮される権力や暴力は、かつてよりも大きくなり、個人は、以前はできなかったほど贅沢にそうした力を使い尽くしているのである——かつては、まだそこまで豊かではなかったのだ。まさに「弛緩」の時代にこそ、悲劇が家々や横丁のあちこちに起き、大いなる愛と大いなる憎しみが生まれ、そして、認識の炎は赤々と天まで燃え上がるのである。——第三に、ひとは、迷信や弛緩といった非難をいわば埋め合わせるつもりで、そういう頽廃の時代を評して、今は優しい時代になった、もっと昔の、信仰と剛健さの時代に比べると、残酷さがすっかり減った、と言うのがつねである。だが私は、かの非難にと同様、この称賛にも同意することができない。ただ、今日では残酷さが洗練され、旧態依然たる粗野な残酷さは今後は趣味に反する、ということなら私も認める。だが、言葉や視線によって傷つけたりいじめたりすることは、頽廃の時代には最高度に発達する——今やはじめて悪意が、そして悪意の悦びが創造されるのである。頽廃の人間は、機智に富み、中傷を好む。短刀や奇襲によるのとはまた別の仕方の殺人があることを、彼らは知っている。——もっともらしく言われたことはすべて信じ込まれてしまうことも、彼らは知っている。——第四に、「道徳が堕落する」と、僭主と呼ばれる存在がはじめて出現する。僭主とは、個人の先駆であり、いわば早熟な個人の初子(ういご)なのである。今しばらく待てば、この果実中の果実は、黄色く熟れて民族という木に垂れ下がり、——この果実のためにこそ、その木はあったということになるのだ。堕落が頂点に達し、あらゆる種類の僭主たちの闘争も頂点に達するとき、つねに現われるのが、カエサル、つまり最終的僭主である。彼は、独裁権をめぐる消耗戦に臨み、その疲労を自分に有利に仕向けては、争いにケリをつける。カエサルの時代には、ふつう個人は最も成熟し、したがって「文化」は最高度に栄え、最も実り豊かとなる。だがそれは、彼のためでも、彼によってでもない。最高の文化人が、彼らのカエサルにこびへつらうのを好み、自分はわがカエサルの作品だと言いふらすとしても、そうである。だがじつを言えば、彼らは外からの安らぎを必要としている。なぜなら、自分の内部に不安と労苦を抱えているからである。こうした時代には、賄賂や裏切りは、最も盛んである。というのも、ようやく発見されたばかりの自我への愛は、旧式の、使い古され、死ぬほど言い尽くされた「祖国」への愛よりも、よほど強力だからである。また、運不運の恐るべき変動に対して何とか身の安全を確保する必要性から、どちらかと言えば高貴な者でも、裕福な実力者が進んで金をみついでくれるなら、あっさり諸手を差し出すからである。その今や、確かな未来など、ほとんど存在しない。現にひとは、今日のために生きている。その精神状態のもとでは、どんな誘惑者も、賭けに簡単に勝てるほどである。――というのも、ひとは「今日のため」だけにでも誘惑され、買収され、未来と徳のほうは保留しておくからだ。個人、この真の即自かつ対自は、周知のように、その反対である畜群人間よりも、瞬間のことを気にする。なぜなら、彼ら個人は、自分自身を、未来と同じく予測不可能で当てにならないと考えるからである。同様に、個人は、力を頼みとする人間に、自分を結びつけたがる。なぜなら、彼らは、大衆の間では理解も恩恵も当てにできない行為や情報に、望みを託しているからである。――だが、僭主またはカエサルは、個人の権利を、たとえ個人が狼藉をはたらいても、理解してやり、相当あつかましい道徳の私物化のために弁明し、手を貸すことにも関心をもつ。というのも、僭主は自分のことを考えているからであり、ナポレオンがかつて古典的な流儀で次のように語ってみせたことを、自分のことだと思い込もうとするからである。「ひとが私に向かって不平を鳴らす一切の事柄に対しては、永遠の「それが私なのだ」でもって答える権利を、私はもつ。私は、世の中すべてからかけ離れており、誰からも制約を受けない。ひとが私の空想にさえ服することを、私は欲する。私があれこれの気晴らしに耽っても、ひとがまったく当然だと見なすことを、私は欲する」。ナポレオンはかつて、彼の妻が自分の夫の貞操を疑うだけの理由をもったとき、妻にこう言った。――頽廃の時代とは、リンゴが熟して木から落ちる時代である。ここでのリンゴとは、個人、未来の種を蒔く人、精神的植民活動の創始者、国家共同体や社会共同体を新しく形成する創始者のことである。頽廃とは、ある民族の秋の季節を罵って言う誹謗の言葉にすぎない。

24番

不満の違い。――弱々しくて、いわば女性的な不満家というのは、生を美化し深化させる工夫に長けている。力強い不満家――たとえを続ければ、不満家のなかでも男性的な人たち――は、生の改善と保全に長けている。前者が弱々しさと女々しさをどんな点で示すかと言えば、えてして欺かれやすく、いささかの陶酔や熱狂にいったん耽ることもあるにはあるが、全体としては決して満足せず、癒しがたい不満に悩まされているという点で、である。そのうえ彼らは、阿片や麻酔のように慰めを与えてくれる代物を造り出すことを心得ているすべての人の促進者であり、だからこそ、僧侶より医者を高く評価する連中を恨んでいる――これによって彼らは現実の困窮状態の存続に加担するのだ。中世以来、ヨーロッパにこの種の不満家がおびただしく存在しなかったとすれば、おそらく、絶えず変身を遂げる有名なヨーロッパ的能力はまったく生じなかったであろう。というのも、力強い不満家の要求というのは、あまりに粗野で、根っから寡欲でありすぎるため、結局はいつしか沈静化させられてしまうからである。中国は、不満が全般的に、また変身の能力がここ数世紀、根絶されてしまった国の見本である。ヨーロッパの社会主義者や、国家という偶像の崇拝者は、生の改善と保全のための彼らの方策でもって、ヨーロッパにおいても、中国的状態と中国的「幸福」を容易に達成することができよう。ただしそれは、彼らがヨーロッパで、あの、もっと病的で、もっと繊細で、もっと女性的で、今のところまだあり余るほど存在する不満とロマン主義を、まずは根絶することができたとしての話である。ヨーロッパとは、永遠に変身してやまぬ癒しがたきおのれの苦悩に最高の感謝を捧げねばならない一個の病人なのである。絶えざる新しきこの状況、同様に絶えざるこの新しき危険、苦痛、逃げ道が、ついに産み出した知的鋭敏さたるや、ほとんど天才と言えるほどであり、少なくとも、一切の天才の母である。

25番

もともと認識向きに出来ていない。——愚鈍な謙虚さというのは、決して珍しくないが、それを背負い込んでいる人は、認識の使徒たる適性を決定的に欠いている。というのも、この種の人間は、ばかに目立ったものを目に留めるや、いわば踵を返して退却し、こう呟くからである、「おまえは思い違いをしたな。正気になるんだ。こんなのが真理であってはならん」。――そうして彼は、もう一度まじまじと眺め、聞き耳を立てる代わりに、怯えたように、そのばかに目立つ事物からスタコラ逃げ出し、なるべく早く頭から振り払おうとする。彼の内的規準は、こうである。「物事に関する普通の考えに反するものなど、何も見たくない。新しい真理を発見するのに、この私は向いているだろうか。古い真理だけでもありすぎるほどなのに」。

26番

生きるとは何の謂いか。――生きるとは――死のうとする何ものかを絶えず突き放すことである。生きるとは――弱くなり老いてゆくわれわれの部分のすべて、いや、われわれの部分だけともかぎらないすべてに対して、残酷で情け容赦のないことである。生きるとは――それゆえ、死にゆく者、みじめな者、老いぼれた者に対して、敬虔の念をもたないことなのか。不断に人殺しであることを謂うのか。――それなのに、老モーセは言った、「汝殺すなかれ」と。

27番

諦めの人。——諦めの人がしていることは何か。彼は、より高次の世界をめざして努力する。いかなる肯定の人よりも、より広く、より遠く、より高く、飛ぼうとする。——自分の飛翔の重しになりそうな多くのものを、彼は投げ捨てる。そのなかには、彼にとって無価値でもないもの、好ましくなくもないものも、少なくない。彼はそれを、高みをめざすおのれの欲求の犠牲にする。じつに、この犠牲、この投げ捨てこそ、そればかりが目につく彼の特徴にほかならない。そのため、ひとは彼に、諦めの人という名を贈る。諦めの人たる彼は、修道僧よろしく頭巾に包まれ、毛織りのシャツの魂みたいに、われわれの前に現われる。だが、彼がわれわれに及ぼすこの効果に、彼は満足しているのだろう。彼は、われわれを超えて飛翔しようとする自分の欲求、誇り、意図を、われわれに隠しおおせようとする。——そうだ。彼は、われわれが思っていたよりも賢く、われわれに対して非常に礼儀正しい——この肯定の人は、だ。というのも、彼は、諦めの人でありながら、われわれと同じく、肯定の人だからである。

28番

みずからの最良のものでもって害をなす。——われわれは時として、自分の強さに駆られて前に進むあまり、自分の弱さにもはや耐えられなくなり、そのあげく破滅することがある。われわれはこの結末を予見しているのかもしれないが、にもかかわらず、それ以外のことを欲しない。その点ではわれわれは、われわれの内なる、労(いたわ)られることを欲するものに対して苛酷となる。われわれの偉大さは、われわれの無慈悲さでもある。——最後には生命を代償としなければならないそのような体験は、偉大な人間が他人や時代に及ぼす影響の総体を表わす比喩である。——偉大な人間は、まさに彼らの最良のものでもって、つまり、彼らがそうするほかないものでもって、多くの、弱く、不確かな、生成し、意志するものを破滅に向かわせるのであり、それゆえ有害なのである。それどころか、全体として見積もれば、彼らは害をなすことしかしないという場合も起こりうる。なぜなら、彼らの最良のものは、それに接するや、あたかも強い酒に接したかのように分別も我欲も失ってしまう者たちにのみ受け入れられ、いわば呑み込まれるからである。そういった連中は、すっかり出来上がってしまい、酔っ払いがフラフラ迷い込む迷い道という迷い道を徘徊しては、転んで手足を挫(くじ)くことを余儀なくされる。

29番

付け足しで嘘をつく者たち。——フランスでひとが、アリストテレスの三一致の法則〔時・場所・筋の単一性を保つべしという劇作上の制約〕と格闘し、それゆえそれを弁護さえし始めたとき、じつにしばしば見られることながらじつに見ばえのよくないことが、またしても見られた。――その法則を堅持すべきだというもっともらしい理由を、ひとは捏造し、自分に嘘をついたのだ。その法則の支配になれっこになり、それを変えたいとはもはや思わなくなったことを自分に認めなくてすむようにという、ただそれだけのために。そんなふうにひとは、どんな支配的道徳や宗教の内部でもやっているし、昔からそうやってきたのである。習慣の背後にある理由や意図というのは、つねに、何人かの人がその習慣に異議を唱え、その理由や意図を疑問視し始めるときにはじめて、捏造されてその習慣に付け足される。ここに、どんな時代の保守主義者にも付きものの大いなる不誠実が隠れている。――彼らは、付け足しで嘘をつくのだ。

30番

有名人の喜劇芝居。――名声を必要とする有名人、たとえば政治家というのはみな、自分の仲間や友人を選ぶさい、下心を抱かずにはすまない。或る人からは、その人の徳が発する一片の輝きと照り返しを求め、ほかの或る人からは、誰でも知っているその人特有のいかがわしい性質が醸し出す恐ろしげな雰囲気を求める。べつの或る人からは、その人が日向ぼっこをして閑居しているという噂を盗もうとする。なぜなら、時として迂闊で不精と見られることが、自分自身の目的に役立つからである。――つまり、待ち伏せして機会を窺っているということを隠してくれるからである。彼ら有名人は、時には夢想家を、時には識者を、時には思案家を、時には穿鑿(せんさく)家を、自分の近くに、いわばその時々の自己として、必要とするが、すぐにそういった連中をもう必要としなくなるのだ。そんなふうに、有名人の周囲や外側は、絶えず死滅しつつある一方で、一切が有名人の周囲に押し入ろうとするかに見え、有名人の「性格」と化そうとする。この点で、有名人は大都会に似ている。彼らの名声は、彼らの性格と同じく、絶えず移り変わっている。というのも、とっかえひっかえする手段がこの入れ替わりを要求し、ときにはこの性質、ときにはあの性質と、現実的であったり捏造されたりするさまざまな性質を、浮き立たせ、舞台に押し上げるからである。有名人の友人や仲間は、上述のように、この舞台上の性質に属している。これに対して、彼らが欲するところのものは、それだけいっそう青銅のようにどっしり構え、ずっと光り輝いたままでなければならない。――だがそれすらも、時折は、その喜劇と舞台芝居を必要とする。

31番

商業と貴族。――物を買ったり売ったりすることは、今日、物を読んだり書いたりする技術と同じく、普通で卑近なことと見なされている。誰もが、今日、べつに商人でなくとも、売り買いを身につける訓練を受けており、毎日この技術に磨きをかけている。ちょうど、昔、人類がもっと野蛮だった時代には、誰もが狩人であり、来る日も来る日も狩猟の技術を練習していたのと同様に。当時、狩猟は、普通で卑近なことだった。だが、ついにはそれが権力者や貴族の特権となり、その結果、日常的で普通の卑近なことという性格を失った——つまり、必要事であることをやめて気まぐれや贅沢に関する事柄となったことによって。——いつの日か、買ったり売ったりすることも、それと同じようになるかもしれない。およそ売ったり買ったりすることがなくなり、この技術の必要性が徐々にすっかり失われるような社会の状態というのも考えられる。おそらくそのあかつきには、普通の卑俗な状態の法則に服する度合の少ない個々人が、感覚の贅沢のごときものとして、あえて売買をやり出すことだろう。そのときはじめて、商売は高貴さを帯びるようになり、貴族はおそらく、商売に好んで乗り出すことだろう。かつて、戦争と政治に好んで乗り出したように。逆にその一方で、そのとき政治の評価は、完全に変わっているかもしれない。今日すでに政治は、貴族の手仕事ではなくなっている。とすれば、いつの日か、政治は、普通で卑俗なものと見なされるようになり、その結果、あらゆる党派文学、日雇い文学と同様に、「精神の売春」という見出しで一括されてしまう、ということだってありえよう。

32番

ありがたくない弟子。——この二人の弟子には、まったく困ったものだと、かつてソクラテスがしたのと同じように、若者を「だめにした」或る哲学者が、不機嫌に叫んだ——どちらとも迷惑な弟子だ。一人は、否を言うということができず、もう一人は、万事「ほどほどの中ぐらいで」と言う。二人が私の教えを掴んだとしたら、一方は悩みが多くなりすぎることだろう。というのも、私の考え方が要求するのは、戦闘的な魂であり、苦痛を与えることを欲すること、否を言う悦び、堅い皮膚だからである、——彼は外にも内にも傷を患い、ボロボロになるだろう。もう一方は、自分が代弁するどんな事柄からも中庸をあみ出しては、万事を凡庸化してしまうことだろう、——そんな若者など、私の敵になってもらったほうがいい。

33番

学外講義。——「人間がもともと、おとなしい動物に分類されることを証明するために、皆さんに、人間が長い間、いかに信じやすい動物であったかを思い起こしてもらいたいと思います。今やはじめて人間は、まったく遅まきながら、そして途方もない自己超克の果てに、疑り深い動物になったのです。——そう、今や人間は、かつてないほど邪悪になったのです」。——私には分かりません。今や人間は疑り深く邪悪になったと、なぜ言えるのですか。——「なぜなら、今や人間は、科学というものを持ち、——必要としているからですよ」。——

34番

隠れたる歴史〔Historia abscondita〕。——偉大な人間は誰しも、後ろ向きに働く影響力をもっている。彼のために、全歴史がふたたび天秤に載せられ、何千もの過去の秘密がその隠れ家からぞろぞろ這い出てくる——彼の太陽のもとへ。歴史が総じて今後なおどうなってゆくのかは、まったくもって見きわめがつかない。おそらく過去は、依然として本質的に未発見なのだ。非常に多くの後ろ向きに働く影響力がまだまだ必要だ。

35番

異端と魔法。——世の習いとは違ったふうに考える——これは長らく、まともな知性の結果というよりはむしろ、強固で邪悪な傾向、つまり乖離し孤立し反抗的で、他人の不幸を喜ぶ意地悪な傾向の結果なのである。異端とは、魔法と一対のものであり、たしかに魔法と同様、無邪気なものではなく、それ自体は尊敬に値するものですらない。異端者と魔女は、邪悪な人間の二種なのである。両者に共通するのは、彼らが自分でも自分自身を邪悪だと感じていること、それでいて、支配的なもの（人間や見解）に誹謗中傷をぶちまけることに抑えきれない悦びを感じることである。中世の精神が疚しくない良心をもうすでに持てなくなっていた時代に、中世の精神の倍増とでも言うべき宗教改革は、異端と魔法をあふれ返るほど大量に産み出したのである。

36番

最期の言葉。——皇帝アウグストゥス、つまり、さしずめ賢者ソクラテスのように、自制心を失わず沈黙することもできた、あの恐るべき人間が、臨終の言葉を口にしたとき、自分自身への遠慮というものを失くしたことが、思い起こされるであろう。彼がはじめて仮面を脱ぎ捨てたのは、自分は仮面をつけて喜劇を演じてきたのだとほのめかした、そのときであった、——彼は、祖国の父と王座の知恵を演じ続け、幻想を体よく塗り固めてきたのだ。「友よ、喝采してくれ、喜劇は終わったのだ〔Plaudite amici, comoedia finita est!〕」。——死にゆく皇帝ネロが、「何と立派な芸術家が失われることか〔qualis artifex pereo!〕」と呟(つぶや)いたときの想いも、死にゆくアウグストゥスの想いと同じであった。つまり、役者の虚栄であり、役者の饒舌というやつだ。まさしく、死にゆくソクラテスと一対のものだ。——だが、皇帝ティベリウスは、自虐者のなかでも一番の苦悩者であったこの人は、黙って死んでいった。——彼は本物であり、俳優ではなかったのだ。彼の脳裡を最期に去来したのは、いったい何だったのか。おそらくこうであろう。「生きるとは——、ゆっくり死ぬことだ。なのに、阿呆の私は、たくさんの人の命を縮めてしまったのだ。この私は慈善家であることに向いていたのか。私は人びとに永遠の生命を与えてやればよかった。そうすれば、人びとが永遠に死にゆくのを眺めることができただろう。それにお誂え向きの眼を、私はもっていたのだから。何と立派な見物人が失われることか〔qualis spectator pereo!〕」。彼が断末魔の長い苦悶のあと、息を吹き返して持ち直しそうに見えたとき、人びとは彼を寝台の枕で窒息死させるのが得策と考えた。——彼は二重の死を死んだのである。

37番

三つの誤謬から。——ここ数百年の間、科学が推進されてきたのは、次の理由による。第一に、科学でもって、また科学によって、神の善意と知恵を最も良く理解できると期待されたからである——これが、偉大なイギリス人（たとえばニュートン）の魂における主要動機であった。第二に、認識の絶対的な有用性を、とりわけ道徳、知識、幸福の内奥の結合を信じたからである——これが、偉大なフランス人（たとえばヴォルテール）の魂における主要動機であった。第三に、科学のうちには、無私のもの、無害なもの、自足的なもの、真に無邪気なものがあり、それが愛されているのだ、そしてそれは人間の悪しき衝動は何の関係もない、と考えられたからである——これが、認識者としての自分を神的だと感じたスピノザの魂における主要動機であった。——つごう三つの誤謬により、科学は推進されてきたわけである。

38番

爆発的な者たち。――若者たちがため込んだ力が、爆発したくてどんなにうずうずしているかを考慮に入れれば、彼らがひどく下品かつ手当たり次第に、あれやこれやの事柄に飛びつくのを目にしても、驚くことはない。彼らを刺激するのは、事柄の周りに生ずる熱中の光景であり、いわば燃えていく火縄の光景であり、――事柄そのものではない。老獪な誘惑者は、それゆえ、若者たちが爆発するよう、まんまとそそのかし、その事柄の理由説明はしない。根拠を説いて聞かせても、若者という火薬樽を手に入れることはないからだ。

39番

変化した趣味。――一般的趣味の変化は、意見の変化よりも重要である。意見とは、どんなに証明や反駁をそなえ、知的仮装でそっくり見せかけようとも、変化した趣味の徴候にすぎず、ひとが意見をしばしばそう呼んでいる当のもの、つまり変化した趣味の原因ではないことは、まったく確かである。一般的趣味はどのように変化するのか。権力があり、影響力の大きい少数の人びとが、彼ら一流の「これは可笑しい、これは馬鹿げている〔hoc est ridiculum, hoc est absurdum〕」を、つまり彼らの趣味と嫌悪の判断を、臆面もなく表明し、僭主のように押し通すことによるのである。――彼らはそれでもって、多数の人びとに何らかの強制を課し、その強制が、ずっと多くの人びとにとって徐々に習慣となり、最終的には万人のやむにやまれぬ欲求となる。では、彼ら少数者が、別様に感じて「趣味的に味わう」ということの根拠はどこにあるのか。それはふつう、彼らの生活様式、栄養、消化などの特異性にあり、おそらくは、彼らの血液や脳髄の中の無機質の塩分が多いか少ないかに、要するに体質(ピュシス)にある。しかるに彼らは、公然と自分の体質の肩をもち、その要求のきわめて繊細な調子にまで耳を貸す、という勇気を具えている。彼らの美的かつ道徳的な判断とは、そのような体質上の「きわめて繊細な調子」のことなのである。

40番

高貴な形式の欠如について。——兵士と指揮官の相互関係は、依然として、労働者と雇用主の関係より、ずっと高次である。軍事を基礎とするいかなる文化も、少なくともまだ当分は、どんないわゆる産業的文化より高位にある。今日の形態における産業的文化は、総じて、これまで存在したもののうちで最も卑俗な生存形式である。ここで作用しているのは、ずばり、窮乏の法則である。ひとは生きたいと思ったら、自分を売らねばならないが、しかしひとは、この窮乏をとことん利用して労働者を買う者を軽蔑する。奇妙なことに、権力をもち、恐れをかき立てる、実際に恐ろしい人物、たとえば僭主や軍司令官に服従することは、産業界の大物のように、知名度も面白味もない人物に服従することに比べて、バツの悪さをおぼえることがはるかに少ない。労働者はふつう雇用主のうちに、あらゆる窮乏につけ込んでは搾取する狡猾な犬のごとき人間しか見出さない。そういう人間の名前も格好も行儀も評判も、労働者にとっては、まったくどうでもいいことなのである。これまで、工場主や大商業資本家には、人物をはじめて面白味のあるものにさせる、高級な種族のあの形態と標識の一切が、たぶんあまりにも欠けすぎていた。彼らの目つきやふるまいに、生まれつきの貴族の高貴さが具わっていたとすれば、大衆社会主義はおそらく存在しなかっただろう。というのも、大衆とは根っから、あらゆる種類の奴隷奉仕を進んでするものだからである。もし、大衆の上に立つ者が、自分のことを、高位の者、命令者として生まれついた者として絶えず正当化するとすれば――高貴な形式によって――だ。高貴さは即興では作り出せず、長年かけて熟成された果実として尊敬されるべきだということを、どんなに卑俗な人間も感じている。――だが、高級な形式の不在と、でっぷりと赤らんだ手をもつ工場主の悪名高い俗物根性は、ここで或る人を他の人より上位に押し上げたのは偶然と運にすぎなかったのだ、とする思想を卑俗な人間に吹き込む。ならばよし、と卑俗な人間は心に決める。われわれも、ひとつ偶然と運を試してみよう、ひとつさいころを投げてみよう、と。――こうして社会主義が始まるのである。

41番

後悔に反対。――思想家は、自分自身の行為のうちに、何らかの事柄を解明するうえでの試みと問いを見てとる。成功も失敗も、彼にとってはまずもって答えなのである。だが、何かがうまくいかないからといって腹を立てたり、後悔を感じたりすること――、こうしたことを彼は、命令されるから行為する連中に、つまり事の首尾がご主人様のお気に召さないときは殴られることを覚悟しなければならない連中に任せる。

42番

労働と退屈。――賃金のために仕事（アルバイト）をさがす――この点では、文明諸国において今日ほとんどすべての人間が同じである。彼らすべてにとって労働（アルバイト）とは一つの手段であり、それ自体が目的なのではない。それゆえ労働を選ぶさい、あまり品にこだわらない。利益が十分あればそれでいいのである。これに対して、快楽の得られない労働に従事するくらいなら死んだほうがましだ、と思う人間も、たまにはいる。選り好みが激しく、なかなか満足しないそういう人たちにとっては、労働自体があらゆる利益中の利益でなければ、十分利益があっても何の役にも立たない。こういった珍しい種類の人間に属するのは、あらゆる種類の芸術家や観想的人間である。一生を狩や旅、色事や冒険に費やす、ひま人たちもこれに入る。彼らはみな、労働と労苦を、快楽と結びつくかぎりで欲するし、必要とあらば、どんなにつらくきつい労働をも辞さない。だが、そうでない場合は、断固として物ぐさである。たとえ、この物ぐさに、貧乏、不名誉、健康や生命の危険が結びついていると言われるにしても。彼らは、退屈よりはむしろ、快楽なき労働のほうを恐れる。それどころか、彼らの労働がうまくいくには、退屈がたくさん必要なのである。思索家やすべての独創的精神にとって、退屈とは、楽しい航海と快い順風に先立つ、魂の不快な「凪」なのである。彼はこれに耐えなければならず、その影響がおさまるのをじっと待たなければならない。——まさにこれこそ、生まれつき低俗な輩には逆立ちしても手に入れることのできない代物なのだ。退屈をなんとかして追い払おうとするのは、卑俗なことである。快楽なき労働が卑俗であるのと同様に。アジア人はヨーロッパ人よりも、より長く、より深い休息をとることができる。この点でアジア人はおそらくヨーロッパ人より優れているだろう。アジアの麻薬ですら、ヨーロッパの毒たるアルコールの不快な即効性に比べると、効き目は徐々だし、根気が要る。

43番

法律が洩らしているもの。——ある民族の刑法を、まるでその民族の性格の表現であるかのように研究するとすれば、大変な間違いである。法律が洩らしているものは、ある民族が何であるか、の本質などではなく、その民族にとってよそよそしく、珍しく、怪奇で、異国風に見えるもの、にすぎない。法律とは、風習の倫理の例外に関係するのであり、最も苛酷な刑罰は、近隣の民族の風習に従うものに下される。イスラム教ワッハーブ派の場合、死罪は二つしかない。ワッハーブ派の神とは異なる神を信ずることである(彼らは喫煙を「恥辱に満ちた種類の飲酒」と呼ぶ)。「じゃあ、殺人や姦通はどうなんだ」——と、このことを聞き知ったイギリス人が呆れて訊いた。「なあに、神様は情け深くて心優しいお方ですから」——と、老いた酋長は言った。——そんなわけで、古代ローマには、女が死罪となるのは二通りの仕方しかありえないとする考えがあった。つまり、姦通によってと、——飲酒によってである。老カトーの考えでは、身内同士の間でキスをする風習ができたのは、もっぱら女をこの点で管理下に置くためであり、キスをするとは、女が酒臭くないか確かめることであったという。飲酒の現行犯で捕らえられ、死刑に処せられた女性が、実際いた。確かにその理由は、女性が時おり酒に酔ったおかげで拒絶するのをすっかり忘れてしまうからだけではなかった。とりわけ、酒(ワイン)がヨーロッパではまだ新しかった頃、ローマ人は、南ヨーロッパの女がおりにふれて襲われた酒神ディオニュソスの乱痴気騒ぎを、ローマ人気質を根底から覆(くつがえ)す異国かぶれの怪奇現象として恐れていたからである。彼らにとってそれは、あたかもローマへの裏切り、異国に併合されることであった。

44番

動機だと信じられてきたもの。——人類がこれまで行為するさい現実に従ってきた動機を知ることは、なるほど重要かもしれない。だが、あれこれの動機を信ずること、つまり、人類がみずからの行為の真の梃子（てこ）だと自分自身でこれまで思い込み、空想してきたもののほうが、認識者にとっては、おそらくずっと本質的なのである。というのも、人間の内的な幸福と悲惨は、あれこれの動機を信ずることに応じて、割り当てられてきたからであり――、実際に動機であったものによって、ではないからだ。実際に動機であったものは、いずれも二次的な関心しか惹かない。

45番

エピクロス。――そう、私は、エピクロスの性格を、おそらく他のどんな人の感じ方とも違ったふうに感ずることを、誇りに思う。また、エピクロスについて私が聞いたり読んだりするものすべてにおいて、古代の午後の幸福を楽しむことを、誇りに思う。――私には見える。エピクロスの眼が、陽の下にそそり立つ岸壁の向こうに広がる、白波立つ大海を眺めているのが。他方で、大小の動物たちも陽光を浴びて、陽光や眼光それ自体のように安らかに穏やかに戯れているのが。そのような幸福を発明できたのは、絶えず苦悩している者のみであった。その眼の前では、存在という名の大海は静まり、その眼は今や海面を、この色とりどりの繊細な震えわななく海の肌を、眺めてもはや見飽きるということがない、そういう眼の幸福。かくも慎ましい悦楽は、以前には決して存在しなかった。

46番

われわれの驚嘆。――学問によって突きとめられた発見には、深く徹底的な幸福がひそんでいる。学問はどっしりとして揺るぎないものを発見し、それが新たな発見のための基礎を何度でも提供するからである。――本当は別様であったかもしれないのに、だ。そう、われわれは、自分の判断がおよそ不確実で夢想じみていること、どんな人間的な法則や概念も永遠に転変してやまないことを、信じて疑わないがゆえに、学問の成果はなんとまあどっしりとして揺るぎないことか、と驚嘆しないわけにはゆかないのである。かつては、人間的なものが万事かくも変転しやすいものであるなどとは思いもよらず、風習の倫理ゆえに、人間の内的生活はそっくり、永遠のかすがいで必然性の鉄則に繋ぎとめられているのだ、と頑なに信じられていた。おそらく当時ひとは、お伽話や妖精譚が物語られるのを聞くとき、似たような驚嘆の悦楽をおぼえたのだろう。規則や永遠にいつしか倦み疲れたであろう人びとには、物珍しく不思議なことが慰めとなった。いったん地盤を失い、浮遊し、彷徨い、羽目をはずすこと――これぞ、かつての時代の楽園にして贅沢三昧であった。これに対して、われわれの至福とは、難破船の乗組員の至福のごときものである。彼は、陸に辿り着いて昔ながらのどっしりとした大地を両足で踏みしめ、――大地がぐらつかないことに驚くのである。

47番

激情の抑圧について。——激情を表現するのは、「卑俗な者ども」に、つまり自分よりも生まれつき粗野な庶民や百姓に任せるべきだと言わんばかりに、激情の表現を絶えず自分に禁ずるならば、——それゆえ、激情そのものをではなく、激情的な言葉とふるまいだけは抑圧しようと欲するならば、その場合、にもかかわらず、そうしようと欲してはいなかったことまで、おまけで手に入ることになる。つまり、激情そのものの抑圧が、少なくも激情の虚弱化と変質が、得られる。——最も教訓に満ちた例としては、ルイ十四世の宮廷およびその配下のすべてが、このことを体験したのであった。これに続く時代は、表現を抑圧することを躾けられたために、激情そのものをもはや持たなくなり、優美だが平板なお遊び的代物を、その代わりに持つようになった。——その時代は、無作法にふるまうことはできないという無能力に悩まされたあげく、侮辱ですら慇懃な言葉で応酬するほかない、という仕儀になった。おそらく現代は、それとこのうえなく顕著な対照をなす時代であろう。至るところで、生活でも劇場でも、またそれに劣らず、およそ書かれたものすべてに、激情のいっそう粗野な爆発とふるまいを何でも気楽によしとする風潮を見かけるからである。今日では、激情をあらわにして生きることに関して一定の協定が求められる——ただし、激情そのものが求められているのではないのだ。にもかかわらず、それでもって結局ひとは、激情をあらわにして生きることを手に入れるだろうし、われわれの子孫は正真正銘の野性をもつだろう。

たんに形式上の野性や無作法なふるまいだけでなく。

48番

苦しみの知見。——人間や時代は、おそらく、それが苦しみの知見をどれだけ有しているかの違いによって、お互い一番よく区別されるだろう。つまり、身心の苦しみの知見を、である。からだの苦しみについて言えば、われわれ現代人は、おそらく揃いも揃って、疾患をかかえ脆弱であるにもかかわらず、豊かな自己経験を欠くために、へぼであると同時に空想家である。つまり、恐怖の時代——あらゆる時代のうちで最も長期にわたった時代——と比較すれば。恐怖の時代にあっては、個人は、暴力に対して自分で身を守るほかなかったし、この目標のために自分も暴力的人間にならなくてはならなかった。当時、男子は、肉体上の苦悶と耐乏をたっぷり学ぶことをとことん味わったし、自分自身を残酷なまでに苛み、苦痛の訓練をみずから買って出てまでして、自分に必要な自己保存の手段を摑みとった。当時ひとは、自分の身の周りの者たちも苦痛に耐えられるように躾けた。当時ひとは、好んで苦痛を与えたし、この種の苦痛のうちで最も恐るべきものが他者に加えられるのを見ても、自分は安全だという感情のほかには何の感情も抱かなかった。ところで、こころの苦しみに関して言うと、私は今日どんな人間を眺める場合でも、その人がこころの苦しみを、経験から知っているか、それとも書物から知っているかの違いに着目する。つまり、この知見を、上等な教養のしるしでもあるかのように、この知見を持っているそぶりをすることが何といっても必要だと考えているか、それとも、大いなる精神的苦痛など心の底では信じておらず、歯痛や腹痛のことを思い浮かべて、そういう大きな身体的苦痛を言葉にする場合と似たり寄ったりの仕方で精神的苦痛を言葉にしているか、の違いである。しかるに今日たいていの人は、まず後者なのではないかと思われる。身心の両面で苦痛が全般的に訓練されておらず、苦しんでいる人を見かけることも確かに珍しくなったことから、今や、ある重要な帰結が生じてくる。今日われわれは苦痛を、以前の人びとよりはるかに憎んでおり、以前より苦痛のことを悪しざまに言う。それどころか、苦痛が一観念として現に存在するだけでもう、耐えがたいと感じ、そこから、この世に生きることをそっくり一個の良心問題と非難とに変えてしまう。厭世主義哲学があれこれ登場してきたのは、困窮状態が増大し恐るべきほどになったことを示す徴表（メルクマール）では決してない。すべての生の価値に疑問符を突きつけるこの哲学が、現代作り出されるのは、この時代にあっては、この世に生きることが繊細化と安楽化を蒙ったおかげで、心身が蚊に食われるのは避けがたいというだけでもう、あまりに悪逆非道だと感じられてしまい、現実の苦痛経験の乏しさのなかで、悩みをもたらす一般的観念だけでもう、最高の種類の苦しみだと思われてしまいかねないからなのである。——厭世主義哲学と過敏すぎる感傷性に対する処方箋は、あるにはあろう。この過敏すぎる感傷性こそ本当の「現代人の苦しみ」だと私には思われるが。——ところで、この治療法はおそらくあまりに残酷に響くし、それ自体が「この世に生きることは邪悪なものだ」と現代人が判断するさいの根拠とされる徴候の一つに数えられてしまうことだろう。そう、「苦しみ」に対する処方箋とは、苦しみである。

49番

寛大さとその類似物。――かの逆説的現象、つまり、心の温かい人の挙動に突如現われる冷たさとか、憂鬱気質の人が示すユーモアとか、とりわけ、復讐したり嫉妬心を満たしたりするのを突如断念するという意味での寛大さとか――は、強力な内的遠心力が働いている人間に現われる。つまり、突如満足感をおぼえたり突如吐き気を催したりする人間に、である。そうした人びとが満足するのは非常に急激かつ強力であるために、それに続いてすぐさま、倦怠感と嫌悪感、そして正反対の趣味への逃避が、踵(きびす)を接してやって来る。この反対物において、感覚の痙攣は解除させられる。ある人の場合は突然の冷たさによって、他の人の場合は哄笑によって、さらに別な人の場合は感涙と自己犠牲によって。思うに、寛大な人とは――少なくとも、つねに最も強烈な印象を与えてきた種類の寛大な人というのは――、極端な復讐欲を秘めた人間なのである。彼には、満足が近くに見えており、彼はこの満足を、非常にたっぷり、徹底的に、最後の一滴まで、観念のなかですでに飲み干したがゆえに、急激なものすごい吐き気が、この急激な耽溺のあとに続き、――今や彼は、言うなれば「おのれを超えて」自分を高め、おのれの敵を赦し、それどころか祝福し、尊敬しさえするのである。自己自身にこのように凌辱を加え、みずからの依然として強力な復讐衝動をこのように嘲弄することによって、彼はしかし、今まさに彼のうちで強力になった新しい衝動（吐き気）に屈するにすぎない。しかもそれは、彼がつい先ほど空想上で復讐の喜びを先取りし、いわば汲み尽くしたときとまったく同様の、短気で耽溺的な仕方で、なのである。寛大さのなかには、復讐におけるのと同程度の自己中心主義（エゴイズム）がある。だがそれは、別の性質の自己中心主義なのである。

50番

孤立化という論拠。——良心の咎めというのは、どんなに良心的な人においても、「かくかくしかじかは、おまえの社会の公序良俗に反する」という感情に比べれば、弱いものである。その人たちのもとで、またその人たちのために躾（しつけ）を教わった、当の人たちの側から、冷たい視線を浴びたり、口元をゆがめられたりすれば、どんなに強い人でも、やはり怖れをなしてしまう。その場合、怖れられているのは、いったい何か。孤立化だ。人柄や事柄に対する最良の論拠をも打ち倒す論拠としての、だ。——かくして、われわれの内なる畜群本能が物を言う。

51番

真理感覚。――「では試してみよう」と応えることが私に許されるあらゆる懐疑を、私は称賛する。だが、実験を許さないどんな事物もどんな問題も、私は金輪際聞きたくない。これが私の「真理感覚」の限界である。というのも、そこでは勇敢さが権利を失っているからである。

52番

他人がわれわれについて知っていること。――われわれが自分自身について知っていることや、記憶にとどめていることは、われわれの人生の幸福にとって、ひとがそう信じているほどには、決定的なものではない。ある日、他人がわれわれについて知っていること（または、知っていると思っていること）が、われわれに突如襲いかかってくる――と、そのときやっとわれわれは、こっちのほうが強力なものだと思い知る。良心の疚(やま)しさをおぼえることのほうが、世の評判がひどいことに比べれば、処理しやすいのである。

53番

善はどこで始まるか。――視力の弱い眼が、邪悪な衝動を、その精緻化ゆえに、もはやそれとして見抜けなくなると、そこに人間は善の王国をこしらえる。そして、今こそ善の王国に踏み入ったぞ、という感覚が、邪悪な衝動によって脅かされ抑えられていた一切の衝動を、一斉に掻き立てる。たとえば、安全とか快適とか親切とかの感情を、である。それゆえ、眼が鈍くなればなるほど、それだけ善は広まるのだ。したがって、民衆や子どもたちの永遠の明朗快活さも、だ。したがって、偉大な思想家の憂鬱と、良心の疚(やま)しさに似た彼の悲憤慷慨も、だ。

54番

仮象の意識。――認識をたずさえて、存在しているものの総体に面と向かっている自分の姿を、私は、何と驚きに満ちて、新しく、同時に、何と慄然と、皮肉に、感ずることだろうか。昔の人類や動物たちが、それどころか太古と過去の一切の感覚的存在の総体が、私の内で詩作し続け、愛し続け、憎み続け、思案し続けていることを、私は自分に対して発見したのだ――と、そういう夢のさなか、突然私は目を覚ました。だがそれは、私は今まさに夢を見ているのであって、夢遊病者が転げ落ちないためには夢を見続けなければならないように、私は破滅しないためには夢を見続けなければならない、という意識に辿り着いただけの話だった。私にとって、今や「仮象」とは何であろう。まことにそれは、何らの本質なるものの反対ではない。何らかの本質について私に陳述できることがあるとして、まさにそれは当の本質の仮象のたんなる述語以上の何かであろうか。まことに仮象とは、未知のXに被せることができ、おそらく外せたりもできるような、死んだ仮面などではないのだ。私にとって仮象とは、現に生きて働いているもの自体であり、自分で自分をさかんに嘲弄したあげく、次のように私に感じさせる代物のことなのである。つまり、ここには仮象と鬼火と幽霊踊りがあるばかりで、それ以外はないのだ、と。——それら夢見ている者たちすべてのなかで、「認識者」たる私も、自分の踊りを踊るのだ、と。認識者とは、地上の踊りを長引かせる一手段であり、そのかぎりで、存在という祝祭の世話役の一人なのだ、と。一切の認識の崇高な帰結と結束は、おそらく、この夢物語(トロイメライ)の普遍性と、これら夢見ている者たちすべての全的意志疎通と、そしてそれとともに夢の持続を、維持するための最高の手段であるし、将来もそうであろう、と。

55番

最後の高貴な心情。——「高貴」にさせるものとは、いったい何か。犠牲を捧げることでないのは、たしかである。荒れ狂う欲情も、犠牲を捧げるのだから。総じて激情の言いなりになることでないのも、たしかである。軽蔑すべき激情だってあるのだから。我欲をもたずに他人のために何かをすることでないのも、たしかである。首尾一貫した我欲は、おそらく、最も高貴な人びとの場合にこそ、最も偉大となるのだから。――そうではなく、高貴な人を襲う激情が、特別なものであること、しかも、当人はその特別さに気づいていないこと、これこそが、高貴にさせるものにほかならない。すなわち、珍しい独特の物差しを用い、それにほとんど夢中になること。他のすべての人が触ると冷たく感じられる事物に、熱を感じること。それを量る天秤がまだ発明されていない価値を推し量ること。知られざる神に捧げられた祭壇に犠牲を捧げること。名誉への意志はもたずに、勇敢であること。あり余るほど豊かで、人や物に分かち与えられるほど自己充足していること。つまり、これまでは、高貴にさせるものとは、珍しいものであったし、珍しいということの事実を知らないことであった。だが、そのさい考慮されてよいことだが、この規準により、すべて慣れっこになったもの、身近なもの、なくてはならないもの、要するに、最もよく種を存続させるもの、つまり総じて、これまでの人類において通例であった規則は、例外が贔屓されたために、不当に価値評価され、全体として誹謗中傷されてきた。そのような通例の規則を擁護する弁護士になること――これがおそらく、高貴な心情が地上に姿を現わす最後の繊細な形式になりうるかもしれない。

56番

苦悩を求める欲望。――何か事を為したいという欲望が、何百万ものヨーロッパの若者をたえずくすぐり、駆り立てている。彼らはみな、退屈に、つまり自分自身に我慢できないのである。行為を求めるそうした欲望のことを考えると、私によく分かってくることがある。彼らのうちには、何かに悩みたい、ひいては、その苦悩から、為すこと、行為へのもっともらしい理由を手に入れたい、という欲望が、存在しているに違いないのである。困窮が必要なのだ。だからこそ、政治家はやかましく喚（わめ）き立てるのだし、だからこそ、ありとあらゆる階級の「困窮状態」なるものが捏造され、誇張されるのだし、そういう偽りを盲目的にすぐ信じ込みたがる風潮がはびこるのである。彼ら若人たちは、外部から――幸福などではなく――不幸がやってくること、もしくは露見することを要求する。そして、彼らの空想がもう前々から精を出している仕事といえば、そこから一個の怪物を作り出すことであり、しかもそれは、その後は怪物を相手どって戦うことができると思ってのことである。困窮を欲しがる人びとが、内側から自分自身に喜びをもたらす力、自分自身に何かを恵み与える力を、おのれの内に感じたとすれば、自分自身の困窮の切迫を内側から自分で創造することもできたであろうに。そのあかつきには、彼らの発明は洗練されたことだろうし、彼らの満足感が、さながら良質の音楽のように鳴り響くこともありえたことだろう。しかるに彼らは今、困窮の叫び声で世界を満たし、それゆえ、こともあろうに困窮感情で世界をいやというほど満たすのである。彼らは、自分で何を始めていいのか皆目分からない――そこで、他人の不幸を壁に描くのである。彼らにはつねに他者が必要なのだ。しかも、繰り返し繰り返し他なる他者が、だ。お許し願いたい、わが友人たちよ、私の幸福を壁に書くなどということを、私がしでかしたことを。

第二巻

57番

現実主義者たちに。――激情や妄想沙汰に対して自分は武装されていると感じ、自分の空虚さをすぐ誇りや飾りにしたがる、君たち冷静沈着な人たちよ。君たちは、現実主義者（リアリスト）を自任し、君たちに世界が現われるとおり、そのとおりに世界は現実に成り立っているのだと、ほのめかす。あたかも、現実は君たちの前でだけヴェールを脱いで立ち現われ、おそらく君たち自身が現実の最良の部分だと言わんばかりに――おお、君たち愛すべきサイスの神像*11よ。だが、君たちは、ヴェールをすっかり脱いだ状態でも、魚類に匹敵するほど、じつに激情的であやふやな存在であり、恋におちた芸術家と相変わらずあまりに似ているではないか。――それに、恋におちた芸術家にとって、「現実」など何であろうか。君たちは、何百年も前の激情や恋愛に起源をもつ事物の評価を、相変わらず肌身離さず持ち歩いているのだ。君たちの冷静沈着さには、根絶しがたい内密の酔っ払い状態が、相変わらず併呑されているのだ。たとえば、「現実」への君たちの愛――おお、これこそ、古めかしい、太古からの「愛」なのだ。あらゆる感覚の中、あらゆる感官印象の中に、この古めかしい愛の断片がひそんでいる。同様に、何かしらの妄想沙汰、偏見、背理、無知、恐怖、その他一切合財が、そこで働き、息づいている。あそこのあの山、あそこのあの雲からしてそうだ。いったい、それのどこが「現実的」だというのか。幻影や人間的全添加物を、そこから一たび剝ぎ取るならば、だ、君たち冷静沈着な人たちよ。そう、君たちにそんなことができたとしたら、だ。君たちに、自分の素姓、過去、幼稚園を忘れることができたとしたら、――君たちの人間性と動物性の全部を、だ。われわれには「現実」など存在しない。――君たちにとってもそうだ、君たち冷静沈着な人たちよ――。われわれは、お互い同士ずっと、君たちが思っているほど縁遠くはない。酔っ払い状態を脱け出そうとするわれわれの善き意志は、おそらく、酔っ払うことは総じてできないという君たちの信念と同じだけ、尊敬すべきものなのだから。

58番

創造者だからこそ。――これまで私が最も苦労して入手してきたもの、そして現になお最も苦労し続けて確保しているもの、それは、事物が何であるか、よりも、事物がどう呼ばれているか、のほうが筆舌に尽くしがたいほど重要だということを洞察すること、これである。ある事物の、名声、名称、外見、信望、通例の寸法と目方は――元来、ほとんどすべて誤謬や恣意性でしかなく、事物に着物のごとく羽織らせられたものであり、事物の本質と、それどころか事物の皮膚とも無縁なのだが――、それが信憑されるにつれて、また世代から世代へとその信憑が成長するにつれて、徐々に、いわば事物に根付いて増大し、内側から成長していき、ついには事物の体そのものと化してしまう。当初の仮象は、最後には、ほとんどつねに本質と化し、本質として作用するのだ。本質をおびていると通用している世界、いわゆる「現実」を抹殺するためには、こうした起源と、迷妄のこうした霧の覆いを指摘するだけで十分だ、とここで考える者がいるとすれば、何という阿呆であろうか。われわれが抹殺できるのは、創造者だからこそだ。――だが、われわれは忘れないようにしよう。長期にわたって「事物」を創造するためには、新しい名称や評価やもっともらしいものを創造するだけで十分だ、ということも。

59番

われら芸術家は。――女を愛すると、われわれはえてして、あらゆる女が晒されている厭うべき一切の自然的なものを思い浮かべては、自然に対して憎しみを抱くようになる。そんなことは何も考えずにやり過ごしたいのだけれど、われわれの心は、いったんこうした事柄に触れると、苛立って痙攣し、今言ったように、軽蔑のまなざしを自然に向ける。――自然がわれわれの所有物を侵した、しかも、このうえなく不浄な手で侵した、と侮辱された気持ちになる。そこでわれわれは、人間を自然的存在として扱う一切の生理学に耳を塞いで、こっそり自分にこう言い聞かせる。「人間がこころとかたち以外の何かでもあるなんて聞くのは真っ平だ」と。「人間の皮膚の内側に詰まっているもの」など、愛する者たちすべてにとっては、身の毛もよだつ倒錯した思想にほかならず、神と愛を冒瀆するに等しい。――ところで、愛する者が今なお自然や自然性に関して感ずるのと同じことを、かつては、神とその

「聖なる全能」を崇拝する者は、誰しも感じていた。自然について、天文学者、地質学者、生理学者、医者の語ることすべてに、神の崇拝者が見出したのは、自分の最も貴重な所有物に対する侵害であり、それゆえ攻撃であり、——またそれに加えて、攻撃者の破廉恥さだったのだ。「自然法則」というだけで、彼からすれば、神の名誉毀損に等しかった。彼は心底、一切の力学が道徳的意志と意志的行為に還元されるのを見たくてたまらなかった。——だが、そういう奉仕活動をやって見せてくれる人は誰もいなかったから、彼は自然と力学を隠匿し、まんまと夢見心地で暮らした。おお、昔のこういう人たちは、夢見るすべを心得ていたのであり、わざわざ眠りに就く必要などなかったのだ。——そして、われわれ今日の人間もまだ、夢見るすべをあまりに心得ている。覚醒への意志、白昼への意志を抱きながらも。愛し、憎み、欲望すること、総じて感ずること、それだけで十分である。——そうすれば、ただちに夢が霊験あらたかにわれわれを襲う。そしてわれわれは、眼を開けたまま、どんな危険を物ともせず、危険このうえない道を、妄想沙汰の屋根と尖塔の頂まで、よじ登ってゆく。登攀のために生まれついたかのように、眩暈(めまい)一つ覚えずに——われら白昼の夢遊病者は。われら芸術家は。われら自然性の隠匿者は。神を求めるわれら月夜彷徨症の者たちは。死の静寂のなかを倦むことを知らずに進むわれら旅人には、われわれのめざす高地は、高地には見えず、われわれの平地、われわれの安住の地に見えるのだ。

60番

女性とその遠隔作用。――私にはまだ耳があるのか。それとも、私はわずかに耳だけの存在となり、もはやそれ以外の何物でもないのか。私がど真ん中に立っているここでは、波濤が激しく打ちつけては砕け、その白い焔（ほむら）が、私の立っている足元まで打ち寄せてくる。――四方八方から私に向かって、吼え、轟き、叫び、けたたましい声がする。他方では、かぎりない深みから、大地を揺るがす年老いた者が、雄牛さながらの鬱陶しい声で、詠唱（アリア）を歌う。加えて彼が、ドスンドスンと足踏みして、その大地を揺るがす者特有の拍子をとると、風雨に曝されたこのあたりの岩塊の妖怪どもの胸中にさえ沁み入り、身をおののかせるほどである。あたかもそのとき、無から生まれ出たかのように、この地獄さながらの迷宮の入り口から幾尋（ひろ）も隔たっていないところに、――一艘の大きな帆船が、忽然と姿を現わす。幽霊のように押し黙って、滑らかに進みながら。おお、この幽霊じみた美よ。何という魔力で私を魅了することか。あれ、どうしたことか。この世のあらゆる安らぎとしじまが、この船に積み込まれているのか。私の幸福そのものが、この静かな場所に安坐しているのか。私のもっと幸福な自我、私の第二の永遠化された自己が、なのか。まだ死んではいないが、さりとて、もはや生きてもいないで、なのか。幽霊のように、静かに、じっと見つめて、滑りながら、漂うがままの、あわいの生き物として、なのか。白い帆を張り、巨大な蝶のように、底知れぬ大海原を渡ってゆく船のように、だ。いや、存在しているものを超えて、渡ってゆくのだ。そう、まさにそうだ、そうでなければ。——　——どうやら、ここの喧噪が、私を夢想家にしてしまったようだ。大いなる喧噪というのはいつも、われわれをして、幸福を静寂と遠方へ置き入れるようにさせる。男がみずからの喧噪のただ中に、みずからが次々に挑む企ての波濤のただ中にいると、そのとき彼はきっと、物静かで魅惑的な生き物が、自分の傍らを滑るように通り過ぎるのを目にすることだろう。その生き物の幸福な隠棲に、彼はあこがれる。——女性とはそういう存在なのだ。彼は、こう考えたくなってくる。女性のいるあちらに、自分のもっとましな自己は住んでいるのだ。あの物静かな場所では、どんなに騒々しい波濤も死の静寂と化し、生そのものが生を超えた夢と化すのだ、と。いやいや、そうではないのだ、わが高貴な夢想家よ。どんなに美しい帆船にも、数多くの騒音と喧噪があり、残念ながら、数多くのちっぽけな憐れむべき喧噪があるものだ。女性の魔力と最強の影響力は、哲学者の言葉を使えば、一種の遠隔作用、つまり actio in distans である。だがそれに必要なのは、何はさておき——距離だ。

61番

友情を讃えて。——友情という感情は、古代では、最高の感情と見なされていた、友情とは、自足した賢者の令名このうえない誇りよりも高次であり、それどころか、さしずめ、そうした誇りの唯一の、なおいっそう神聖な兄弟だと考えられていた。このことを非常によく表現しているのが、かのマケドニア王の話である。その王は、この世を軽蔑しているアテナイの哲学者に、一タレントのお金を贈ったところ、送り返されてしまった。「どうなっているのだ」と王は言った。「いったいあの男に友はいないのか」。王はこう言いたかったのである。「独立自尊の賢者のこの誇りに、私は敬意を払う。だが、彼の内なる友が、彼の内なる誇りに勝利を収めたとしたら、私は彼の人間性に、なおいっそう高い敬意を払ったことだろう。この哲学者は、私に見くびられることとなった。なにしろ彼は、二つの最高の感情のうちの一方を知らないことを示したのだから。——しかも、より高次の感情を、だ」。

62番

愛。——愛は、愛する男に、情欲をすら許す。

63番

音楽の内にある女。——雨がちの生暖かい風は、音楽的な気分や、メロディーを創りたくなる気持ちを運んでくるものだが、それはどうしてなのだろう。教会を満たしたり、女性に切ない恋心をいだかせたりするのも、それと同じ風ではないか。

64番

懐疑家。——思うに、年老いた女性というのは、心中の最奥の隠れ家において、どんな男性よりも懐疑家であるらしい。というのも、彼女たちは、存在しているものの表面的な部分を、その本質だと信じており、およそ美徳や深みはどれも、彼女たちからすれば、この「真理」を覆い隠すもの、つまり、何らかの陰部〔pudendum〕を隠すためのお誂え向きの覆いにすぎず——、要するに、礼儀と羞恥の事柄であって、それ以上ではないからだ。

65番

献身。——高貴な女性が、ある種の精神的貧困をかかえていることがある。そういう女性は、自分の最深の献身を表現するために、自分の美徳や恥じらいを捧げること以外に手立てを知らない。それが彼女にできる最高のことだからである。それでいて、この贈り物は、贈り主が予想するほどには、深い恩義を負わせることなく受け取られる場合が多い。——じつに憂鬱な話だ。

66番

弱者の強さ。——およそ女性というのはみな、自分の弱さを誇張することにかけては上等である。それどころか、塵一つ付くだけで苦しむほど脆い装飾品だとすっかり思われるよう、弱さの面で創意をこらす。つまり、女性が存在することが、男たちをして、自分の野暮ったさを肝に銘じさせ、後ろめたく思わせるのでなければならない。かくして女性は、強者ならびに一切の「腕力行使権」に対抗するのである。

67番

自分自身を装う。——彼女は、彼を愛してからというもの、牝牛のように安らかに頼り切った面持ちで、ぼうっと見惚(みと)れている。だが悲しいかな、彼女がまったく移り気で捉えどころがないように見えたという点こそ、彼にとっての魅力だったのだ。彼のほうはまさしく、来る日も来る日もうんざりするほど安定した天気そのものだったからだ。彼女は、自分の昔の性格を装ったほうがよくはないか。薄情を装ったほうが。彼女にそう忠告するのではないか——愛が。やれやれ、喜劇万歳〔Vivat comoedia!〕。

68番

意志と自発的従順さ。——人びとが、ある若者を賢者のところへ連れて行って、こう言った、「ほうら、これが女にダメにされた男だよ」。賢者は首を振り、ほほ笑んだ。「男たちのほうだ」と彼は叫んだ、「女をダメにしているのは。女の欠陥はすべて、男が償い、矯正すべきなのだ。なにしろ、男は勝手に女性像を作り、女はこの像に似せて自分を作るのだから」。――「あんたは女に対して心優しすぎる」と周りにいた者の一人が言った、「あんたは女というものを知らないのだ」。賢者は答えた、「男の流儀とは意志であり、女の流儀とは自発的従順さである――これぞ、じつに両性の法則であり、女にとっては苛酷な法則なのだ。万人は、自分がこの世に生きることに罪がない。しかも女の場合、二重に罪がない。女に対して潤滑油と優しさを十分もち合わせた者などいるだろうか」。――「何が潤滑油だ、何が優しさだ」と大勢の中のもう一人が叫んだ、「女をもっとよく教育しなければならないのだ」。――「男をこそもっとよく教育しなければならない」、そう賢者は言い、若者に向かって、ついてくるようにと目配せをした。――だが、若者は賢者について行かなかった。

69番

復讐の能力。――ある人が、自分の身を守ることができず、したがってまた守ろうともしないことは、われわれの眼には、いまだその人の恥辱ではない。だが、復讐の能力も善き意志も持っていない者を、われわれは軽蔑する――男たると女たるとにかかわりなく。場合によっては短剣（のごとき何物か）をわれわれに向けてみごとに使いこなすと期待できないような女が、われわれをつかんで放さない（または世に言う「とりこにする」）などということがあるだろうか。あるいは、その短剣を自分自身に向けて、である。特定の場合には、こちらのほうがいっそう痛烈な復讐となることだろう（中国的な復讐）。

70番

主人たる男たちを支配する女主人。——時おり劇場で聴くことがあるような、低音で力強いアルトの歌声は、われわれのふだん思いもよらない可能性の幕を、突如として引き上げてくれる。つまり、われわれは突然、こう信ずるのである。世界のどこかに、気高く英雄的で王者風の魂をもつ女性が存在してもおかしくないのだ、と。しかも、その女性は、堂々たる受け答えや決断や犠牲的行為を進んでなすことができ、進んで男性を支配することができるのであり、それはなぜかと言えば、彼女のうちには、男のなかの最善の面が、性差を超えて、生身の理想となっているからだ、と。なるほど、アルトの声は、芝居の意図からすれば、まさにこういった女性観を与える筋合いのものではない。アルトはふつう、理想的な男性の恋人、たとえばロメオを表わすはずなのである。だが、私の経験に照らして判断するなら、この場合、芝居や、そういった声にそういった効果を期待する音楽家は、まったくありきたりの誤算を犯している。かくも理想的な恋する男がいるとは、われわれは信じない。アルトの声には、母親的で主婦的な音色が、依然として含まれている。しかも、その響きのうちに愛がひそんでいるときにこそ、最もそうなのである。

71番

女の貞操について。[*12] ——上流階級の女性の教育には、何かまったく驚くべき、物凄いものがある。いや、それ以上に逆説的なものは、おそらくあるまい。上流階級の女性は、官能的(エロティック)な事柄に関して、できるだけうぶに教育すべきであり、そうした事柄に対する深い恥じらいと、そうした事柄を仄(ほの)めかされた場合には極端な耐えがたさと怖れを、彼女たちの心に吹き込むべきだという点について、世間の考えは一致している。根本において、女の「名誉」の一切は、ひとえにこの一事に懸かっている。このこと以外では、彼女たちを大目に見ないことなどあろうか。しかるに、この一点では、彼女たちは心の奥底までうぶなままでいなければならない。——彼女たちは、この「悪」に対しては、目も耳も言葉も思想も、もつべきではない。いや、ここでは、知るだけでもう悪なのである。ところが、だ。結婚とともに、身の毛のよだつ稲妻の一撃に打たれたかのように、現実と知識のなかへ投げ入れられる——しかも、彼女たちが最も愛し尊敬する者によって。つまり、愛と恥じらいとが矛盾する現場に立ち会うのであり、それどころか、恍惚、身を任せること、義務、同情、そして、神と獣(けだもの)とが思いがけず隣り合わせていることやその他の一切合財の事柄に対する驚愕を、いっぺんに感受せざるをえないのだ。——事実、ここにひとは比類なき精神的葛藤を編み上げてきたのだ。このうえなく賢い人間通にそなわる同情深い好奇心でさえ、次の点を推測するには十分でない。つまり、あれこれの女が、謎のこの解決ならびに解決のこの謎に、どのようにして順応できるようになるか。また、どんなに恐ろしい、広大に広がる疑惑が、支離滅裂になった哀れな魂に呼び起こされざるをえないか。それどころか、女の最終的な哲学と懐疑が、この地点にいかに錨を投ずるか、だ。――その後には、その前と同じ深い沈黙がやってくる。また、往々にして、自分自身に対する沈黙と、自分自身に対して目を閉じることが、やってくる。――若い妻たちは、浅はかで考え無しに見えるようにと、非常に気を遣う。なかでもとびきり上品な妻たちは、一種の厚かましさを装う。――妻はえてして自分の夫を、自分の名誉に対する一個の疑問符だと感じ、自分の子どもを、一種の弁明または贖罪だと感じる。――妻は子どもを必要とし、子どもを欲しがるが、それは夫が子どもを欲しがるのとはまったく別の意味においてである。――要するに、奥様方には、どんなに優しくしても優しくしすぎるということはないのだ。

72番

母。――女に関する動物の考え方は、人間とは異なる。動物にとって雌は、生産的存在つまり産む性である。動物には父性愛は存在しないが、愛する雌が産んだ子どもに対する愛とか、子どもに対する慣れ親しみとかいったようなものなら、雄にもある。雌は、子どもを相手に、自分の支配欲を満足させるのであり、財産、勤め、とことん分かり合えておしゃべりのできる者を持つのである。これらすべてが合わさったものが、母性愛である。——これは、自分の仕事に対する芸術家の愛に比せられる。妊娠は女を、いっそう柔和に、いっそう静観的に、いっそう臆病に、いっそう征服されたがるようにする。同様に、精神的な妊娠は、女の性格と似かよった観想者の性格を産み出す。——つまり観想者とは、男が母になることなのである。——動物の場合、男性のほうが美しき性である。

73番

聖なる残酷。——ある聖者のところに、生まれたばかりの赤ん坊を抱いた男がやって来て、こう訊いた。「私はこの子をどうしたらよいでしょうか。この子はみじめで、出来そこないで、自分で死ぬだけの生命力もありません」。「殺せ」と、聖者は恐ろしい声で叫んだ。「殺したのち、三日三晩ずっと腕に抱いて過ごすのだ。おまえの記憶に刻まれるように。——そうすればおまえは、子を作るべき時でないときに作るなどということは、もう二度としなくなるだろう」。——これを聞いて、男は失望して立ち去った。残酷なことを勧めたとして、聖者を悪しざまに言う者も多かった。聖者は、嬰児(えいじ)殺しを勧めたからである。「だが、あの子を生かしておくほうが、もっと残酷ではないのか」と聖者は言った。

74番

成功しないタイプ。——愛する男が目の前にいるとそわそわして落ち着きがなくなり、口数がやたらと多くなるタイプの可哀そうな女性は、成功する見込みがない。というのも、男は、ある種のひそやかでそ知らぬふりの情愛のこまやかさによって、最も確実に誘惑されるからである。

75番

第三の性。——「小さい男というのは、一個の逆説だが、男ではある。——だが、小さい女というのは、背の高い婦人と比べて、もう一つ別の性に属するように、私には思える」——と、年老いた舞踏教師が言った。小さい女は、ちっとも美しくない——と、老アリストテレスは言った。

76番

最大の危険。——自分の頭脳の訓練——「理性的であること」——を、自分の誇り、義務、徳だと感じる人びと、つまり、「健全な人間知性」たる常識の友として、一切の幻想沙汰や奔放な思考に陥ることを侮辱や恥辱と見なした人びとが、いつの時代にも夥しく存在しなかったとしたら、人類はとっくの昔に破滅していたことだろう。人類の頭上には、その最大の危険として、狂気の突発が、かつて浮かんでいたし、今も絶えず浮かんでいる。——すなわち、感じたり見たり聞いたりすることにおける勝手気ままさの突発、頭脳の無規律さの享受、人間の無分別に浸る喜びがまさにそれである。狂気の人間の世界に対立するのは、真理や確実性ではなく、何らかの信念の一般性と汎拘束性であり、要するに、判断における恣意的ならざるものである。これまで人間が成し遂げた最大の仕事とは、非常に多くの物事に関して相互に一致することであり、一致の法則を互いに課すことであった。——その物事が真であるか偽であるかは、どうでもよかった。これこそが、人類を存続させてきた頭脳の訓練にほかならない。——だが、それとは反対の衝動が、相変わらず強大であるため、根本において、人類の将来について安心して語ることは許されない。物事の像は今なお絶えずズレたり狂ったりしており、それは今後おそらく以前よりもっとひどくなるし、もっと急激になることだろう。ほかでもない、選りぬき中の選りぬきの精神が、絶えず、かの汎拘束性に反抗している——真理の探究者たちを先頭にして、だ。世間一般の通念である、かの信念が、上等な頭脳のうちに、絶えず吐き気と新たな欲情を産み出している。そういう信念は、一切の精神的過程に、のろのろしたテンポを要求する。その場合、亀のごとき歩みを真似ることが規範として承認されるが、そののろまさ加減からしてもう、芸術家や詩人をして敵方へ寝返らせ、投降者にしてしまう。——これらせっかちな精神にあってこそ、狂気に浸る正真正銘の快楽が突発するのであり、それはなぜかと言えば、狂気がひどく愉しげなテンポをおびるからだ。ゆえに、有徳な知性が必要である――そうだ、曖昧さのかけらもない言葉を使おう――、有徳な愚鈍さが必要であり、のろまな精神のゆるぎなき音頭取りが必要なのである。大いなる信念全体の信者たちが、寄り集まって彼らの踊りを踊り続けるためには。それが、ここで命令し要求している第一級の必需品なのである。われわれその他の者は、例外であり危険である。――われわれは永遠に弁明を必要とするのだ。――さては実際、例外の弁明に役立つことが、何かしら語られてよいのである。例外が規則になろうと欲したりはしないとしての話だが。

77番

良心に疚しさをおぼえない動物。――南欧で愛好されるもの――イタリアのオペラ（たとえばロッシーニやベッリーニのそれ）であれ、スペインの悪漢小説（ジル・ブラースをフランス風に扮装させたもの〔ル・サージュ『ジル・ブラース物語』〕が、われわれには一番近づきやすい）であれ、――はどんなものにも、卑俗なところがあると私はいつも思ってしまうが、しかしそれは私には侮辱だとは感じられない。これは、ポンペイを旅するときに、また根本においては古代のどんな書物を読むときにすら、われわれの出会う卑俗さが侮辱だとは感じられないのと同様である。これはなぜだろうか。そこには恥の感覚がないからなのか。同じ種類の音楽や小説にそなわる何かしら高貴で、愛らしく、情熱的なものと同じくらい、およそ卑俗なものがすべて、じつに泰然自若として登場するからなのか。「動物にだって人間と同じく権利がある。だから自由に走り回っていいのだ。それに、わが親愛なる同胞よ、人間の君だって、しょせん同じ動物じゃないか」――これぞ本分に見合ったモラルというものであり、南欧的人間性(フマニテート)の特性というものだと私は思う。悪い趣味にも、良い趣味と同じく権利がある。それどころか、悪い趣味が、大いなる必要、確かな満足を与えるもの、そしていわば共通語、つまり無条件に分かりやすい仮面と態度である場合は、良い趣味よりも悪い趣味のほうに優先権がある。これに対して、選ばれた良い趣味にはつねに、何かしら手探りで、試しにやっているようなところ、分かってもらうことに完全には自信がなさそうなところがある。――良い趣味は、庶民的ではないし、庶民的であったためしがないのだ。庶民的なのは、また庶民的であり続けるのは、仮面のほうだ。だからこそ、およそこの手の仮面的なものの一切は、メロディーや装飾技法(カデンツァ)のなかを、これらのオペラのリズムの跳んだり跳ねたりする陽気な調子のなかを、のびのび動き回ってよいのだ。それにしても、古代人の生ときたら、われわれには分かりかねる代物だ。仮面を愉しむ悦楽とか、どんな仮面をつけても疚(やま)しさをおぼえない良心とかが、われわれに分からないとすれば、だ。ここには、古代の精神の湯浴みと休養とがある。――おそらくこの湯浴みは、卑俗な人びとにとって以上に、古代世界の稀少で崇高な人びとにとって必要だったのだろう。――これに対して、北方の作品、たとえばドイツ音楽における卑俗な表現法に接すると、名状しがたいほど侮辱されたように私は感じる。ここには恥の感覚があり、音楽家は自分自身にうつむいて下降してゆき、そのさい顔を赤らめるのを防ぐことさえできなかった。われわれも、音楽家と一緒に恥ずかしさを覚え、侮辱されたように感ずる。なぜなら、音楽家がわれわれのために下降せざるをえないと信じたということに、われわれも気づくからである。

78番

何に対してわれわれは感謝すべきか。――人間に眼と耳を具えさせてくれたのは、まずもって芸術家であり、なかんずく演劇を創る芸術家であった。彼らのおかげで人間は、各人自身が何者であり、何をみずから体験し、何をみずから欲しているのかを、いくらか楽しみながら見たり聞いたりできるようになった。彼らのおかげでわれわれは、いかなる凡人にも隠れひそんでいる主人公（ヒーロー）を評価することを学んだのであり、どうすれば主人公としての自分自身を、遠くから、いわば単純化された神々しい姿で眺められるかという術（すべ）を学んだのである――自分の目の前で自分自身を「舞台に乗せる術」を。そのようにしてのみわれわれは、自分に関する若干の低俗な細部（ディテール）を乗り越えることができるのだ。かの術なくしては、われわれは前景以外の何物でもないだろうし、最も身近で最も卑俗なものを、恐ろしく巨大なものとして、また現実それ自体として現われさせる、かの光学に、すっかり呪縛されたまま生きるほかないだろう。――人間一人一人の罪深さを拡大鏡で眺めるよう命じ、罪びとたる各人を一個の大いなる不滅の犯罪者に仕立てた、かの宗教にも、おそらく、同じ種類の功徳があるのだろう。その宗教は、各人の周りに永遠の遠近法を描くことにより、自分を遠くから、また過ぎ去った何らかの全体として眺めることを、人間に教えたからである。

79番

不完全さの魅力。――いま私の前にある作品を書いた詩人は、人間が往々にしてそうであるように、不完全さによって、高次の魅力を発揮している。彼の手で完璧に仕上げられたどんな完成品によってよりも。――それどころか、この詩人は、豊かな才能によってよりも、むしろ究極の無能さによって、得をし、名声を得ている。彼の作品は、彼が本当に言い表わしたいこと、つまり彼が見てとったかもしれないことを完全に言い表わすことは決してない。彼は、何かしら視るべきもの（ヴィジョン）の前触れを捉えたように見えるが、それは視るべきもの自体ではない。――だが、この視るべきものを求めてやまない凄まじい欲情が、彼の心のなかに残り続けていて、彼はこの欲情から、願望や渇望に駆られた同じく凄まじい雄弁を取り出してくる。この雄弁でもって彼は、自分の作品ならびに一切の「作品」を超えて、彼の聴き手を高めるのであり、聴き手に翼を与えて、聴き手たちがふだん上昇することのない高みにまで上昇させる。かくして、自身も詩人となり予言者となった聴き手たちは、自分の幸福の創始者に賛辞を捧げる。まるで詩人が、彼の最も神聖で究極的なものをじかに見るようにと、聴き手を導いたかのように。まるで詩人が、自分の目標に到達してしまい、自分の視るべきものを現実に見てしまい、それを伝達してしまったかのように。本当は目標に到達していないことが、彼の名声に一役買うわけである。

80番

芸術と自然。——ギリシア人（あるいは少なくともアテナイ人）は、ひとが立派に語るのを聞くことが好きだった。それどころか、彼らにはそうしたことを欲する貪欲な性癖があり、他の何にもましてこの性癖によって、彼らは非ギリシア人とは区別されるのである。かくしてギリシア人は、舞台上で激情が演じられる場面に対してさえ、激情が立派に語ることを要求したのであり、芝居の台詞が不自然だったとしても、そちらは喜んで我慢した。——じつは自然において、激情はひどく寡黙であるのに、だ。口がきけずに困っているものなのに、だ。あるいは、激情は、言葉が見つかると、しどろもどろになり、分別を失って、恥ずかしいことになるというのに、だ。ところで、われわれはみな、ギリシア人のおかげで、舞台上でのこの種の不自然さに馴れっこになっている。それはちょうど、われわれが、かの別の不自然さを、つまり激情が歌うことをイタリア人のおかげで我慢する、それも喜んで我慢するのと同じである。——われわれにとって、芝居ならざる現実によっては満たすことのできない欲求になっているのは、極度の困難に陥っている人間が、立派にまた仔細に語るのを聞きたい、という欲求である。われわれがうっとりする瞬間というのは、生が没根拠の深淵に近づき、現実の人間ならたいていは思考が途絶え、見事な言葉など定めし吐けなくなる場合にも、悲劇の主人公が、言葉、理屈、雄弁な立ち居振る舞いを見つけ出し、全体として明晰な精神状態を保つときである。こうした自然からの逸脱は、おそらく、人間の誇りにとって最も心地よいご馳走であろう。それゆえ一般に人間は、芸術を、高次の英雄的な不自然さや約束事の表現として愛するのである。悲劇詩人が一切を理性と言葉へと変貌させることをせず、沈黙という残余をいつまでも手元にとどめておくとき、その詩人が非難されるのは、もっともなことである。――それはちょうど、オペラの音楽家が、最高に高まった激情に、メロディーではなく、激情に満ちた「自然的」な吃音や絶叫を見つけることしかできない場合、われわれが不満をおぼえるのと同様である。ここでは、まさに自然に対して異議が唱えられるべきなのだ。ここでは、まさに幻想の卑俗な魅力が、より高次の魅力に席を譲るべきなのだ。ギリシア人は、この言語化への道を、はるか遠く歩んでいく――恐ろしいほど遠くまでだ。彼らは、舞台をできるかぎり狭く造り、奥行きのある舞台背景がもたらす効果を一切禁じ、しかも俳優が表情の動きや軽やかな動作をできないようにさせ、厳めしく突っ立って仮面をつけた奇怪な藁人形に変貌させてしまうが、そのように彼らは、激情そのものからも奥行きのある舞台背景を奪い、見事に語るための法則を激情に一方的に押しつける。それどころか、恐れと憐れみをかき立てる情景の基本的効果をわざと妨げるために、ありとあらゆることを行なった。ギリシア人はまさしく恐れと憐れみを欲しなかった――アリストテレスの名誉のため、最高の名誉のためにこそ、だ。だが、そのアリストテレスも、ギリシア悲劇の究極目的について語ったとき、的を衝いてはいないし、いわんや正鵠を射たわけではなかったのは、たしかだ。ギリシア悲劇の詩人たちを、彼らの勤勉、創意工夫、競争心を最も煽ったのはいったい何であったかに着目して、よく見てみるといい。――激情によって観客を圧倒しようなどという意図でなかったのは、言うまでもないことだ。アテナイ人が劇場に出かけたのは、見事な語りを聞くためだったのだ。見事な語りのために、ソポクレスは腐心したのだ――私のこの異端思想をご容赦願いたい――。本式のオペラの場合、事情はまるで異なる。オペラの巨匠はみな、登場人物が理解されるのを防ごうと、わざわざ心がけるものである。言葉が時おり拾い上げられたところで、不注意な聴衆の助けになるくらいのものだし、全体として、状況はそれ自体おのずと説明されるのでなければならぬ――語りなどとるに足りぬ――と、彼らはみな考え、そうして言葉を馬鹿にしたのだった。言葉をとことん軽蔑し切っていることを全面的に表現する勇気だけは、おそらく彼らに欠けていたのだろう。ロッシーニに、もう少しばかり厚かましさがあったなら、彼は芝居の最初から最後までずっとラララララと歌わせ続けたことだろう――そうしたとしても道理に適っていたに違いないのだ。オペラの登場人物に関して、そのまま信じてよいのは、「言葉」なんかではなく、音色なのだ。ここが違う点であり、これこそ、われわれがそれをお目当てにしてオペラに通うところの不自然さなのだ。乾いた叙唱〔recitativo secco〕〔話し言葉に近いあっさりした独唱〕すら、本来、言葉やテクストとして聴かれるべきものではない。この種の半音楽が音楽好きの耳に与えるべきなのはむしろ、まずもって小休止（オペラ芸術の最も崇高で、それゆえ最も消耗させもする享楽としてのメロディーの休止）である――が、すぐさま、別の何かが与えられる。すなわち、次第に我慢できなくなり、反発が昂じ、完全な音楽つまりメロディーを求める新たな欲望が、頭をもたげてくる。――こういった観点から見ると、リヒャルト・ヴァーグナーの芸術では事情はどうなっているだろうか。おそらく別様であろうか。しばしば私はそう思いたくなったが、彼の作品の言葉ならびに音楽を上演の前に暗記しておかなければならないかのごとくなのである。というのも、そうしておかないと――私にはそう思われたのだが――、言葉も、音楽すらも、さっぱり聞こえないからである。

81番

ギリシア的趣味。――「それのどこが美しいのだ」――と、『イフィジェニー』の上演後、かの幾何学者[*13]は言った――「そこでは何一つ証明されていないというのに」。ギリシア人はこういう趣味からそんなにかけ離れていた、というのだろうか。少なくともソポクレスの場合、「一切が証明」されている。

82番

エスプリは非ギリシア的。――ギリシア人は、思考するときはいつでも、筆舌に尽くしがたいほど論理的で簡明である。彼らは、少なくとも長きにわたる彼らのよき時代には、論理的思考に飽きるということがなかった。フランス人が概して非常に飽きっぽいのと違って。フランス人ときたら、反対方向への小さな飛躍をやたらとしたがるし、彼らが論理の精神（ガイスト）に耐えられるのは、本来、精神が反対方向へのそのような小さな飛躍を何度も行なうことによって、精神の社交的礼儀正しさ、つまり社交的自己否認を露わにするときだけである。論理は、フランス人にとっては、パンや水みたいに必要なものに見えるのだが、他方で、そればつかり一人で飲み食いしなければならないとなれば、たちまち、パンや水と同様、刑務所の食事みたいに見えてくるのである。上流社会では、すべての純粋論理がそう欲するように、完璧かつ自分だけ正当であろうと欲することは、決して許されない。それゆえ、どんなフランス的エスプリにも、一抹の非理性が含まれている。――ギリシア人の社交感覚は、今日のフランス人や往年のフランス人と比べて、はるかに発達が遅れていた。それゆえ、ギリシア人のうちで最も精神豊（ガイスト）かな人間でも、エスプリには乏しかった。それゆえ、ギリシア人のなかで機智（ウイット）好きの人でも、機智には乏しかった。それゆえ、われらドイツ人は[*14]――、おっと。私のこんな言い分を信じてくれる人はいないだろう。それなのに、私はこの種のものをどれほどたくさん心にため込んでいることか。――秘すれば花〔Est res magna tacere〕――と、マルティアリス〔古代ローマの諷刺詩人〕はすべての饒舌家たちと口をそろえて言う。

83番

翻訳。――ある時代がそなえている歴史感覚の程度は、その時代がどのように翻訳をし、過去の時代や書物をどのように摂取同化しようとしているかに照らして、査定することができる。コルネイユの時代のフランス人が、また革命時代のフランス人も依然そうだが、古代ローマをわがものとした、その大胆なやり方たるや、そういう勇気をもはやわれわれは持ち合わせていない――われわれの歴史感覚が向上したおかげで――ものであった。だいいち、古代ローマ自体がそうだった。つまり、いかに暴力的に、同時にいかに素朴に、古代ローマは、もっと昔の古代ギリシアの高級な遺産すべてを取り扱ったことか。いかに彼らは、ローマ的現在へと翻訳し入れたことか。いかに彼らは、意図的かつ無頓着に、瞬間という蝶の鱗(りん)粉(ぷん)を拭い去ってしまったことか。そのようにホラティウスはアルカイオスやアルキロコスをあれこれ翻訳し、そのようにプロペルティウスはカリマコスやピレタス(われわれに判断させてもらえればテオクリトスに匹敵する詩人)を翻訳した。ギリシアの原作者がかくかくしかじかのことを体験し、そのしるしを自分の詩に書き込んだということが、ローマ人にとって何であろう。――詩人として彼らは、歴史感覚の先駆けとなる骨董趣味的な穿鑿根性を嫌悪し、詩人として彼らは、原作中のまったく個人的な物事や名前、ある都市、ある海辺、ある世紀にそれらの衣装や仮面として属していた一切のものを通用させず、それに代えて、彼らにとって現在のもの、ローマ的なものを、すぐさま持ち出した。彼らはわれわれにこう尋ねているかのようである。「われわれは、昔のものをわれわれ向きに新しくし、われわれにふさわしい居場所とすべきではないか。われわれの魂をこの死んだ肉体に吹き込むことが許されるべきではないか。というのも、もうこの肉体は一度死んだのだから。死んだものはみな、何と醜いことか」。——歴史感覚を楽しむということを、彼らは知らなかった。過去のものや外国のものは、彼らにとってやりきれないものであり、ローマ人として、ローマ的征服欲を煽るものでしかなかった。実際のところ、当時、翻訳するとは、征服することであった。——たんに歴史的なものを捨て去るというだけではなかった。いや、むしろローマ人は、彼らにとって現在のものを、ほのめかすことを付け加えた。なかんずく、ギリシアの詩人の名前を抹消して、代わりに自分の名前を記した。——剽窃などとはつゆ思わず、ローマ帝国〔imperium Romanum〕ならではの極上の疚しくない良心をもって。

84番

詩の起源について。——人間の空想的側面を愛好するとともに、道徳とは本能的なものだと主張する人びとは、こう論を進める。「いかなる時代にも人間は効用を至高の神性として崇敬してきたのだとすれば、いったい全体、詩はどこからやって来たのか。——語りのこのリズム化は、伝達の平明さを促進するというよりはむしろ妨害し、にもかかわらず、一切の有用な合目的性を嘲笑するかのように、地上の至るところで生長し続けてきたし、今なお生長し続けているというのに、だ。詩の荒々しいまでに美しい非合理性は、君たち功利主義者に反駁するのだ。ほかでもない、効用からまずもって逃れ去ろうとすること――これが人間を高めてきたのだし、人間を鼓舞して道徳性と芸術へと向かわせてきたのだ」。ところで、私はこの点では、功利主義者の気に入るような話を、ひとまずせざるをえない。――彼らの言い分がめったに正しくないのは、じっさい気の毒なほどだ。だが、詩をこの世に誕生させた太古の時代に、人びとの眼中にあったのはじつは有用性だったし、しかもそれは非常に大きな有用性であった。――当時ひとは、リズムを語りのなかへ浸み込ませたが、リズムというこの暴力は、文のあらゆる原子を新しく配列し、語を選ぶように命じ、思想を新しく色づけし、より曖昧でより疎遠なものにする。むろん、それは迷信的な有用性ではあったが。リズムのおかげで、人間の関心事が、神々の心により深く刻まれるというわけである。散文よりも詩歌のほうが人間の記憶に保持されやすいことに、ひとが気づいてからというもの、そうであった。同様に、ひとはリズムの拍子によって、いっそう遠くまで自分の声を聞いてもらおうとした。リズム化した祈りは、神々の耳のいっそう近くまで届くように思われた。だが、ひとはとりわけ、人間自身が音楽を聴くときに経験する圧倒的な自然の猛威から、効用を得ようとした。リズムとは一個の強制だからである。リズムは、言いなりになりたい、同調したいという抑えがたい欲望を産み出す。足取りばかりでなく、魂それ自身が、拍子につれて動く――きっと神々の魂もだ、とひとは推論した。それゆえ、ひとはリズムによって、神々を強制し、神々に暴力をふるおうと試みた。ひとは神々に詩を、魔法の罠みたいに投げかけた。もっと不思議な観念が、なおそこには存在した。しかも、ほかならぬこの観念が、詩の成立に最も強い影響力を及ぼしたのである。ピュタゴラス派では、この観念が哲学的教説として、また教育上の技巧として現われている。だが、哲学者の出現などよりずっと昔から、ひとは音楽に、激情をぶちまけ、魂を浄化し、荒ぶる魂〔ferocia animi〕を鎮める力を認めていた。——しかも、音楽のまさしくリズム的な面による力を、である。魂の正しい緊張と調和が失われてしまった場合、ひとは歌い手の拍子に合わせて踊らなければならなかった。——それが、音楽という医術の療法だった。この療法によって、テルパンドロスは暴動を鎮圧し、エンペドクレスは暴徒を宥(なだ)め、ダモンは恋患いの若者を浄めた。この療法によってひとは、復讐心に駆られて荒れ狂った神々をも癒したのである。まず最初は、そうした人びとの激情の奔放な興奮状態を最高度まで駆り立て、暴徒を狂わせ、復讐に燃える者を復讐という美酒で酔わせることによってである。——すべての乱痴気騒ぎの祭礼は、神々の荒ぶる魂を一斉に発散させ、乱痴気騒ぎに変じてしまう。そのあとで、神々がいっそう自由闊達な安らかさを感じて、人間をそっとしておいてもらうために、である。メロディーとは、語源的には、鎮静剤を意味する。といってもそれは、メロディー自体が穏やかだからではなく、メロディーは穏やかにする効果をもつからである。——祭礼用の歌謡においてだけでなく、最古の俗謡においても、リズム的なものは魔術的な力を及ぼすと前提されていた。たとえば、水を汲んだり舟を漕いだりするさい、歌謡は、そうしたさいに働くと考えられた妖精(ダイモーン)を魅了するのであり、妖精を従順にし、虜(とりこ)にして人間の道具にしてしまう。また、行為するたびごとに、ひとは歌う機会をもつ。——あらゆる行為が、鬼神（ガイスター）のご加護に結びついていた。つまり、魔法の歌や呪文が、詩の原形であるように思われる。詩歌が神託にも利用されるとき——ギリシア人によれば、六脚韻はデルポイで発明されたという——、リズムはここでも強制力を発揮すると考えられた。予言をさずかること——これは元来（私には確からしいと思われるギリシア語の語源によれば）、何かを決定してもらうことを意味する。ひとは、アポロン神を自分の味方につけることで、未来を無理強いして思い通りにできると信じたのである。アポロンは、最古の観念では、予言する神に尽きない豊かな面をそなえた存在であった。決まり文句が文字通りリズム通りに正確に唱えられると、未来はそれに拘束される。しかるにその決まり文句は、運命の女神たちをも拘束することができるリズムの神アポロンによって発明されたものなのである。——全体として見ると、こう尋ねたくなる。迷信深い古代人にとって、リズムよりいっそう有用なものがそもそも存在したであろうか、と。リズムがあれば何でもできた。労働を魔術的に促進すること。神を強要して現われさせたり、近くに来させたり、聴き入らせたりすること。未来を自分の意志の通りにしつらえること。自分の魂を何らかの過剰（不安、狂気、同情、復讐欲）から解放すること。しかも、自分の魂のみならず、最も邪悪な霊の魂をも解放すること。——詩歌なくしてひとは無に等しく、詩歌によってひとはほとんど神のようになった。そのような根本感情は、もはや完全には根絶されない。——そして今日なお、何千年もの長きにわたって労苦を重ねてそのような迷信と闘ったあとでも、現代の最高の賢者でさえ、おりにふれてリズムの道化となる。たとえ、ある思想が、韻文形式をそなえて神々しく飛び跳ねながらやって来るときにこそ、いっそう真なるものだと感じられるという、その点においてだけだとしても。どんなにまじめな哲学者であっても、ふだんは確実性のかぎりを尽くして厳密に事を進めているのに、自分の思想に力と信憑性を与えようとする段になると、相変わらず詩的言語に訴えるのは、何ともおかしな話ではないか。――とはいえ、真理にとっては、詩人に反対されるよりも賛成されるほうが、いっそう危険なのだ。というのも、ホメロスの言う通り、「まことに歌人はたくさん嘘をつく」からだ。――

85番

善きものと美しきもの。――芸術家は、たえず讃美する――それ以外は何もしない――。しかも、何を讃美するかといえば、人間がそのもとで、またそのうちで、いい気持ちになったり、気が大きくなったり、酔いしれたり、愉快に感じたり、幸せで賢いと感じたりすることができると評判のあらゆる状態や事物を、である。人間の幸福にとって確かで折り紙付きと価値の認められている、これら選りぬきの状態や事物が、芸術家の対象なのである。つまり、そういったたぐいのものを発見し、芸術の領域に引きずり込もうと、彼らはいつも待ち構えている。私が言いたいのは、こうである。芸術家自身は、幸福および幸福なものの価格査定者ではないが、そうした価格査定者の近くにいつも殺到しては、最大級の好奇心と、価格査定者の評価をいち早く利用したいという欲望をあらわにしている、と。かくして彼らは、せっかちなうえに、伝令なみの肺活量と飛脚なみの俊足をそなえているがゆえに、新式の善きものを讃美することにかけては、つねに第一人者となるだろうし、その善きものを真っ先に善きものと名づけ、善きものと査定する人びとであるかのように、しばしば見えることだろう。だがそれは、すでに述べたように、誤謬である。つまり彼らは、本当の価格査定者よりも、すばしこくて声が大きいだけなのである。――では、いったい誰が本当の価格査定者なのか――。それは、カネとヒマのある者たちである。

86番

演劇について。――今日私はふたたび、強壮で高邁な感情に恵まれた。こんな日の夕べに音楽や詩に接することができるとして、どんな音楽や詩は欲しいと思わないか、私にはよく分かっている。すなわち、聴衆を酔わせて、強壮で高邁な感情の瞬間に押し上げようとする、どんな音楽も詩も欲しくない。――その聴衆とは、夕方には、凱旋車を駆る戦勝者の面影などなく、さんざん鞭の仕打ちを受けて生きてきた、疲れたラバにそっくりの、精神上の凡俗の輩たちのことである。そもそもあの連中に、「いっそう高邁な気分」について何が分かろうか。陶酔を生み出す薬や観念的な鞭のお仕置きがなかったなら、だ。――そうして彼らは、酒を有難がるように、熱狂させてくれるものを有難がる。だが、私にとって彼らの酒や酩酊が何であろうか。現に熱狂している者に、酒など何の必要があろうか。彼はむしろ、一種の吐き気をおぼえながら、陶酔薬や斡旋屋を一瞥する。その手の薬物がこの場合、十分な根拠もないまま、効果を生み出すとされているからである——精神的高潮の猿真似というやつだ。——えっ、何だって？　モグラに翼と自慢の空想を贈るというのか——就寝前、穴ぐらにもぐり込む前に、か。モグラを劇場に送り込んで、その疲れた物見えぬ眼の前に巨大な眼鏡を置いてやるというのか。人生が「行為」ではなく用事でしかない人間たちが、舞台の前に腰をおろし、人生が用事より以上の別種の人間たちを見物する、というわけか。「それはとても立派なことですし」と君たちは言う、「とても楽しいことですね。これが教養というものなのです」と。——いやはや。それなら、私にはあまりにしばしば教養が足りない。というのも、こういった光景には、私はあまりにしばしば吐き気を催すからだ。悲劇と喜劇を自分でたっぷり持っている者は、おそらく、劇場をなるべく遠ざけておきたいものなのである。あるいは、例外的だが、出来事の一切が——劇場も観衆も詩人もひっくるめて——、彼には真の悲喜劇と化すため、それと比べると、上演された一幕など、彼には取るに足らないものとなる。ファウストやマンフレッドほどの存在に、劇中のファウストやマンフレッドなど何の関わりがあろう。——そのような人物が舞台上で演じられるという、この事実には、彼にもなお一考の余地がたしかにあるとしても。思考と情熱の能力はない——が陶酔の能力だけはある——人びとを前にしての、最も強壮な思想や情熱。陶酔のための薬としての、かの思想と情熱。演劇と音楽こそ、大麻をふかし陶酔剤をかむヨーロッパ人の風習だったのだ。おお、この麻薬の歴史全体を、誰がわれわれに語ってくれるのか。――これぞ、ほとんど「教養」の歴史、いわゆる高尚な教養の歴史というやつなのだ。

87番

芸術家の虚栄について。――思うに、芸術家は、自分のいちばん得意なものが何であるかを知らないことが多い。なぜなら芸術家は、虚栄心が強すぎるし、新しく、珍しく、美しく、本当に完璧なさまで土地に生えることのできる、そのへんの可愛らしい植物みたいに見えることなどそっちのけで、もっと自慢できる何かに精魂を傾けるものだからである。自分の家の庭やブドウ園が近ごろ良好でも、それを彼らはぞんざいに査定するし、彼らの愛情や知見は、それと同じ水準には並ばない。ここに一人の音楽家がいる。彼は、苦悩し圧迫され責め苛まれた魂の領域から音色を見つけ出し、言葉を発しない動物たちにすら言語をさずけてやることにかけては、凡百の音楽家より長けている。晩秋の色調を、つまり最終にして最究極のごく一瞬の享楽の名状しがたく感動的な幸福を奏でる点で、彼と並ぶ者は誰もいない。あの秘めやかに懐かしくも無気味な、魂の真夜中を表わす響きを、彼は知っている。その真夜中には、原因と結果の関節が外れて無茶苦茶になったかのごとく、何かが「無から」生ずるというおかしなことがどんな瞬間にもありうるほどである。彼は、人間的幸福の地底から、誰よりも幸福に、素材を引き出してくる。まるで、その飲み干された幸福の杯の中では、どんなに渋くてどんなにまずい滴も、とびきり甘い滴と、良きにつけ悪しきにつけ最後には融け合ってしまうほどである。もはや跳ぶことも翔ぶことも、それどころか、もはや歩くこともできない、疲れた足萎えの魂を、彼は知っている。秘め隠された苦痛の、慰めなき了解の、打ち明けられざる別離の、物怖じしたまなざしを、彼は具えている。それどころか、一切の秘められた悲惨さのオルペウスとして、彼は誰よりも偉大である。彼によって芸術に加えられるようになったもののなかには、これまでは表現不可能と見られ、芸術にはふさわしくないとさえ思われ、とりわけ言葉を以てしては追い払われるだけで捉えようのなかったものが、総じて少なくない。――つまり、魂にひそむ極微の顕微鏡的なものが少なくない。そう、彼は極微のものの巨匠なのである。だが、彼はそういった存在であることを欲しないのだ。彼の性格は、むしろ大壁面に無鉄砲にも壁画を描くことを好むのだ。彼の精神はじつは別の趣味と性癖を具えていて、崩れ落ちた家の片隅に静かに坐っているのが一番いいのだということが、彼には分からない。――そこで彼は、こっそりと、自分にも隠れて、彼の本当の傑作を描く。そのどれもが非常に短く、一拍子の長さしかないこともしばしばである。――そこではじめて彼は、まったく素晴らしく、偉大で、完璧な存在となる。おそらくそこでのみである。――だが、彼にはそれが分からないのだ。それを知るには、彼の虚栄心はあまりに強いからである。

88番

真理を求める真剣さ。——真理を求める真剣さ、か。この言葉で、ひとはどれほど違った意味のことを思い浮かべることだろうか。証明や吟味の或る種の見方や仕方に、自分が時によっては囚われているのは、恥ずべきことだし軽率なことだと、或る思想家が感じる、——まさにそれと同じ見方が、それにたまたま出会ってしばらく一緒に暮らす或る芸術家には、真理を求める最も深遠な真剣さが今や私を捉えた、という意識を植えつけることもあろう。自分は芸術家ではあるが、しかし同時に、現われているだけの仮象とは反対の、本質に対する最も真剣な欲望をみせるのは驚嘆すべきことだ、というわけである。かくして、ひとがまさにその真剣さのパトスでもって、自分の精神がこれまでいかに皮相浅薄に認識の領域に遊んで悦に入っていたかを漏洩する、ということもありうる。——だとすれば、われわれが重要だと見なす一切のことは、われわれの正体の漏洩者なのではないか。われわれがどこに重きを置いており、何に重きを置いていないかが、それによって露見してしまうのだから。

89番

今と昔。——あの高次の芸術、つまり祝祭という芸術が、われわれから失われるとしたら、われわれが芸術作品に見てとる一切の芸術に、何の意味があろうか。かつては、一切の芸術作品が、高揚した至福の瞬間を思い出す印かつ記念碑として、人類の大いなる祝祭通りに陳列されていた。ところが今日では、芸術作品でもってひとは、憔悴した哀れな病人たちを、人類の大いなる苦悩通りから、そうしたいと欲するほんの一瞬だけ、路傍におびき寄せたがる。かくして彼ら病人に、ちっぽけな陶酔と狂気を提供するのである。

90番

光と影。——書物や草稿は、思想家の種類に応じて、さまざまである。自分に閃（ひらめ）いた認識の放つ光線から素早く盗みとっては家に持ち帰ることのできた光を、書物の中にため込んでいる思想家もいる。その反対に、影を、つまり前の日に自分の心のなかに作り上げた灰色や黒色の残像を、ただなぞっているだけの思想家もいる。

91番

ご用心。——周知のとおり、アルフィエリ〔イタリアの劇作家〕は、驚嘆する同時代人に自伝を語ったとき、非常にたくさんの嘘をついた。彼が自分自身に対して嘘をつくはめになった専制支配は、たとえば、自分用に自分固有の言語を造り出し、自分を詩人に仕立て上げる暴君ぶりを発揮する、という仕方で証明された。——あげくに彼は、厳格な形式の崇高さを見つけ出し、その中へ自分の生涯と記憶を押し入れたほどであった。そこには多くの苦悶があったことだろう。——プラトンの伝記、つまりプラトン自身の書いた自伝があったとしても、私はちっとも信用しないだろう。ルソーの自伝や、ダンテの『新生』を信用しないのと同じように。

92番

散文と詩。——それにしても、散文の大家はほとんどつねに詩人でもあることに注意されたい。公然とであれ、秘密裡つまりもっぱら「小部屋」向けにであれ、そうである。本当のところ、よい散文が書けるのは、詩を目の前にしたときだけなのだ。というのも、散文とは、詩との絶え間なき慇懃な戦いだからである。およそ散文の魅力とは、詩を不断に回避し、詩に異議申し立てをする点にある。どんな抽象的概念も、詩に対するおどけであるからには、さしずめ嘲笑的な声で朗読されることを欲する。どんな無味乾燥の冷淡さも、愛らしい女神を愛らしい絶望へ陥れることだろう。しばしば、束の間の接近や和解がみられるかと思うと、突如、後ろ向きに跳んだり笑い飛ばしたりする。女神が自身の薄明と鈍色（にびいろ）を楽しんでいる、ちょうどそのとき、カーテンが引き上げられ、どぎつい光が射し込んでくることも、しばしばである。女神の口から言葉が奪い去られ、女神が上品な手で上品な小耳を塞いでしまうようなメロディーの歌が歌い通されることも、しばしばである。——こんなふうに、敗北も含めた戦いの幾千もの悦楽が存在するのだが、詩心のない、いわゆる散文的人間は、それについてなんにも知らない。――彼らときたら、とにかくもう拙劣な散文を書いたり語ったりするだけなのだ。戦いは善き万物の父なのだから、戦いは善き散文の父でもあるのだ。――今世紀〔十九世紀〕にあって、散文の名人の域に達したのは、四人の非常に珍しい、真の詩人的人間だけであった。今世紀は、その四人を措けば、散文向きに出来ている世紀とは言えない――すでに示唆したとおり、詩の欠如ゆえに。ゲーテ〔一七四九―一八三二年〕は、彼を生んだ十八世紀の人物と見なして当然だから、そのゲーテを別とすれば、散文の巨匠と呼ばれるにふさわしいのは、私の見るところ、ジャコモ・レオパルディ〔一七九八―一八三七年〕、プロスペル・メリメ〔一八〇三―七〇年〕、ラルフ・ワルド・エマソン〔一八〇三―八二年〕、それに『架空の会話』の著者ウォルター・サヴィジ・ランダー〔一七七五―一八六四年〕だけである。

93番

なのに、いったいなぜ君は書くのか。――A「インクをつけたペンを手にしながら考える連中がいるが、私は彼らとは違う。ましてや、椅子にすわり用紙をにらんでインク壺を開けたまま激情に身を任せるような連中とは、全然違う。およそ書くということの一切が、私には腹立たしく、恥ずかしい。書くことは、私にとって、必要に迫られて足す用みたいなもので、——そういうたとえ話をすることさえ厭わしい」。B「ならば、なぜ君は書くのか」。A「いや、君には本当のことを言うと、これまで私は、自分の考えから解放されるのに、ほかのやり方が見つからなかったのだ」。B「では、なぜ君は解放されたいのか」。A「なぜ私がそうしたいか、だって？　私がそうしたいとでも言うのか。そうせざるをえないのだ」。——B「もういい、沢山だ」。

94番

死後の成長。——フォントネルが不朽の書『死者の対話』に書き込んだ、人間的事柄に関するあの大胆不敵な警句は、問題がないとは言えない機智のなせる逆説や冗談だと、当時は見なされていた。趣味や精神の最高の審判者でさえ、それ以上のことを見てとりはしなかった——それどころか、おそらくフォントネル自身でさえ、そうだった。ところが今や、信じられないことが起こっている。この思想が真理となっているのだ。科学がそれを証明しているのだ。冗談が本気になりつつあるのだ。しかもわれわれは、かの対話を、ヴォルテールやエルヴェシウスが読んだのとは別の感覚で読み、その作者を思わず知らず、当時の人びとがやったのとは別の、はるかに高次の精神的階級へ持ち上げる——それは正当なのか、不当なのか。

95番

シャンフォール。──シャンフォール[*15]ほどの人間通にして群衆をよく知る者が、まさにその群衆を助けに駆けつけ、哲学的断念と拒絶を決め込んだ傍観にとどまろうとはしなかったことは、私には次のようにしか説明のしようがない。つまり、彼のうちにひそんでいた或る本能が、彼の知恵よりも強力で、決して満たされることがなかったからである。その本能とは、あらゆる血統上の貴族に対する憎しみであり、おそらくは、彼の母親が抱いていた、分かりすぎるほど分かりやすい古い憎しみであった。彼のなかでそれは、母への愛によって神聖なものとされた。──母の仇を討つ時をじっと待つという、彼の幼年時代からの復讐本能だったのである。ところが、人生と彼の天分が、またおそらく何にもまして、おお、彼の体内を流れる父親の血が、彼を誘惑して、まさにその貴族に列せられ貴族と同格になるようにさせた──長い長い年月にわたって、だ。しかし彼には結局、自分自身の姿が、つまり旧体制下の「古い人間」という姿が、もはや耐えられなくなった。悔悛の激越な熱情に陥り、その激情に駆られて、彼は賤民の服装を身につけた。彼一流の毛織りの修道服として、だ。彼が良心の疚しさをおぼえたのは、復讐をゆるがせにしたからであった。──シャンフォールが当時、もう少しだけ哲学者であり続けたとしたら、革命がその悲劇的な機智と最も鋭い棘を手に入れることはなかったであろう。革命は、ずっと愚昧な出来事と見なされ、知的な人びとをかくも誘惑することもなかったであろう。だが、シャンフォールの憎しみと復讐は、一世代を丸ごと教育してしまった。しかも、最も高貴な人間たちが、この学校を卒業したのである。なにしろ、ミラボーが、おのれの高次かつ年長の自己のようにシャンフォールを仰ぎ見ては、そこからの衝動、警告、判決を期待し、甘受したことを考えてみればよい。――昨今の大政治家中の第一人者と比べても、人間として格段に偉大であったミラボーが、である。――そのような友人や代弁者がいた――現にシャンフォール宛のミラボーの書簡が残っている――にもかかわらず、あらゆるモラリスト中、最も機智に富んだシャンフォールが、フランス人に親しまれていないのは奇妙である。同じ十八世紀の全フランス人中、おそらくは最も思慮深い眼と耳の持ち主であったスタンダールが、そうだったように。スタンダールの場合は、彼がドイツ人的かつイギリス人的なものを根っからあまりに持ち合わせていたために、パリっ子にはどうにも我慢できなかったのだろうか。――対するに、シャンフォールは、つまり、魂の深さと奥行きを豊かに具え、陰鬱で、苦悩し、燃え立っていた一個の人間、――生に対する治療薬として笑いを必要とし、笑わなかった日はいつも自分の負けを認めるほどであった一個の思想家――は、むしろイタリア人に、ダンテやレオパルディの血縁者のように見える。フランス人というよりは、だ。シャンフォールの最期の言葉が知られている。「おお、友よ」とシエイエスに彼は言った、「心臓が張り裂けるか青銅のように冷たくなるかしかないこの世から、ついに私はおさらばだ――」。たしかにこれは、死にゆくフランス人の言葉ではない。

96番

二人の演説家。——この二人の演説家のうち、一方が、自分の問題にしている事柄の道理をまるごと摑むのは、情熱に身をゆだねているときだけである。情熱のポンプによってはじめて、彼の高い精神性を否応なく顕現させるのに十分な血と熱が、彼の頭脳へ送り込まれる。もう一方の演説家も、おそらく、そこここで同じことを試みる。つまり、情熱の助けを借りて、朗々たる調子で、熱烈に、魅惑的に、自分の問題にしている事柄を述べ立てようとする——が、しかし往々にしてうまくいかない。その場合、たちまち彼の話は曖昧になり、混乱してしまう。彼は誇張し、あちこち言い落として、当の事柄の道理に対する不信をかき立ててしまう。それどころか、その場合、彼自身がこの不信にとらわれてしまう。そこから説明がつくのは、極度に冷たく極度に反感を催させる調子への突然の飛躍である。この調子のせいで、聴衆には、彼の情熱に満ちたあり方は全体として本物であったか、という疑惑が引き起こされるのである。彼の場合、いつでも情熱の高潮が精神を水浸しにしてしまう。おそらくそれは、彼の情熱が、前者の演説家のそれよりも強いからなのだろう。だが、嵐のように押し寄せる自分の感覚に抵抗し、それをいわば嘲笑するとき、彼の力は絶頂に立つ。そのときはじめて、彼の精神が隠れ家から正体を現わす。論理的で、嘲笑的で、遊び好きで、それでいて恐るべき精神が。

97番

作家の饒舌について。――怒りが饒舌というかたちをとることがある。――ルターの場合しばしばそうだし、ショーペンハウアーの場合もそうである。カントのように、概念的な定型表現の貯えが大きすぎて饒舌になる場合もある。同じ事柄をたえずあらたに言い直すことの悦びから来る饒舌というものもある。モンテーニュの場合がそうである。意地の悪い性格ゆえの饒舌というのもある。現代の書物を読む人は、その例として、二人の作家を思い起こすだろう。立派な言葉を立派な形式で語ることの悦びから来る饒舌もあり、これはゲーテの散文に珍しくない。感覚の喧騒や混乱をぞっこん気に入ることから来る饒舌もある。たとえば、カーライルの場合。

98番

シェイクスピアを讃えて。――シェイクスピアという人間を讃えて、私が捧げることのできる最もうるわしい言葉は、こうである――彼は、ブルータスのことを信じ、その種の徳に一抹の不信も抱かなかったのだ。彼は自分の最上の悲劇を、ブルータスに捧げた――この悲劇は今日、依然として誤った題名で呼ばれている――、つまり、ブルータスと、高次の道徳の世にも恐るべき真骨頂に、『ジュリアス・シーザー』[*16]は捧げられたのである。魂の独立自尊——これぞ、それに値するものなのだ。そこでは、どんな犠牲も大きすぎるということはありえない。そのためには、自分の一番の親友すら犠牲にできるのでなければならない。たとえ、あまつさえその友が、どんなに立派な人間、この世の誉れ、比類なき天才であったとしても。——すなわち、ひとが宏大な魂の自由としての自由を愛し、友によってこの自由が危険に曝されるとすれば。——こういったことを、シェイクスピアは感じていたに違いないのだ。彼はシーザーを高みに置いたが、それは彼がブルータスに表わすことのできた極上の敬意なのである。かくして彼は、ブルータスの内面の問題を途轍もないほど高め、魂の力を同じく称揚した。内面の葛藤の結び目を断ち切ることのできた魂の力を、だ。——シェイクスピアという詩人をブルータスへの共感に駆り立てたもの——ブルータスの共犯者にさせたものは、本当に、政治的自由だったのだろうか。それとも、政治的自由とは、名状しがたい何ものかを表わす象徴的表現にすぎなかったのか。おそらくわれわれは、詩人が徴(しるし)でしか語ろうとしなかった、詩人自身の魂から発する、知られざるものにとどまった何らかの暗闇の出来事や冒険の前に佇(たたず)んでいるのだろうか。ブルータスの憂鬱に比べれば、ハムレットの憂鬱の一切など何であろうか。——また、おそらくシェイクスピアは、ハムレットの憂鬱を知っていたのと同じく、ブルータスの憂鬱をも、経験から知っていたのだ。おそらくシェイクスピアも、ブルータスと同様、彼なりの陰鬱な時と邪悪な天使をもっていたのだ。——他方、そのように類似点や密かな連関があったかもしれないにしても、ブルータスの完璧な姿と徳の前には、シェイクスピアも降参し、自分など取るに足りぬ、及びもつかぬと感じた。

――その証拠を、彼は自分の悲劇に書き込んだ。彼は二度も、詩人を悲劇の舞台に登場させ、二度も、詩人にあまりに短気かつ最低の軽蔑をぶちまけたので、それは叫びのように聞こえる――自己軽蔑の叫びのように。詩人が、詩人にありがちなように、うぬぼれて、悲壮げに、厚かましく登場するや、ブルータス、あのブルータスでさえ、我慢ができなくなる。なにしろ詩人ときたら、偉大さの可能性に、倫理的偉大さの可能性にすら満ちあふれているかのごとくなのに、行為と生の哲学を引っ提げながら、人並みの実直さにすら達することがめったにないありさまなのだから。「頃合が分かっているのなら、その気まぐれも分からぬではないが、――とっとと失せろ、小うるさい道化め」――とブルータスは叫ぶ。その叫びを、創作者である詩人の魂の中へ置き戻してみるといい。

99番

ショーペンハウアーの信奉者たち。――文化民族と未開人が接触するさいに見てとれることがある。それは、低次の文化が高次の文化からまずもって受け入れるのは、決まって、その悪徳、弱さ、放蕩だということであり、低次の文化はそこからの刺激に晒されて魅せられたように感じ、ついには、悪徳や弱さを我がものとすることにより、高次の文化にそなわる価値ある力のいくばくかも自分に乗り移ってもらうまでになるということである。――このことをわれわれは、未開民族を歴訪せずとも、身近な事例で観察することができる。とはいえ、こちらは少しく洗練され、精神化されており、それほどお手軽につかまえることはできないけれども。ともあれ、ドイツにおけるショーペンハウアーの信奉者たちが、師匠からまずもって受け入れることを常としてきたものは何か。——彼らときたら、自分たちよりずっと優れた文化と比べると、自分たちをまだまだ未開人然と感じないわけにはゆかず、その結果、未開人然とショーペンハウアーにもまずもって魅惑され、誘惑されるのである。彼らがまずもって受けとるのは、ショーペンハウアーをしてイギリス的かつ非ドイツ的だとしばしば思わせる、彼の厳しい事実感覚、明澄な理性への善き意志であろうか。それとも、存在と意欲との生涯にわたる矛盾を持ちこたえ、彼の著作においても絶えずほとんどあらゆる点で自分自身と矛盾することを彼に余儀なくさせた、彼の知的良心の強靭さであろうか。それとも、教会とかキリスト教の神とかいった事柄に関する、彼の潔癖さであろうか。——というのも、この点にかけては、ショーペンハウアーは、これまでのドイツのいかなる哲学者よりも潔癖だったし、それゆえ「ヴォルテール主義者として」生き、かつ死んだからである。それとも、直観の知性的性質、因果法則のアプリオリ性、知性の道具的本性、意志の不自由性についての彼の不滅の教説であろうか。否、これらすべては、魔法にかける力もなければ、魅力的と感じられたこともないのである。そうではなく、むしろ、ショーペンハウアーの神秘的な困惑や言い逃れのほうなのである。つまり、この事実本位の思想家が、世界の謎を解く者でありたいという虚栄的衝動から、誘惑され堕落させられた幾つかの箇所に示されている、困惑や言い逃れのほうなのである。すなわち、一なる意志についての証明不可能な教説

（「すべての原因は、意志がこの時、この場に現象する機会原因にすぎない」、「生きんとする意志は、いかなる存在者にも、どんなにちっぽけな存在者にも、丸ごとそっくり存在している。過去にあったもの、現在あるもの、未来にあるであろうものをすべてひっくるめて、それらに存在しているのと同じだけ完璧に」）。個体の否定（「いかなるライオンも、根本においては、一なるライオンにすぎない」、「個体の多数性など、仮象である」、それと同じく、発展も仮象にすぎない。——彼は、ラマルクの思想を「天才的だが不条理な誤謬の一つ」と呼ぶ）。天才に浮かれ騒ぐこと（「美的直観において、個体はもはや個体ではなく、純粋で、意志なき、無痛の、無時間的な認識主観である」、「この主観は、直観された対象に完全に没入することで、この対象そのものとなっている」）。同情こそが、そして同情において個体化の原理〔principii individuationis〕が突破可能になることが、一切の道徳の源泉だ、とする馬鹿げた考え。これに加えて、「死ぬことが本来、生存の目的である」とか、「すでに死んでいるものから魔術的作用が生じうるはずはない、などとアプリオリに可能性をあっさり否定するわけにはいかない」とかいった主張。こういったたぐいの哲学者の脱線や悪徳こそが、いつでも、まず最初に受け入れられ、信ずべき事柄とされるのである。——というのも、悪徳や脱線はいつも、模倣するのが最も容易であり、長期の下準備を求めないからである。ともあれ、われわれは、現代のショーペンハウアー主義者のなかで最も有名な人物であるリヒャルト・ヴァーグナーについて述べることにしよう。——少なからぬ芸術家の身にすでに起こったことが、彼の身にも起こった。彼は、自分の創造した作中人物を解釈するさいに誤りを犯し、彼に最も固有な芸術にひそむ語られざる哲学が何であるかを誤認した。リヒャルト・ヴァーグナーは、人生の半ばに至るまで、ヘーゲルを間違って信奉していた。彼が同じ間違いをもう一度犯したのは、のちにショーペンハウアーの教説を彼の作品中の人物のなかに読みとり、「意志」とか「天才」とか「同情」とかいった公式で自分自身を表現し始めたときであった。にもかかわらず、次の点は依然として真であろう。つまり、ヴァーグナーの主人公に見られる真にヴァーグナー的なものほど、まさしくショーペンハウアーの精神に反しているものはない。私が言っているのは、最高の我欲の天真爛漫さ、善それ自体への信仰としての大いなる情熱への信仰、一言で言うと、ヴァーグナーの主人公の顔つきに見られるジークフリート的なもののことである。「これらすべては、私のというよりも、むしろスピノザの匂いがする」――と、おそらくショーペンハウアーなら言うであろう。それゆえ、ショーペンハウアーとはまったく別の哲学者を探し求めてしかるべき理由をヴァーグナーはもっていたにしろ、彼をこの思想家の虜にさせた魅力は、他のすべての哲学者に対して彼の目を塞いだばかりでなく、学問それ自体に対してすら目を塞いでしまった。ヴァーグナーの芸術全体が、ショーペンハウアーの哲学と対をなす補遺であることをいよいよもって自任しようとしており、人間の認識および学問と対をなす補遺であろうとする、より高次の名誉欲をますますきっぱりと断念している。そこまで彼を魅了したのは、山師カリオストロをも魅了したであろうショーペンハウアー哲学の秘密に満ちた華麗さの全体ばかりではない。たとえば、ドイツ語の堕哲学者の一つ一つの身振りや激情も、いつでも誘惑者だったのだ。

落に対するヴァーグナーの激昂ぶりは、ショーペンハウアー的である。こういった点での模倣は良しとすべきだとしても、黙っているわけにはいかないこともある。つまり、ヴァーグナーの文体そのものが、あらゆる種類の潰瘍と腫瘍に少なからず罹っており、それを見てショーペンハウアーはひどく腹を立てたし、ヴァーグナー主義者のドイツ語の物書きに関して言えば、ヴァーグナー流の文体は、かつてヘーゲル流の文体のみが証明してみせたのと同じく危険だと証明し始めているのである。ユダヤ人に対するヴァーグナーの憎悪は、ショーペンハウアー的である。だからヴァーグナー自身はユダヤ人を、その最大の事績に関して正当に扱うことができない。なんといっても、ユダヤ人はキリスト教の発明者なのだから。キリスト教を、仏教の穀粒が風に乗って飛来したものだと捉え、カトリック的・キリスト教的な言い方や感じ方に時おり接近しつつも、ヨーロッパのために仏教時代を準備しようとするヴァーグナーの試みは、ショーペンハウアー的である。動物との付き合いにおける憐れみ深さを勧めるヴァーグナーの説教は、ショーペンハウアー的である。この点でのショーペンハウアーの先行者が、ヴォルテールだったのは周知のとおりである。おそらくヴォルテールは、自分の後継者たちと同じく、ある種の事物と人間に対する憎悪を、動物に対する憐れみ深さであるかのように装うすべを、いち早く心得ていたのである。少なくとも、ヴァーグナーの説教から聞こえてくる学問に対する憎悪が、温和さと善意の精神によって吹き込まれたものでないことは確かであり、——いわんや、精神一般によって吹き込まれたものでないことは、どう見ても明らかである。——結局のところ、一人の芸術家にそなわる哲学など、どうでもよいのである。それが、ほんのおまけのような哲学にすぎず、その芸術自身に何ら害を及ぼさない場合には。時おりの、おそらくは非常に運の悪い、尊大な変装のために、一人の芸術家を恨みに思ったりしないよう、いくら用心してもしすぎるということはない。そうはいっても、われわれは、愛すべき芸術家が揃いも揃って、幾らかは俳優であり、俳優であらざるをえないこと、俳優然とふるまうことなく長期にわたって持ちこたえるのは難しかったことを、忘れないようにしよう。われわれは、ヴァーグナーの真実かつ根源的な面に関しては、彼にあくまで忠実であり続けよう。――とりわけ、彼の弟子であるわれわれが、われわれの真実かつ根源的な面に関しては、われわれ自身にあくまで忠実であり続けることによって。彼の知的な気まぐれや痙攣を大目に見よう。むしろ、彼の芸術のような芸術が、生き、成長しうるためには、どんなに奇妙な栄養物や必需品を有してよいか、公平に考量することにしよう。彼が思想家として頻繁に不正をはたらくことなど、どうでもよいことである。正義や忍耐は、彼のなすべきことではない。彼の人生が彼自身を前にして正しさを有し、正しさを認められさえすれば、それで十分なのである。――彼の人生は、われわれの誰に対しても、こう呼びかけてくる。「一個の男子であれ、私に従うな――、むしろ、君自身に従え、君自身にだぞ」と。われわれの人生も、われわれ自身を前にして正しさを認められるべきなのだ。われわれも、自由に、恐れることなく、無垢の自己本位性において、われわれ自身から成長し、開花すべきなのだ。だから、こういった人間を観察すると、昔と同じく今日でも、次の命題が私の耳に鳴り響いてくる。「情熱は、ストア主義や猫かぶりよりは、ましである。誠実であることは、悪においてさえ、因襲的倫理に浸かって自分自身を失うよりは、ましである。自由な人間は善でも悪でもありうるが、不自由な人間は自然の恥辱であり、天上の慰めにも地上の慰めにも与(あずか)ることがない。結局のところ、自由になろうとする人は誰でも、自分自身によって自由になるのでなければならない。奇蹟の賜物よろしく、棚からぼた餅式に自由を手に入れられる人など誰もいない」（『バイロイトにおけるリヒャルト・ヴァーグナー』九四頁[*17]）。

100番

敬意を表することを学ぶ。――人間は、軽蔑することと同じく、敬意を表することをも学ばなくてはならない。新しい道を進んで行き、多くの人びとを新しい道へ導いた人なら誰でも、驚きをもって発見することがある。その多くの人びとが、感謝の念を表わすことにかけては、いかに不器用で貧弱であるか、それどころか、彼らが感謝の言葉を表明できるということすら、いかにまれであるか、をである。それはあたかも、感謝の言葉を述べようとするたびに、彼らの咽喉(のど)に何かが詰まり、その結果、咳払いをするばかりで、咳払いのためにまた黙り込んでしまうかのようである。ある思想家が、その人の思想の影響と、変形させ震撼させるその影響力とを感じとれるようになるその仕方たるや、ほとんど喜劇も同然である。彼の影響を受けた人びとが、心の底ではまるで侮辱されたと感じ、自分たちの独立自尊を脅かされると恐れている様子を、ありとあらゆる無作法さで表明するしかすべを知らない、といった光景も、時おり見られる。礼儀にかなった感謝の作法を見つけ出すだけでも、幾世代も要する。感謝の言葉のうちにすら一種の霊感や才覚が入り込むようになる時点は、なかなかやって来ない。そのあかつきにはふつう、大いなる感謝受領者も現われる。その場合の感謝とは、受領者本人が成し遂げた善きことに対する感謝のみならず、たいていは、彼の先行者たちによって徐々に積み上げられてきた最高最善の宝物に対する感謝なのである。

101番

ヴォルテール。——宮廷というものが存在したところではどこでも、優れた語り方の法則と、したがってまたすべての書き手にとっての文体の法則が、宮廷によって課された。ところで、宮廷風の言葉とは、専門をもたない廷臣の言葉であり、廷臣は、学問上の事柄に関する会話においてさえ、便利な術語的表現を使うことを自分に一切禁ずる。術語的表現は専門の臭いがするから、というわけである。それゆえ、術語的表現、ならびに専門家（スペシャリスト）であることが露見するようなこともすべて、宮廷文化の国々では、文体上の汚点なのである。宮廷という宮廷がかねてより戯画になってしまった今日では、ヴォルテールでさえこの点では言いようもなくお澄ましで気づまりだったこと（たとえば、フォントネルやモンテスキューのような文章家を判定するにあたって）を見出すのは、驚きである。——われわれがそろって宮廷趣味から解放されたばかりであるのに比して、ヴォルテールはその完成者だったのだ。

102番

文献学者に一言。——学者たちの全世代をたっぷり費やすに足る、価値と風格をそなえた書物というものがある。もしその書物が、学者たちの骨折りによって純粋に保存され、理解できる形で保存されるとすれば。——この信念を繰り返し繰り返し確固たらしめるためにこそ、文献学は存在する。それだけの価値ある書物を本当に活用するすべを知っている、わずかな人びとが(すぐには人目につかないとしても)いなくなることはない、ということを文献学は前提している。——彼ら僅少者はおそらく、そういった書物を自分でも作るか、その気になれば作れるか、のいずれかであろう。言わせてもらえるなら、文献学は、ある高貴な信念を前提している——つまり、つねに「これからやって来るであろう」まだ存在していないほんの少数の人びとのために、むごくて不潔でさえある莫大な量の労働が前もって片付けられねばならないとする信念を、である。要するに、そういった労働はおしなべて皇太子御用特製〔in usum Delphinorum〕なのである。

103番

ドイツ音楽について。——ドイツ音楽は、今日ではもう、他のどんな国の音楽より、ヨーロッパ音楽になっている。なぜなら、ドイツ音楽のうちにのみ、ヨーロッパが革命によって被った変化が表現されるに至っているからである。ドイツの音楽家だけが、民衆の運動の表現を、つまり、かの途方もない芸術的騒音を心得ている。べつに大音声でなくても、騒音は騒音なのである。——これに対して、たとえばイタリアのオペラは、召使や兵士の合唱を知っているのみで、「人民（フォルク）」は知らない。そればかりではない。あらゆるドイツ音楽から聴きとれるのは、貴族（ノブレス）に対する庶民の深い嫉妬であり、とりわけそれは、宮廷風で騎士風の、みずからを恃（たの）みとする古い社会の表現である機智（エスプリ）や優美（エレガンス）に対する嫉妬なのである。それは、ゲーテの描く市門の前の歌手の音楽よろしく、「広間で」も人気を博し、国王にさえ気に入られる音楽、ではない。つまりそこには、「騎士は勇ましく見つめ、美女は伏し目がちに」といった調子はない。優美（グラツィエ）の女神からしてもう、良心の呵責の発作なしにドイツ音楽に登場することはない。優美の鄙（ひな）びた姉妹である上品（アンムート）の出番になって、やっとドイツ人は、自分がまったく道徳的だと感じ始める。——そこからだんだんと舞い上がり、夢想的で、学者的で、不機嫌がちな「崇高」へ、つまりベートーヴェン的崇高へと昇りつめる。ところで、この種の音楽にお誂（あつら）え向きの人間を思い浮かべるには、ほかならぬベートーヴェンを、それこそゲーテとテプリッツで出会ったとき、ベートーヴェンがゲーテの傍らにどう現われたかを、思い浮かべてみればよい。つまり、文化の傍らの半野蛮状態として、貴人の傍らの平民として、優れた人間と評するだけでは足りないほど優れた人間の傍らの、根っからの善人として、芸術家の傍らの空想家として、悠然と満ち足りた人の傍らの、慰めの必要な乏しき人として、公明正大な人の傍らの、大袈裟で胡散臭い人として、ふさぎの虫に取り憑かれる自虐家として、阿呆らしく有頂天になる人として、不幸を至福の喜びとする人として、うぶゆえに極端に走る人として、思い上がった無骨者として——つまり、何かにつけておよそ「抑制のきかない人間」として現われたのである。ゲーテ自身、ベートーヴェンをそう感じとり、そう評しもした。当人に匹敵する音楽がいまだに見出されていない例外的ドイツ人たるゲーテが、だ。——最後に、とくと考えてみるがいい。ドイツ人の間にメロディーに対する軽蔑とメロディー感覚の萎縮が今日いよいよもって蔓延しつつあるのは、民主主義の悪習と革命の影響として理解できるのではないか、と。なぜなら、メロディーというのは、法則性に公然と快感をおぼえ、およそ生成途上のもの、無定形のもの、恣意的なものすべてに嫌悪をおぼえるものだし、それゆえ、ヨーロッパ的物事の古い秩序から発してくる音色のように、そしてこの秩序への誘惑と送還のように響くからである。

104番

ドイツ語の響きについて。——二、三世紀前から普通の書き言葉になっているドイツ語がどこに起源をもつか、われわれは知っている。ドイツ人は宮廷に由来することなら何にでも畏敬を抱くから、自分たちの書くべきものすべてにおいて、お役所言葉をわざとお手本として仰いだ。わけても、手紙、記録、遺言、等においてである。お役所風に書くことが、宮廷風および政府風に書くことだったのである。——ひとがのびのび暮らしている市井のドイツ語と比べて、それは何か高尚なことと見なされた。その結果、当然のように、話し言葉も書き言葉にだんだん似たものになった。——こうして、語形においても、語句や言い回しの選択においても、しまいには響きにおいても、いっそう高尚になった。ひとは話すとき、宮廷風の響きを気どった。この気どりが、しまいには習い性となった。これと瓜二つの話は、おそらくどこにも起こったためしがないだろう。口語体よりも文語体のほうが圧倒的になり、国民全体が取りすましてお上品ぶることが、もはや方言ならぬ共通語の基礎をなす、などといった話は。思うに、ドイツ語の響きは、中世では、またとりわけ中世以後、ひどく田舎臭く、卑俗なものであった。それがこの数世紀の間に、いくぶん高尚なものになったが、それは主として、かくもフランス風、イタリア風、スペイン風の響きの真似をすることを強いられたからなのである。しかもこれは、ほかでもない、ドイツ（とオーストリア）貴族が母国語にまったく満足できずに彼らの側から強制したことだった。だが、こうした修業にもかかわらず、モンテーニュやラシーヌにとって、ドイツ語の響きは、たまらなく卑俗であったにちがいない。今日でさえそれは、旅行者が口にするとき、イタリアの平民の間でも、依然として粗野に、無骨に、耳障りに響く。あたかも、すすけた部屋や無作法な地方からやって来た言葉のように。——ところで、私の見るところ、お役所礼讃者だった人びとの間に、高尚な響きを求める似たような衝動が今日ふたたび広がっており、ドイツ人はまったく奇妙なるかもしれない。——というのも、かくも嫌悪すべき響きは、ヨーロッパ中探してもどこにも見つからないからである。どこか嘲笑的で、冷たく、無関心で、投げやりな声の調子。それが今日、ドイツ人には「高尚」に響くのである。——若い官吏、教師、婦人、商人の声の調子に、そうした高尚な響きへの善き意志が聞こえる。それどころか、女の子ですらこの将校ドイツ語の真似をしているほどである。というのも、将校、それもプロイセンの将校が、この響きの発明者だからである。その同じ将校が、軍人かつ専門家として、かの讃嘆すべき謙譲の作法を身につけており、こちらはドイツ人がこぞって見習うべきであったろう（ドイツの大学教授や音楽家も含めてだ）。だが、その将校が話をし、動き出すやいなや、古きヨーロッパで最もずうずうしく不粋このうえない人物となる——彼自身が自覚していないのは、どう見ても確かだ。その将校のうちに、最も高尚な一流社会に属する人間を讃嘆のまなざしで見てとり、進んで「彼に音頭をとら」せる善良なドイツ人もまた、気づいていない。じっさい音頭をとっているのは、将校の彼なのだ。——彼の音頭を真似し、粗野なものにするのは、まずもって、彼の部下の下士官や、そのまた部下の兵士たちである。市門という市門の前で教練が行なわれているドイツの町を、儀式ばった唸り声を上げて包囲している軍隊の号令に注意してみればよい。何という思い上がりが、何という荒れ狂う権威感情が、何という嘲笑的冷たさが、この咆哮から響いてくることか。ドイツ人は音楽的国民だなんて、本当に言えるのだろうか。——確かなのは、ドイツ人が今日、言葉の響きの点で軍隊調になっていることである。軍隊調の話し言葉を仕込まれたあげく、軍隊調の書き言葉まで使うようになることだって、ありそうな話である。というのも、特定の響きに慣れると、その習慣は性格にまで深く食い込むからだ。——やがてひとは、この響きにぴったり合った語句や言い回しや、ゆくゆくは思想さえも、身につけることだろう。おそらくひとは今日もう、将校風の文章を書いている。おそらく私が読んでいるのは、今日ドイツで書かれている文章のうちのごくわずかでしかない。しかし、だからこそ私は次の一事をいっそう確かに知っている。外国にまで達するドイツの公的声明の霊感の源泉は、ドイツ音楽ではなく、不粋で思い上がった、かの新しい響きなのである。ドイツの一流政治家のほとんどすべての演説には、その政治家が帝国の拡声器を通して布告するときでさえ、外国人だと嫌がって耳を塞いでしまうアクセントがある。だがドイツ人は、そのアクセントに我慢している。——つまりドイツ人は、自分たち自身に我慢しているのである。

105番

芸術家としてのドイツ人。——ドイツ人は、いったん本当に情熱に浸ると（ありがちなように情熱への善き意志に浸るばかりでなく、だ）、そうせずにはいられない通りに、情熱的にふるまうのであり、しかも、自分のふるまいのことをもう考えたりはしなくなる。だが有体に言って、彼はその場合、じつに不器用で醜く、拍子もメロディーもそっちのけでやみくもにふるまうので、見ている側は、気まずく哀れに思うばかりで、それ以上のことは感じない。——そのドイツ人が、少なからぬ情念の力をもってすれば達しうる崇高で恍惚とした境地にまで昇りつめるのでないとすれば、である。そういう場合には、ドイツ人だって美しくなるのだ。美がその魔法をドイツ人にすら注ぎかけるような高みというものがある、という予感が、ドイツの芸術家を、高みへ、至高の高みへ、情熱の贅沢三昧へ駆り立てる。つまりそれは、醜さと不器用を超え出て——より善く、より軽やかで、より南国的で、より陽光に満ちた世界へ赴きたい、少なくともその世界を仰ぎ見たいという、本当の深い欲求なのである。だから、ドイツの芸術家の痙攣はえてして、踊りたいという気持ちの印にすぎないのである。この哀れな熊たちの内で、隠れ潜んだニンフたちや森の神々が、さかんに動き回っている——ときには、もっと高位の神様たちも、だ。

106番

優しき推薦人としての音楽。——「私が欲しくてたまらないのは、音楽の巨匠だ」と、ある革新家が、弟子に言った。「その巨匠が、私の思想を学びとり、将来それを自分の言葉で語ってほしいと思う。そうすれば、私の考えが人びとの耳や心にもっとよく届くだろう。音楽をもってすれば、どんな誤謬、どんな真理にも、人びとを誘惑することができる。誰が音楽に反駁できるだろうか」——「ではあなたは、反駁不可能だと認められたいのですか」と弟子は言った。革新家が反論して言うには、「私が願っているのは、芽が木になることだ。ある教えが木になるには、それなりの長い間、信じられていなければならぬ。信じられるには、反駁不可能なものだと認められなければならぬ。木が、その芽の性質や力を露わにするには、嵐、疑念、虫けら、悪意が必要なのだ。木が十分強靭でないなら、折れてしまえばよいのだ。しかし、芽はいつも根絶されるだけで――、反駁などされないのだ」――彼がこう言ったとき、弟子は激しい口調でこう叫んだ。「では、私はあなたのお考えを信じています し、お考えは非常に強靭だと思いますので、私がなお心に抱いている反対の考えを、一切合財言わせてもらいましょう」。――革新家は内心笑って、弟子を指さして脅した。「こういった種類の弟子たちは」と彼は言った、「極上ではあるが、危険な連中だし、どんな種類の教えでも折り合えるわけではない」。

107番

芸術に対するわれわれの究極の感謝。――われわれが芸術を善きものと呼び、真ならざるものを拝むこの方式を発明するということがなかったとすれば、科学によって今日われわれに与えられる一般的な非真理や虚偽についての洞察――妄想や誤謬こそが認識し感覚して存在することとの条件だとする洞察――は、まったく耐えがたいことだろう。正直さは、吐き気や自殺を結果としてもたらすことだろう。しかるに、われわれの正直さは、われわれがそういう帰結を免れるのに役立ちうる対抗力をもつ。つまり、仮象への善き意志としての芸術を、である。われわれは、丸く収めること、詩で終わりをでっち上げることを、わが眼にいつも拒んだりはしない。その場合、われわれが滔々たる生成の流転を渡って運んでいるのは、もはや永遠の不完全性などではない。――その場合、われわれは、ある女神を運んでいると考え、この職務遂行を誇りとして無邪気に喜ぶのである。美的現象としてなら、われわれはこの世に生きることに依然として耐えられる。また、われわれ自身をそうした現象と化すことができるための、眼と手を、とりわけ、疚（やま）しくない良心をわれわれに与えてくれるのも、芸術なのである。われわれも時には自分から離れ去って休息しなければならず、そのためにも、自分自身を見やったり見下ろしたり、芸術家的な遠さのほうから、自分に関して笑ったり自分を超えて泣いたりしなければならない。われわれは、われわれの認識の情熱のうちに隠れている主人公も道化も見つけ出さねばならない。われわれは、われわれの知恵を嬉々としていつまでも愉しむことができるためにも、時にはわれわれの愚かさを嬉々として愉しむのでなければならないのだ。そしてわれわれが、究極の根底において、真面目で重たい人間であり、人間というよりはむしろ錘（おもり）であるからこそ、道化用の頭巾ほどわれわれに役立つものはない。その小道具を、われわれは自分自身に向けて必要とする――およそ大はしゃぎで、浮遊したり、踊ったりする、嘲弄的で、子どもじみて、おめでたい一切の芸術を、われわれは必要とする。われわれの理想がわれわれに要求してくる数々の事柄を超えた、かの超然たる自由を忘れないようにするために。ほかならぬわれわれの敏感な正直さを携えて、道徳にすっかりはまり込んだり、道徳においておのれに課す厳格すぎる要求のために、なおみずから徳の怪物ならびに案山子（かかし）となり果てるとしたら、それはわれわれにとって病気の再発というものだろう。われわれは道徳を超えてその上に立つこともできるのでなくてはならない。つまり、足を滑らせて墜落しないかといつもびくびく恐れている人のように不安げに身をこわばらせて立つのではなく、道徳の上方をフワフワ浮かんで遊び戯れることもできるのでなくてはならないのだ。そのためにはわれわれは芸術を、道化と同様、どうして欠くことができようか。——自分自身を何かしら恥ずかしがっているかぎり、君たちはまだわれわれの仲間ではないのだ。

第三巻

108番

新たな戦い。――仏陀の死後、なお数百年もの間、ある洞窟に仏陀の影が映っていたという――巨大な恐るべき影が。神は死んだ。だが、人の世の常として、おそらく、さらに何千年もの間、神の影の映ずる洞窟が存在することだろう。――ということは、われわれは――われわれは、神の影にすら打ち勝たねばならないのだ。

109番

われわれは用心しよう。――われわれは用心しよう。世界とは一個の生き物である、などと考えないように。世界がどっちへ伸びているというのか。何を食って生きているというのか。成長したり繁殖したりすることが世界にどうしてできようか。有機体がいかなるものか、われわれだっておおよそは知っている。地表上にのみ見出される、このうえなく派生的で、遅まきで、まれで、偶然的なものを、本質的で、一般的で、永遠なものというふうに改釈してしまってよいのか。宇宙を有機組織と呼ぶ、あの連中はじっさいそうしているのだが。そうしたやりくちに、私は吐き気を催す。われわれはもう用心しよう。宇宙とは一個の機械である、などとも信じないように。宇宙が一つの目標をめざして組み立てられたのではないことは、確かだ。「機械」という言葉を使うと、あまりに高尚すぎる栄誉を宇宙に付与することになってしまう。われわれは用心しよう。われわれに近い星が示す円運動のように整然と秩序立ったものを、総じて遍く前提してかからないように。銀河を一瞥するだけでもう、そこには、はるかに乱雑で矛盾した運動、あるいは永遠に直線落下軌道をえがく星、等々が存在してはいないか、という疑念を抑えきれなくなる。われわれが生きている星界の秩序のほうが例外なのである。この秩序ならびに、それに制約されたかなりの長さの持続時間が、これはこれで例外中の例外を、つまり有機物の形成を可能にしたのであった。これに比して、全体としての世界の性格は、永遠に混沌である。とはいえそれは、必然性が欠けているという意味ではない。秩序、分節、形式、美、知恵、等々、およそわれわれの人間性の美的側面がそう呼ばれてきたところのものが、一切欠けているという意味である。われわれの理性から判断するに、サイコロの投げ損じのほうがはるかに規則にかなっている。例外とは、ひそかな目標などではない。宇宙という仕掛けが全体として繰り返し奏でている永遠の調べは、とてもメロディーなどと呼べる代物ではない。――とどのつまり「サイコロの投げ損じ」という言い方すら、すでにして非難をうちに含んだ擬人化の一種なのである。だが、宇宙をどうして非難したり賞賛したりできようか。われわれは用心しよう。宇宙は無情で不合理だとか、その反対だとか、陰口を叩いたりしないように。世界は、完全でも、美しくも、高貴でもない。しかも、そういったものになろうとは寸毫も欲していないし、人間の真似をしようなどとは全然努めていないのだ。宇宙とは、われわれの美的、道徳的判断が当てはまるものでは全然ない。宇宙はいかなる自己保存衝動も有していないし、そもそもいかなる衝動も有していなければ、いかなる法則も知らない。われわれは用心しよう。自然には法則が存在する、などと言わないように。存在するのは、必然的なもののみである。命令する者など誰もいないし、服従する者も、違反する者もいない。いかなる目的も存在しない、ということが分かれば、いかなる偶然も存在しない、ということも分かるものだ。というのも、目的をもつ世界の傍らでのみ、「偶然」という言葉は意味をもつからである。われわれは用心しよう。死は生に対立する、などと言わないように。生きているものは死せるものの種類の一つでしかない。しかも非常にまれな種類なのである。——われわれは用心しよう。世界は新しいものを永遠に創造する、などと考えたりしないように。永遠に持続する実体など存在しない。物質とは、エレア派の神がそうであるのと同じ誤謬なのだ。だがわれわれが、われわれの用心や保護を卒業できるようになるのは、いつのことだろうか。こういったどんな神の影にも、われわれがもはや曇らされなくなるのは、いつのことだろうか。神的なものを完全に剝奪された自然を、われわれが有するようになるのは、いつのことだろうか。純粋な、新たに発見され、新たに救済された、純粋な自然でもって、われわれ人間を自然化することを始められるのは、いつのことだろうか。

110番

認識の起源。——知性が途轍もなく長い時間をかけて産み出したものは、誤謬以外の何ものでもなかった。その誤謬のいくつかは、種の保存に役立つことが分かった。そういう誤謬に行き着いたり、遺産としてそれを手に入れたりした者は、自分自身や自分の子孫のための生存競争を、成功裡に進めることができた。そのような誤れる信念命題が、繰り返し継承されてゆき、ついには、ほとんど人類という種の根本をなす要素と化した。たとえば次のような命題がそれである。永続的な事物なるものが存在する。同一の事物なるものが存在する。事物、物質、物体なるものが存在する。事物は、現われているとおりのものである。われわれの意志は自由である。私にとって善であるものは、それ自体としても善である。ずっとのちになって、そのような命題を否定したり疑ったりする者が、ようやく現われた。――ずっとのちになって、真理がようやく現われたが、それは認識の最も無力な形式としてであった。ひとは真理をたずさえて生きることはできないように見えた。われわれの身体器官は真理とは反対の向きにできていたし、身体器官の高次の機能の一切、たとえば感官知覚やあらゆる種類の感覚は総じて、かの太古の血肉化された根本誤謬と結びついて働いたからである。それればかりではない。かの諸命題は、認識の内部においても、ひとが「真である」か「真でない」かを測るうえでの規範となった――ついには、純粋論理の最果ての辺境にまで及ぶほどであった。そんなわけで、認識の能力とは、それが真理をどこまで摑むかに存するのではなく、それがどれだけ古く、血肉化させられているかに、つまり生の条件としての性格のいかんに存するのである。生と認識が矛盾するように見えたとき、戦いが真剣に行なわれることは決してなかった。その場合、否定や懐疑は、狂気の沙汰と見なされた。にもかかわらず、たとえば、エレア派の哲学者は、自然的誤謬の反対を言い立て、主張し続けたが、そのような例外的思想家たちは、誤謬の反対をも生きることは可能だと信じた。彼らの案出した賢者の理想とは、不変不動にして非人格的であり、直観の普遍性を有し、一にして全である人間、かの転倒した認識を行使する固有の能力をそなえた人間であった。彼らは、自分たちの認識は同時に生の原理でもある、と信じた。だが、こうした一切を主張しうるためには、彼らは彼ら自身の状態に関してみずからを欺くほかなかった。つまり、非人格性と不易の永続性を自分で捏造し、認識者の本質を誤認し、認識における衝動の威力を否定し、総じて理性を、完全に自由な自己湧出的能動性として捉えるほかなかったのである。彼らは、自分たちにしても、世に通用している事柄に異を唱えるからこそ、あるいは休息や独占や支配を追い求めるからこそ、彼らの命題に達したのだという事実に対しては、目を塞いだ。正直さと懐疑の発展がいっそう洗練されてゆくと、ついに、こうした人間たちもありえなくなった。彼らの生と判断もまた、感覚的に存在するいかなるものにも見られる太古の衝動や根本誤謬に依存していることが明らかになった。——かの洗練された正直さと懐疑は、次の場合、決まって発生するに至った。つまり、対立する二つの命題が、どちらも根本誤謬と折り合えたがゆえに、生に適用可能であるように見えた場合。それゆえ、生にとっての有用さの度合が高いか低いかに関して議論の余地がありえた場合。同様に、新たな命題が生にとって、なるほど有用とは言えないが、しかし知的遊戯衝動の発露としては、少なくとも有害とは言えず、すべての遊戯と同じく無邪気で幸せなものだと分かった場合。人間の頭脳は、そのような判断や確信で徐々に一杯になっていき、そのもつれた糸玉のなかで、興奮と闘争と権力欲が生まれてきた。有用性と快のみならず、あらゆる種類の衝動が、数々の「真理」をめぐる闘争に参加した。知的な闘争が、仕事、魅力、職業、義務、尊厳になった。——真理を求める認識の営みが、ついには、やむにやまれぬ欲求となり、別の欲求のなかに組み込まれていった。以来、信念や確信のみならず、吟味、否定、不信、矛盾もまた、一個の力となった。すべての「悪しき」本能は、認識の下位に位置づけられ、認識に奉仕させられ、許可され尊敬された有用なものという輝きを手に入れ、最後には、善の無垢なる眼光を手に入れた。かくして認識は、生そのものの一部となり、生であるからには、絶えず成長する力と化した。その結果、ついに認識と、かの太古の根本誤謬とが、相まみえるに至った。どちらも生として、どちらも力として、どちらも同一の人間のうちにひそむものとして。今や、思想家とは、真理への衝動と、かの生存維持的誤謬とが、第一の闘争を戦い合う主戦場と化した存在者にほかならない。真理への衝動もまた、一個の生存維持的な力であると判明したからには。この戦いの重要性と比べれば、他の一切はどうでもよい。生の条件をめぐる最終的な問いが、ここに立てられ、この問いに実験的に答える最初の試みが、ここでなされる。真理はどこまで血肉化と折り合えるか——これぞ問題であり、これぞ実験なのだ。

111番

論理的なものの由来。――人間の頭の中の論理は、どこから生じたのか。もちろん非論理からである。非論理の領域は、もともと、途轍もなく広大なものだったにちがいない。だが、今日のわれわれの推論の仕方とは異なる推論をした数え切れぬほど多くの生き物は、滅びてしまった。そちらのほうがよほど真なる推論だったかもしれないのに、だ。たとえば、食物に関してや天敵の動物に関して、「同一のもの」をさほど見つけ出せなかった者は、つまり、特殊を一般的なものに包摂する仕方が遅すぎたり、包摂するのにあまりに慎重だったりした者は、どんなものであれ似たものに出会うとすぐに同一性を類推した者に比べて、生き長らえる確率が少なかった。しかるに、似たものを同一のものとして取り扱う有力な傾向、つまり非論理的な傾向――というのも、自体的に同一のものなど存在しないから――こそが、論理の全基礎をはじめて創ったのである。実体の概念も同様である。実体という概念は、ごく厳密に言えば、現実に対応するものなどないのだが、論理にとっては欠くことができない。この実体概念が成立するには――長い間、事物の変化の相が見られたり感じられたりしないままでなければならなかった。事物を正確に見ることのなかった生き物が、一切を「流動のうちに」見た生き物よりも、優位に立った。推論における高度の用心深さ、懐疑的傾向はどれも、それだけでもう生にとって大いなる危険なのである。かりに、その反対の傾向が、つまり、判断中止するよりは肯定することを好み、慎重に待つよりは間違えたりでっち上げたりすることを好み、否定するよりは賛成することを好み、公正であるよりは判断を下すことを好む傾向――が、並外れて強力に育成されなかったとしたら、どんな生物種も生き残りはしなかっただろう。——今日のわれわれの頭のなかにある論理的な思考や推論の過程は、個々それ自体はどれも非常に非論理的で不公正な衝動の過程と闘争に対応したものなのである。われわれがふつう経験しているのは、その闘争の結果でしかない。それほど迅速に、それほど隠密裡に、この太古のメカニズムは、われわれのうちで今日働いているのである。

112番

原因と結果。——近代以前の段階における認識や学問と異なる、われわれ近代人の特徴をなすものを、われわれは「説明」と呼んでいる。だが、じつはそれは「記述」なのである。われわれは、記述にかけては上手になった——が、説明にかけては以前の人びとと何ら変わりばえがしない。近代以前の文化を生きた素朴な人間が、研究者として、いわゆる「原因」と「結果」という二種類のものしか見なかったところに、われわれは多種多様な継起の連鎖を見つけ出した。われわれは、生成の像を完全なものに作り上げはしたが、その像を超えて、その像の背後に達したわけではなかった。「原因」の系列は、どんな場合でも、以前よりはるかに完璧にわれわれに明らかとなっている。かくかくが結果として生ずるためには、しかじかがまずもって先行しなければならない、とわれわれは推論する——が、だからといって何一つ概念把握したわけではない。たとえば、どんな化学反応でも起こる質的変化は、相変わらず「奇蹟」のように見える。あらゆる位置移動も同様である。その動きを「説明」した人は誰もいない。どうしてわれわれに説明することなどできようか。線、面、立体、原子、可分的時間、可分的空間といった、ありもしないたんなる事物でもって、われわれは操作する。――われわれが一切をまずもって像に、われわれの像に変じてしまうのだとすれば、説明などどうして可能であろうか。科学とは、事物を可能なかぎり忠実に人間へ適応させることだと見なすだけで、十分なのである。われわれは、事物とその継起の連鎖を記述することで、われわれ自身をいよいよ正確に記述することを学んでいるのだから。原因と結果などといった二元など、おそらくありはしないのだ。――本当を言えば、われわれの前にあるのは、一つの連続体〔continuum〕なのであり、われわれはその断片のいくつかを切り離し独立させているだけである。それはちょうど、われわれがいつも運動を、切り離されて独立した点として知覚しているにすぎず、それゆえ本当は見ているのではなく、推論しているのと同様である。多くの結果がいきなり降って湧いてくるその突如性が、われわれを誤らせる。だがそれは、われわれにとっての突如性でしかない。われわれから逃れ去るこの秒刻みの突如性のうちには、かぎりなく多くの過程がひそんでいる。原因と結果を、われわれの見方のように、恣意的に分割され細分化された断片として見るのではなく、連続体として見るような知性、つまり生起の流れを見るような知性が、かりにあったとすれば――原因と結果の概念を却下し、いかなる被制約性も否認するであろう。

113番

毒物の理論のために。——何らかの科学的思考が成立するためには、非常に多くのものが合成されている必要がある。しかも、それらに必要な力はどれも、個々別々に発見され、行使され、育成されなければならなかったのだ。しかるに、それが個々別々であったときには、今日のように科学的思考の内部でおたがい制限し規制し合っているのとは、まったく別の働きをすることが非常に多かった。——それらは、毒物として働いた。たとえば、疑念をいだく衝動、否定する衝動、静観する衝動、蒐集する衝動、分解する衝動が、そうであった。これらの衝動が、仲良く暮らすコツをつかめるようになり、一個の人間の中での一個の組織化する力の機能としておたがい感じ合えるようになるまでには、どれほど多くの人間が人身御供(ひとみごくう)にさせられてきたことか。そしてまた、科学的思考に加えて、芸術的な力や実践的な生活知も、さらに発見されて付加され、いっそう高次の有機的システムが形成されるようになり、そのシステムに比べれば、今日のわれわれが知っているような学者、医者、芸術家、立法家など、みすぼらしい骨董品にしか見えざるをえないようになるまでには、われわれはまだ何と遠くにいることか。

114番

道徳的なものの範囲。——われわれは、既得の古い経験を総動員して、新しい視覚像をたちまち組み立てる。だがそれは、われわれの正直さと正義の程度にそのつど応じてのことである。感官知覚の領域においてさえ、道徳的体験とは別の体験など存在しない。

115番

四つの誤謬。——人間は自分に関する誤謬によって教育されてきた。第一に、いつも不完全にしか自分を見なかった。第二に、でっち上げた性質を自分に付与した。第三に、動物や自然に対して自分が置かれていると感じた序列に、間違いがあった。第四に、つねに新しい財産表を案出しては、それが永遠で絶対的なものだと一定期間考えた。かくして、時に応じて、あれやこれやの人間の衝動や状態が第一位を占めることになり、こうした評価の結果、高貴なものとされることになった。この四つの誤謬の作用が考慮されないなら、人間性、人間らしさ、「人間の尊厳」もまた、無視されたことになる。

116番

畜群本能。——道徳に行き当たるところ、人間の衝動と行為に関する価値評価と身分秩序が見出される。こうした価値評価と身分秩序はつねに、共同体や畜群が必要とするものの表現なのである。共同体や畜群にとって第一に役立つもの——および第二、第三に役立つもの——は、すべての個人の価値を測る最高の尺度でもある。道徳でもって、個人は畜群の機能になり、機能としてのみ自分に価値をあてがうように指導を受ける。ある共同体を維持するための条件は、別の共同体のそれとは非常に異なっていたので、道徳にも非常に大きな違いがあった。畜群や共同体、国家や社会が本質的に形態を変えることが、今後も起こりうると考えるなら、今後も道徳に大きな変化が起こるだろう、と予言できる。道徳性とは、個人における畜群本能なのである。

117番

畜群における良心の呵責。——人類の最も長期にわたる太古の時代、今日とはまったく異なる良心の呵責というものが存在した。今日では、みずから欲し行なったことに対してだけ、われわれは責任を感じ、自分自身のうちでみずから誇りを覚える。現代の法学者たちはみな、個人のこの自己感情と愉悦感情から出発する。あたかも、昔からここに法の源泉はあったとでもいうかのごとく。だが、人類の最も長期にわたる時代を通じて、自分を個として感ずることほど、恐るべきことはなかった。一人でいること、個と感ずること、服従も支配もしないこと、個人であろうと意図すること——は当時、快ではなく、むしろ罰の一種であった。ひとは罰せられて「個人に処せられた」のであった。思想の自由は、不快そのものと見なされた。定められた法律や、集団への組み入れを、現代のわれわれは強制や損害と感ずるが、昔の人は逆に、エゴイズムのほうこそ、恰好悪いこと、真の困苦と感じたのである。自分自身でいること、自分の物差しや錘(おもり)で自分を量ること——は当時、趣味に反することだった。それを好む傾向を示したりすれば、狂気の沙汰だと感じられたことだろう。というのも、一人でいることと結びついていたのは、ありとあらゆる悲惨であり恐怖だったからである。当時、「自由意志」は、疚(やま)しい良心と、このうえなく近い隣同士の関係にあった。また、行為が不自由であればあるほど、行為からうかがえるのが個人の意向ではなく畜群本能であればあるほど、その行為者はそれだけ自分を道徳的と評価した。畜群に危害を及ぼす一切のものは、それを個人が欲したと欲しなかったとにかかわらず、当時は、個人に良心の呵責を覚えさせるものだった——おまけに、その個人の隣人にも、いやそれどころか、畜群全体にも、だ。——この点で、われわれの考えはこのうえなく変化したのである。

118番

親切。——ある細胞が、より強力な細胞の機能と化すことを、有徳といえるだろうか。その細胞は、そうせざるをえなかったのである。では、その細胞を、より強力な細胞が自分に同化させることを、邪悪といえるだろうか。これまた、そうせざるをえなかったのである。強力なほうの細胞にとっては、それが必然なのである。というのも、その細胞は、あり余るほどの補充を求めており、自己更新を欲しているからである。したがって、一口に親切といっても、強者と弱者のどちらが親切と感ずるかに応じて、親切に、次の区別をつけなければならない。つまり、相手を所有したがる衝動と、相手に服従したがる衝動とを区別しなければならない。何かを自分の機能に作り変えようと欲する強者にあっては、欲望することと喜びとが両立する。相手の機能になりたいと思う弱者にあっては、欲望の的（まと）となることと喜びとが両立する。——同情は、本質的に前者である。つまり、弱者を目にしたときにおぼえる、所有衝動の快感である。この場合、さらに熟考すべきは、「強い」と「弱い」は相関概念だという点である。

119番

利他主義などではない。——私の見るところ、多くの人間には、誰かの機能になりたいと欲する過剰な力と欲情がある。彼らは、そこをめざして殺到するのであり、ほかならぬ自分自身が機能になれるその位置を嗅ぎ分ける、じつに繊細な嗅覚をそなえている。そうした人びとに属する女性たちがいる。彼女らは、ある男の機能と化してしまう。つまり、その男のなかでもまさに発育不全の機能と化してしまう。そんなふうにして男の財布やら政略やら社交やらになるのである。この種の生き物は、他者の有機組織のなかに組み込まれるとき、最も良く自分の生存を維持する。それがうまくゆかないと、怒りっぽくなり、イライラし、身の破滅となる。

120番

魂の健康。――人気のある医学的教訓に（その創始者はキオスのアリストンである）、「徳は魂の健康である」というものがある――が、少なくとも、これを使えるようにするには、次のように書き換えなければなるまい。「君の徳は、君の魂の健康である」。というのも、健康自体など存在しないからである。物事をそんなふうに定義しようとする一切の試みは、みじめな失敗に終わった。魂どころか、君の身体に関しても、健康とはいったい何を意味すべきか、を規定するために肝腎なのは、君の目標、君の地平、君の能力、君の衝動、君の誤謬なのであり、なかんずく、君の魂の理想と幻想なのである。だから、身体の健康の種類は、無数にある。個別的で比較不可能なものが頭をもたげてくることを、ふたたび認めれば認めるほど、つまり「人間の平等」というドグマを忘れれば忘れるほど、それだけいっそう、正常な健康という概念もまた、正常な食養生とか病気の正常な進行とかいった概念もろとも、現代の医者たちから消え失せるにちがいない。そのあかつきにこそ、魂の健康と病気について熟考し、各人各様の徳にそれぞれ健康を得させることのできる時が訪れることだろう。もちろんその場合、ある人にとっての健康が、他の人にとって健康の反対に見えることもあろう。最後に、次の大いなる問いが手付かずのまま残っていよう。つまり、われわれの徳を発達させるためにも、われわれは病気なしに済ませることができるだろうか。とりわけ、認識と自己認識を求めるわれわれの渇望は、健康な魂と同じだけ、病気の魂を必要とするのではないか。要するに、健康のみを求める単一の意志とは、一個の偏見、一個の臆病、またおそらくは、最上等の野蛮と流行遅れの一断片なのではないか。そういう大問題がまだ残っていよう。

121番

生は論拠にならない。――われわれは、われわれが生きてゆける世界を打ち立てた――立体、線、面、原因と結果、運動と静止、形式と内容といった観念を仮定することで。これらの信仰箇条なくして、今日誰も生を持ちこたえられないだろう。しかし、だからといって、それらはまだ何一つ証明されたわけではない。生は論拠にならない。誤謬だって生の条件に属するのかもしれない。

122番

キリスト教における道徳的懐疑。――キリスト教も、啓蒙に大いに貢献した。非常に印象的かつ効果的な仕方で、つまり告発したり惨めにさせたりしつつ倦むことを知らぬ忍耐と繊細さでもって、道徳的懐疑を説いたからである。キリスト教は、人間一人一人が、みずからの「徳」を信ずることを、絶滅させてしまった。これにより、地上から永久に消滅させられたのは、古代には少なくなかった偉大な有徳者たちであり、おのれの完成を信じて、闘牛の英雄のような威厳をそなえて闊歩した人気者たちであった。今日のわれわれは、こうしたキリスト教的懐疑学派の教育を受けてきているので、古代の道徳書、たとえばセネカやエピクテトスの著作を読むと、優越感を覚えて愉快に感ずるとともに、ひそかな洞察や眺望に満たされる。あたかも、子どもが老人の前で、あるいは、若くて美しい感激屋の女性がラ・ロシュフコーの前で、しゃべっているかのような心持ちになる。徳の何たるかについては、われわれのほうがよく知っているのだ、と。ところが、最後にはわれわれは、この同じ懐疑を、罪、悔い改め、恩寵、聖別といった一切の宗教的な状態や過程にも適用し、懐疑の虫に根掘り葉掘り穿鑿させるので、今度は、どんなキリスト教の著作を読んでも、同一の繊細な優越感と洞察の感情を味わう——われわれのほうが宗教的感情のこともよく知っているのだ、と。だから、宗教的感情のことをよく知り、よく記述するには、今が潮時である。というのも、古い信仰をもつ敬虔な者たちも、死滅しつつあるからである。——彼らの肖像と類型を、せめて認識のために、救い出そうではないか。

123番

手段以上のものとしての認識。――この新しい情熱――私が言っているのは認識の情熱のことだが――なしにも、学問は促進されることだろう。学問はこれまで、この情熱なしに生育してきたし、大きくなってきた。学問に対する無邪気な信仰というものがあり、学問に好都合なこの先入見が、現代の国家を支配している（かつては教会をも支配していた）のだが、その学問観は、根本において、次の点にもとづく。つまり、かの無条件的な性癖や衝動が、学問のうちに現われることはめったにないということ、学問は情熱ではなく、状態つまり「エートス」と見なされているということ、これにもとづくのである。それどころか、認識を愛でる喜び《アムール・プレジール》（好奇心）だけで十分な場合も多いし、虚栄心《アムール・ヴァニテ》、つまり名声とパンを狙う下心をもって学問に向かう習慣で十分だったりもする。多数の人間にとってさえ、もて余している暇を潰すために、読書し、収集し、整理し、観察し、物語を紡ぐことができれば、十分なのである。彼らの「学問的衝動」とは、彼らの退屈のことなのだ。教皇レオ十世は、かつて（ベロアルドゥス宛ての小勅書の中で）、学問を賛える歌を詠《よ》んだ。彼は、学問とは、生の最も美しい飾り物にして最大の誇りであり、幸福な時にも不幸な時にも高貴な仕事であるとした。「学問なくしては」と最後に彼は言った、「人間の営為は、すべて確固たる支えを失うであろう、――学問があっても、なお変わりやすく、ひどく不確かではあるが」。だが、このなかなか懐疑的な教皇も、教会関係の他のあらゆる学問礼賛者と同じく、学問に関する自分の最後の判断については、黙秘した。彼の言葉から聞き取れることだが、彼のような芸術愛好者にしてはじつに奇妙なことに、彼は学問を芸術より高位に置いた。だがそれは結局のところ、お世辞にすぎない。彼自身が学問よりも高位に置いているものについて、つまり「啓示された真理」や「魂の永遠の救済」について、彼はここで何も語っていないのだから。――それらに比べれば、飾り、誇り、慰安、生命保全など、何であろうか。「学問など二の次であり、何ら最終的、絶対的なものではなく、情熱を傾ける対象ではない」――この判断が、レオ十世の心中に残り続けていたのである。学問に関するキリスト教本来の判断が、だ。古代では、学問の威厳と賞賛は、最も熱烈な学問信奉者にあってさえ、徳を求める努力のほうが優先されたことによって、また彼らが、学問を徳の最善の手段として讃えることでもう学問に至高の讃美を贈ったと信じたことによって、引き下げられてしまった。認識が手段以上のものであろうとするのは、歴史上新しいことなのである。

124番

無限なものの地平で。――われわれは陸地をあとにし、船に乗り込んだのだ。われわれは背後の桟橋を撤去した――もっと言えば、背後の陸地そのものを撤去したのだ。いざ、小船よ、心せよ。あたりに広がるは、大洋。なるほど、大洋だって、いつも吼(ほ)え立てているとはかぎらず、時には絹や金のように、また善意の夢まぼろし(トロイメライ)のように、横たわることもある。

だが、大洋が無限であることに、また無限ほど恐ろしいものはないことに、思い至る時が来る。おお、哀れな鳥よ。自由になったと感じられたはずなのに、今度は、無限という鳥かごの壁にぶち当たることになろうとは。海上より多くの自由があった、とでもいうかのように、陸地への郷愁に襲われたとすれば、傷ましいことだ——もう「陸地」などどこにもないのに。

125番

狂人。[*18]——諸君は、あの狂人のことを耳にしなかったか。朝っぱらからランタンをともし、市場に駈けてきて、ひっきりなしに「俺は神を探している。神はどこだ」と叫んで回った男のことを。——市場には折しも、神を信じない人びとが大勢集まっていたので、男は大笑いの種になった。「神が行方不明になったというのか」と或る者は言った。「神は、子どものように迷子になったのか」と別の者は言った。「それとも、神は身を隠しているのか。私たちのことを怖がっているのか」、「神は船で出かけたのか。移住と決め込んだのか」——群衆は口々にわめき立て、あざ笑った。狂人は、彼らの真ん中に飛び入り、穴のあくほど睨みつけた。「神はどこへ行った、だって?」と彼は叫んだ。「俺がおまえたちに言ってやろう。俺たちが神を殺したのだ、——おまえたちと俺とで、だ。俺たちはみな神の殺し屋なのだ。それにしても、俺たちはどうやって殺ったのか。どうやって大海を飲み干すことができたのか。水平線を全部きれいに拭きとるスポンジを、誰が俺たちにくれたのか。この大地を太陽から切り離したとき、俺たちは何をしでかしたのか。大地は今どっちに動いている？　俺たちはどっちに動いている？　ありとあらゆる太陽から遠ざかってゆくのか。俺たちはたえず転げ落ちていないか。それも、後方へ、左右へ、前方へ、つまり四方八方へ、か。まだ上か下とかがあるのか。俺たちは無限の虚無を突き進むかのようにさ迷っているのではないか。空虚な空間が俺たちに息を吹きかけてくるのではないか。寒くなってきたのではないか。たえず夜が、ますます夜がやってくるのではないか。朝っぱらからランタンをともさないわけにはいかないのではないか。神を埋葬する墓掘人たちの騒がしい声が、まだ何も聞こえてこないか。神の腐る臭いがまだ何もしてこないか。――神々だって腐るのだ。神は死んだのだ。神は死んだままだ。それも、俺たちが神を殺したのだ。殺し屋中の殺し屋たる俺たちは、どうやって自分を慰めたらいいのか。世界がこれまで所有していた最も神聖で最も強力なもの、それが俺たちの刃で血まみれになって死んだ。――誰がこの血を俺たちから拭いとってくれるのか。どんな水で俺たちは身を洗い浄めることができるというのか。いかなる贖(あがな)いの儀式を、いかなる聖なる奏楽を、俺たちはでっち上げなければならなくなることだろうか。この行為の偉大さは、俺たちの手に余るのではないか。その偉大さにふさわしい威容をそなえるためだけにでも、俺たち自身が神々とならなければならないのではないか。これ以上の偉業は存在しなかった。――だから、俺たちのあとに生まれてくる者たちはもれなく、この偉業のおかげで、これまでの全歴史より一段と高い歴史に与(あずか)ることになるのだ」

——ここで狂人は口をつぐみ、あらためて聴衆を見やった。聴衆も押し黙り、訝しげに狂人を眺めた。ついに彼は、手にしていたランタンを地面に投げつけた。ランタンはばらばらに砕け、灯が消えた。「俺は早く来すぎた」とそれから彼は言った。「まだ俺の来る時ではなかった。この途方もない出来事は、まだ旅路の途中にあり――、人間たちの耳にはまだ達していない。電光と雷鳴が届くには時間がかかる。星の光が届くにも時間がかかる。行為の場合でもそうで、為されたあとになっても、見られ聞かれるには時間がかかる。この偉業ときたら、人間たちにとって、どんなに遠い星よりなおまだまだ遠いのだから。――にもかかわらず、人間たちはまさにこの偉業をやってのけたのだ」――さらに聞くところでは、狂人はその同じ日、あちこちの教会に押し入っては、神の永遠鎮魂曲〔Requiem aeternam deo〕を歌い始めたという。教会からつまみ出され、難詰された彼は、こう答えるのみだった。「今どき教会とはいったい何なのか。神の墓場にして慰霊碑でないとしたら」。――

126番

神秘的な説明。――神秘的な説明は、深遠だと見なされる。しかし本当は、皮相だとも言いかねるほどなのだ。

127番

最古の宗教性の余波。——ものを考えない人はみな、こう思う。意志とは、単独で作用するものであり、意志するとは、単純な何か、端的な所与の事実、他から導き出せないもの、自体的に理解可能なものだ、と。そういう人は何かをするとき、たとえば何かを打つとき、現に打っているのは自分であり、自分が打ったのは、自分が打とうと意志したからだ、と信じ込んでいる。彼はそこに何ら問題を認めない。むしろ、原因と結果の関係を仮定するためのみならず、この関係を理解できたと信ずるためにも、意志という感情だけで、彼には十分なのである。打つという出来事の力学運動(メカニズム)や、打つことが生ずるために為されねばならない数多(あまた)の繊細な襞(ひだ)をもつ仕事について、また同様に、この仕事のごくわずかな部分を行なうことさえ意志自体にはできないということについても、彼は何一つ知らない。意志とは、彼にとって、魔術的に働いて結果をもたらす力なのである。結果をもたらす原因としての意志を信ずることは、魔術的に働いて結果をもたらす力を信ずることである。ところで、人間はもともと、出来事を目にする場合はいつでも、意志を原因だと信じたし、意志する人格的存在が、その背後で働いていると信じた。——力学という概念は、人間にはまったく疎遠なものだった。そこで人間は、途方もなく長い間、人格的存在のみを信じ（て物質、力、物件その他を信じなかっ）たがゆえに、原因と結果の関係を信ずることが、人間の根本信念と化したのだった。人間は、何かが生ずる場合はいつでも、この関係を適用する——今日でもなお本能的に、最古の素姓がぶり返した一種の隔世遺伝として。「原因なくして結果なし」、「いかなる結果もまた原因となる」といった命題は、「作用の生じるところ、意志の働きがあった」、「意志する存在に対してのみ、作用は生じうる」、「作用を純然と被(こうむ)ってその帰結が生じないということは決してなく、何かしら被ることはすべて、(行為、防御、復讐、報復への)意志を引き起こす」といった、はるかに狭い命題を一般化したものだと思われる。——だが、人類の太古の時代には、前者の命題も後者の命題も同じものだったのであり、前者は後者の一般化ではなく、後者は前者を解明するものだった。——ショーペンハウアーは、現に存在するものはすべて意志するものにほかならないと仮定することで、太古の神話学を王座に祭り上げた。彼は、意志の分析を決して試みなかったように思われる。なぜなら彼は、万人と同じく、意志することはすべて単純で直接的だと信じたからである。——意志するとは、それを注視するまなざしにも捉えがたいほど、よくなじんだ力学運動でしかないのに、である。ショーペンハウアーに対して、私は次の命題を提出したい。第一に、意志が成立するには、快と不快の観念が必要である。第二に、猛烈な刺激が快または不快として感じられるということ、これは解釈をほどこす知性の仕事である。とはいえもちろんこの知性は、その場合たいてい、われわれに意識されずに働く。同一の刺激が快または不快として解釈されうるのである。第三に、知性的存在の場合にのみ、快、不快、意志なるものが存在する。とてつもなく多数の有機体は、そういったものを何一つもたない。

128番

祈禱の価値。——祈禱というのは、自分の考えを元来何も持たず、魂の高揚を知らない人、あるいはそれに気づかずやり過ごす人のために発明されたものである。そうした人びとは、神聖な場所や、静けさや一種の威厳が要求される人生のすべての重要局面では、どうすればよいだろうか。彼らが少なくとも邪魔しないために、大小を問わずどんな宗教の賢明な創始者も、唇を機械的に動かして祈禱の決まり文句をえんえんと唱えることを、彼らに強く勧めた。記憶力を一生懸命働かせ、四肢も両眼も同じ姿勢をしっかり保って、だ。ところでその場合、チベット仏教徒のように「オム・マネ・パドメ・フム」と無数に繰り返しもぐもぐ言うにせよ、ヒンドゥー教の聖都ベナレスにおけるように、神の名ラム‐ラム‐ラムと(か何とか、上品にまたは下品に)指折り数えて唱えるにせよ、ヒンドゥー教の神ヴィシュヌをその千の呼び名で、イスラム教の神アッラーをその九十九の呼び名で崇めるにせよ、はたまた、チベット仏教徒が祈るときにマニ車(ぐるま)や数珠(じゅず)を用いるにせよ、——肝腎なのは、彼らがしばらくの間そうした勤行(ごんぎょう)にもっぱら励むことで、みっともなくない外見を呈する、ということなのである。そうした種類の祈禱は、みずからの考えや魂の高揚を知っている敬虔な人びとの役に立つように発明された。彼らだって疲れる時があり、そんな時は、おごそかな言葉や調べや敬虔な機械仕掛けが、彼らには心地よいのである。だが、こうしたまれな人間——どんな宗教でも宗教的人間は例外である——は、みずからを助けるすべを知っているとしても、かの心の貧しい人びとは、みずからを助けるすべを知らないし、彼らがガラガラ祈禱の音を響かせることを禁ずるのは、彼らから宗教を奪うことを意味する。これは、プロテスタンティズムがますます白日のもとに晒している通りである。宗教がそうした人びとに望んでいるのは、眼と手と足、その他あらゆる種類の器官を用いて安息を保つということ以上ではない。それによって、彼らはしばしの間、美しく飾られ——、より人間に似たものとなるのだ。

129番

神の条件。——「神自身、賢い人びとなくして存立しえない」——と、ルターは言った。これはなかなか正しい。だが、「神は、賢くない人びとなくしては、いっそう存立しえない」——とは、善良なルターは言わなかった。

130番

危険な決意。——この世を醜悪で劣悪なものと見ようとするキリスト教の決意が、この世を現に醜悪で劣悪なものにしてしまった。

131番

キリスト教と自殺。――キリスト教は、その成立当時に見られた自殺へのすさまじい渇望を、その権力の梃子（てこ）とした。つまり、自殺の二つの形態のみ残し、それを最高の威厳と最高の希望で飾り立て、他の一切の自殺形態を恐るべき仕方で禁止した。そこで、殉教と、禁欲苦行僧の緩慢な自殺が、許されたのである。

132番

キリスト教に反対。――今日、われわれが断固としてキリスト教に反対するのは、趣味がそうさせているのであり、もはや根拠を持ち出すまでもない。

133番

原則。――人類が繰り返し陥らざるをえない不可避の仮説は、（キリスト教の信仰のように）真でないものを信じる熱心きわまりない信仰より、長い目で見れば、やはりいっそう強力である。長い目で見れば、とはこの場合、十万年先を考えれば、ということである。

134番

犠牲者としてのペシミスト。——この世に生きることに対する根深い不快が蔓延する場合、それは、ある民族が長期にわたって食養生上の大いなる誤りを犯してきたことの余波だということが明らかとなる。たとえば、仏教の（成立ではなく）普及は、インド人が、ほとんどコメばかり食べてきたこと、そのせいで全般に気力がたるんで衰えてしまったことに、かなりの部分依存している。おそらく近代ヨーロッパ人の不平不満は、その前代である中世全体が、ヨーロッパにゲルマン的嗜好が浸透したおかげで、飲酒に耽ったことにもとづくと見てよい。つまり中世とは、ヨーロッパのアルコール中毒という意味なのである。——生に対するドイツ人の不快とは、本質的には冬の長患いであり、ドイツの家の中にこもっている地下室の空気や暖炉の毒気の影響もこれに含まれる。

135番

罪の由来。——罪は、キリスト教が現に支配的であるか、またはかつて支配的であったところでは、今日どこでも感じられている。その罪という発想は、ユダヤ的感情であり、ユダヤ人の発明なのである。一切のキリスト教道徳の背景にひそむこの罪の観念のことを考えると、事実、キリスト教は全世界を「ユダヤ化」しようと狙っている。キリスト教がヨーロッパでこれにどの程度まで成功したかは、古代ギリシア——罪の感情のない世界——が依然としてわれわれの感覚に催させる奇異さの程度と照らし合わせれば、一番しっくり感知できる。古代ギリシアに接近し、これを摂取同化しようと、あらゆる世代と多数の優秀な個人が倦むことなく努めた、その熱心さにもかかわらず。「汝が悔い改めるときにのみ、神は汝を赦し給う」——これは、ギリシア人にはお笑い草であり、腹立ちの種である。ギリシア人なら、「奴隷ならそう感じるだろうが」と言うだろう。ここで前提されているのは、圧倒的に力が強く、しかも復讐好きの、一個の強者である。この強者の力は非常に大きいので、名誉を傷つけられる以外には、いかなる危害を加えられることも総じてありえない。いかなる罪も、名誉毀損、つまり神の威厳を侵害する犯罪〔crimen laesae majestatis divinae〕であり——、それ以上ではないのだ。後悔して打ちひしがれること、面目を失い、辱めを受けること、屈辱にのたうち回ること——、これが、かの強者の恩寵に与（あずか）る最初にして最後の条件なのである。つまりそれこそが、彼の神々しい名誉の回復なのだ。罪と一緒に、そのほかの危害も作り出されるのではないか、疫病のように人間を次々と捕らえては絞め殺す、成長し続ける深刻な不幸が、罪と一緒に植え付けられるのではないか——、こういったことは、名誉欲旺盛なこの東方の天上的存在の頓着するところではない。罪は、この存在に対する犯行であって、人類に対する犯行ではないのだ。——彼が恩寵を贈ってやった相手に、彼は罪の自然的帰結に対する無頓着をも贈ってやる。神と人類はここでは非常に分け隔てられ、非常に対立させて考えられているので、根本においては、人類に対して罪を犯すということは総じてありえない。――いかなる行為も、その超自然的帰結に照らしてのみ考察されるべきであり、自然的帰結など気にしなくてよい。自然的なものの一切は、それ自体としては取るに足らないと感ずるユダヤ的感情が、そう欲するのである。これに対して、ギリシア人には、悪事も尊厳をもちうるという考えのほうが、なじみ深いものだった。――たとえば、プロメテウスのような盗みでさえそうであり、アイアスのように、嫉妬に猛り狂うあまり家畜を皆殺しにするという行ないでさえそうであった。ギリシア人は、悪事に尊厳をもたせ渾然一体とさせたいというやむにやまれぬ欲求から、悲劇を発明した。――この悲劇という芸術ならびに快は、最深の本質において、ユダヤ人には、ついに縁遠いものであった。ユダヤ人がいかに詩的天分に恵まれ、崇高なものへの傾向を具えていたにしても、そうである。

136番

選ばれた民族。――ユダヤ人は、数ある民族の中でも選ばれた民族である、という自負をもつ。しかもそれは、民族の中でも道徳的天才であるからである（他の民族と比べて、彼らが、おのれの内なる人間をいっそう深く軽蔑したという能力のおかげで）。――そういうユダヤ人が聖なる神的君主に対して抱く満足感は、フランスの貴族がルイ十四世に対して抱いた満足感と似ている。フランスの貴族は、自分たちの権力と独立心を奪われてしまい、みじめな存在になり下がった。このことを感じなくてすみ、また忘れることができるためには、国王の栄光が、並ぶものなき国王の権威と横溢する権力が必要であった。その王に拝謁できるのは貴族だけであった。この特権に応じて、宮廷の高位に昇り、そこからすべてを見下ろし、すべてを軽蔑して見下すことで、一切の良心の呵責から超然とすることができた。だから、国王権力の高楼を意図的にどんどん高く築いて雲上にまで聳(そび)えさせ、自分の権力の究極の礎石をそこに置いたのである。

137番

喩(たと)えて言うと。――イエス・キリストのような人は、ユダヤ的風景においてのみ現れることができた。――つまり、怒りの神エホバの陰鬱で荘厳な雷雲が絶えず垂れ込めていた風景においてのみ、という意味である。ここでのみ、昼でも夜のように暗い日が来る日も来る日も恐ろしげに打ち続くなか、突如まれに射し込んでくる一すじの陽光が、「愛」の奇蹟として、身に余るほど過分の「恩寵」の光として、感じられたのである。ここでのみ、キリストはおのれの虹を、つまり神が人間に降り下ってくる天国の梯子を、夢見ることができた。ほかの場所ではどこであろうと、晴天や太陽はあまりにもお決まりの日常としか見なされなかった。

138番

キリストの誤謬。――キリスト教の開祖は、人間にとってみずからの罪ほど悩みの種はない、と思った。――これはキリストの誤謬であった。自分には罪はないと感じ、罪の点で経験に欠けた者の誤謬だったのだ。だから、キリストの魂を満たした、あの不思議な空想上の憐れみは、罪の発明者たる彼の民族においてさえ、大きな苦しみとなることはめったになかったような苦しみに向けられていたのだ。――だがキリスト教徒は、自分たちの宗祖を事後的に正当化し、その誤謬を神聖化して、まんまと「真理」に仕立てた。

139番

情熱の色。――使徒パウロのような性質の者たちは、情熱を、邪なまなざしで見つめる。情熱について彼らが知っていることは、汚らしいもの、ゆがめるもの、胸を張り裂けさせるものだけである。――だから、彼らの理想的衝動がめざすのは、情熱を滅却することである。彼らが神的なものの中に見出すのは、情熱を祓い清められた完全な純粋さである。パウロやユダヤ人とはまったく異なり、ギリシア人は、彼らの理想的衝動を、まさしく情熱へと向け、情熱を、愛し、高め、金色に輝かせ、神格化した。明らかに彼らは、情熱に駆られているとき、ふだんよりも自分がいっそう幸福だと感じただけでなく、いっそう純粋で、いっそう神的だと感じもした。——では、キリスト教徒はどうか。彼らはこの点でユダヤ人になろうとしているのか。おそらくそうなってしまったのだろうか。

140番

あまりにユダヤ的。——神が愛されたいと欲するのであれば、神はまずもって審判と正義を放棄しなければならないだろう。——審判者は、慈悲深い審判者でさえ、愛されることはない。キリスト教の開祖は、この点で繊細な感受性を十分持ち合わせていなかった。——ユダヤ人だったから。

141番

あまりに東洋的。——えっ、人間が自分を信じてくれると前提したうえで、人間を愛し、この愛を信じない者には、恐ろしい目つきと脅しを投げつける神、だって？　えっ、全能の神に帰せられる感情でありながら、但し書き付きの愛、だって？　名誉心や神経質な復讐心を抑えられたためしのない愛、だって？　どれもこれもすべて、なんと東洋的であることか。「私が君を愛しているとして、それが君に何のかかわりがあろう」と言い放つだけで、もうキリスト教全体に対する十分な批判である。

142番

馨しい一品。——仏陀曰く、「君に施しを与える者に阿るな」。この箴言を、キリスト教の教会の中で、復唱されたい。——キリスト教的なものの一切の空気を、この箴言は、ただちに清浄にしてくれる。

143番

多神教の最大の効用。——個人が自分自身の理想を見定め、そこから自分の掟や喜びや権利を引き出す——ということは、従来、人間の迷誤の中でも最も途方もないもの、偶像崇拝そのものと見なされたであろう。事実、こういったことに挑んだ少数者は、つねに自分自身に対して何らかの弁明を必要とした。それはふつうこんな調子だった。「私じゃない、私じゃない。神らしきものが、私を通してそうしているだけだ」。神を創造するという摩訶不思議な芸術と才覚——多神教——においてこそ、この衝動は発散することを許されたのだし、純化され完成され高貴なものとなったのである。というのも、それはもともと卑俗で貧相な衝動だったし、強情、不服従、嫉妬の親戚だったのだから。理想を求めるこの衝動を敵視することこそ、かつてはあらゆる倫理の掟にほかならなかった。そこには、「人間なるもの」というただ一つの規範が存在するのみだった。——いかなる民族も、この唯一の究極的規範を所持していると信じていた。ところが、おのれの上、おのれの外に、はるか遠く上方の世界に、ひとは多数の規範を見てとることができるようになった。一個の神を持ち出したとしても、別の神を否認したり冒瀆したりすることではなくなったのだ。ここではじめてひとは個人を互いに認め合い、ここではじめて個人の権利を尊重するようになった。あらゆる種類の神や英雄や超人の発明は、同じくまた、人間並みの存在や人間以下の存在、つまり小人、妖精、ケンタウロス、サテュロス、鬼神、悪魔等々の発明は、個人の我欲と独立心を正当化するための、評価しきれないほどの予行演習だった。他の神々に対して一個の神に認めた自由を、最後にひとは掟や風習や隣人に対して自分自身に与えたからである。これに対して、一神教とは、唯一の規範的人間という教えに頑なにこだわった論理的帰結であり――つまり、唯一の規範的神を信ずることであり、その他にはせいぜいウソ偽りの神しか存在しない――、おそらく、これまでの人類の最大の危険であった。そこでは、われわれの知りうるかぎり、他の大多数の動物の類がとっくの昔に達してしまった、あの原始期の停滞状態が、人類を脅かしていた。そのような動物の類はすべて、類における唯一の規範的動物と理想とを信じて、風習の論理を最終的に血肉化して取り込んでしまったのである。多神教には、人間の自由な精神性と多様な精神性が、先行的に形成されてひそんでいた。新たな独自の眼を創造し、繰り返し新たな、いっそう独自の眼を創造する能力が、である。それゆえ、あらゆる動物の中で、人間にだけは、永遠の地平と遠近法といったものが存在しない。

144番

宗教戦争。――大衆の最大の進歩とは、今日まで、宗教戦争であった。というのも、宗教戦争とは、大衆が概念を畏敬の念をもって取り扱うことを始めたことの証明だからである。宗教戦争は、宗派間の対立論争が洗練の度を増すことによって、一般の人びとの理性も洗練されたとき、はじめて成立する。その結果、賤民でさえ、屁理屈をこねて穿鑿好きになり、瑣事を重大視するようになる。それどころか、「魂の永遠の救済」が諸概念の微細な違いに懸かっているということもありそうだと思うようになる。

145番

菜食主義者の危険。――主食にコメをあまりにも摂り過ぎると、阿片や麻薬を常用するはめになる。これは、主食にジャガイモをあまりにも摂り過ぎると、強い蒸留酒を常用するはめになるのと同じである。しかるに、コメの摂り過ぎは、もっと上等な余波として、麻薬的な働きをする思考や感情へ駆り立てもする。これと符合することだが、かのインドの説教者たちのような、麻薬的な考え方や感じ方の促進者は、まさに、純然たる精進料理の養生(ダイエット)を推奨して、大衆の掟に祭り上げたがる。そうして彼らは、自分たちが満足させてやれそうな欲求を大衆に呼び起こし、増大させようとするのである。

146番

ドイツの希望。――民族の名前というのは蔑称であるのが普通だということを、ゆめ忘れないようにしよう。たとえば、タタール人とは、名前からして「犬」のことである。中国人がそう命名したのである。「ドイツ人」とは、もともとは「異教徒」という意味である。ゴート人が、キリスト教に改宗したあと、改宗しなかった大多数の同系統民族のことを、そう呼んだ。これは七十人訳ギリシア語聖書の示唆するところである。その翻訳では、異教徒は、ギリシア語で「諸民族」を意味する言葉で表わされている。ウルフィラス〔紀元四世紀の西ゴートの司教。聖書をゴート語に翻訳した〕参照。――ドイツ人が、ヨーロッパ初の非キリスト教民族になることによって、古い蔑称をあとで尊称に変えてしまうことだって、依然ありうるだろう。その素質を高い程度で具えていることを、ショーペンハウアーはドイツ人の誇りとした。そのあかつきには、ルターの仕事が完成を迎えることだろう。非ローマ的であること、「ここに立っているのは、私だ。私には、そうする以外、不可能なのだ」と語ることをドイツ人に教えたルターの仕事が。

147番

一問一答。――今日、未開民族がヨーロッパから真っ先に受け取るものは何か。強い蒸留酒とキリスト教、つまりヨーロッパの麻薬だ。——では、未開民族が一番早く滅亡する原因は何か。——ヨーロッパの麻薬だ。

148番

宗教改革はどこで起こるか。——教会が大いに腐敗した時代、ドイツでは教会の腐敗は最も少なかった。だからこそ、ここドイツで宗教改革が起こったのである。それは、腐敗が始まりつつあったというだけで耐えがたく感じられた、ということのしるしだった。すなわち、比較しての話だが、ルターの時代のドイツ人以上にキリスト教的な民族は、かつて存在しなかった。ドイツのキリスト教文化は、あたかも、百重にも絢爛と花開こうとしていた。——わずかにあと一晩足りなかった。ちょうどその晩、嵐がやって来て、一切が終わってしまった。

149番

宗教改革の失敗。——ギリシアには、かなり初期の時代にも、相当高次の文化があった。その証拠に、ギリシアに新しい宗教を創設しようとした試みは、幾度となく挫折した。この事実は、すでに早くからギリシアには、さまざまな種類の個人が数多く存在したにちがいないこと、彼らの様々な種類の困苦は、信仰と希望のたった一つの癒し方では片づけられなくなっていたことの証拠である。ピュタゴラスとプラトンは、おそらくエンペドクレスも、さらには、ずっと昔のオルペウス教の熱狂的宗教家たちからしてすでに、新しい宗教を創設することをめざしていた。最初に挙げた二人は、真の宗教の開祖にもってこいの魂と才能を具えていたので、両人とも失敗したことは、いくら驚き怪しんでも足りないほどである。ピュタゴラスもプラトンも、教団を作り上げるにとどまった。ある民族全体の宗教改革が失敗し、教団だけが頭をもたげるときはいつでも、こう推論してよい。その民族は、すでに内的に多種多様となり、粗野な畜群本能や風習の倫理からみずからを解放し始めているのだ、と。この有意義な浮動状態は、風習の頽廃や腐敗だと誹謗されるのが普通である。だがじつは、この浮動状態こそ、卵が熟して卵殻が割れる寸前になっていることを告げるものなのである。ルターの宗教改革が北方で成功したことは、北方が南欧に比べて遅れており、ひどく単調で単色の欲求しか知らなかったことのしるしである。またそもそも、南方の古い世界の文化が、ゲルマン民族の野蛮な血の過度の混入によって徐々に野蛮化して文化的優位を失う、ということがなかったとすれば、ヨーロッパのキリスト教化など存在しなかっただろう。ある個人、または個人の思想が、全般的かつ無条件的に影響を及ぼしうるとすればするほど、その影響を被る側である大衆は、それだけ同質かつ低級であるにちがいない。これに対して、それに反抗する努力がなされるなら、自己をも満足させ貫徹させようとする内的な反抗的欲求が、そこにあることが分かる。逆に、強力で支配欲旺盛な性質の人間が、教団を作るだけというわずかな影響力しかもてない場合、その文化の水準の高さは本物だと、つねに推論してよい。このことは、個々の芸術や認識の領域にも当てはまる。支配がなされるところ、大衆が存する。大衆の存するところ、奴隷制への欲求が存する。奴隷制の存するところ、個人の数はわずかである。そしてこの少数者は、畜群本能と良心とに相対しているのである。

150番

聖人の批判のために。——ある徳を持つためには、はたして、その徳をわざわざ残忍このうえない形で持とうと欲しなければならないのだろうか。——キリスト教の聖人たちが、そう欲し、必要としたように。彼らの徳を目にすれば誰しも自分自身を軽蔑する感情に襲われる、という考えに支えられてのみ、彼らは生を耐え忍んだのである。だが私は、そのような効果をもつ徳を、残忍と呼ぶ。

151番

宗教の起源について。——形而上学的欲求こそ宗教の起源だ、というのがショーペンハウアーの願いだったが、それは事実ではない。むしろ形而上学的欲求は、宗教という伐木に生えた若枝にすぎない。ひとは、宗教思想の支配のもとで「別の（背後の、地下の、上空の）世界」という観念に慣れ親しんだので、この宗教的妄想が消え去ると、不愉快な空虚感と欠乏感をおぼえる。――そこで、こうした感情から、またぞろ「別の世界」が生じてくる。だが今度は、形而上学的世界にすぎず、もはや宗教的世界ではない。しかるに、太古の時代、「別の世界」を仮定するようにそもそも仕向けたのは、衝動や欲求ではなく、特定の自然現象の解釈における誤謬であり、知性の困惑であった。

152番

最大の変化。――万物の照明と色彩が変わってしまった。古代人が最も身近で最も頻繁にあることを、どう感じていたか、われわれにはもうさっぱり分からなくなっている。――たとえば、昼とか目覚めていることとかを、彼らはどう感じていたのだろう。古代人は夢を信じていたので、目覚めた生は別の光をおびていた。死とその意義とに照らし返された生の全体も、同様だった。われわれの「死」は、それとはまったく別の死なのである。一切の体験が別の光り方をしていた。というのも、体験からは、神らしきものが輝き現われていたからである。一切の決意や、はるかな未来の見通しも、同様だった。というのも、神託や、ひそかな目配せというものがあり、予言が信じられていたからである。「真理」は別様に感じられていた。というのも、頭のおかしい人が、かつては真理を宣べ伝える口と見なされていたからである。――われわれからすれば、ぞっとしたり嗤ったりしてしまうことだが。一切の不正が、感情に作用する仕方も、別様だった。というのも、恐れられたのは神の報復であって、たんに市民として処罰されて公民権を剝奪されることではなかったからである。悪魔やら神隠しやらが信じられていた時代に、喜びとはどんなものだったのだろう。鬼神が近くで待ち伏せしているのに遭遇した時代に、情熱とはどんなものだったのだろう。懐疑が、最も危険な種類の犯罪として、それも永遠の愛を汚す冒瀆として、およそ善きもの、高きもの、清らかなもの、慈悲深きものの一切に対する不信として感じられた時代に、哲学とはどんなものだったのか。――われわれは事物を新しい色で塗り、ひっきりなしに塗りたくっている。――だが、かの老巨匠の絢爛豪華さと比べて、われわれに当面いったい何ができるというのか。――老巨匠とは、古代の人類のことである。

153番

この人は詩人だ〔Homo Poeta〕。――「この悲劇中の悲劇を、出来上がっているところまでまったく手ずから書き上げてしまったこの私自身、道徳的葛藤の結び目をはじめて人生にまで結び入れ、神にしか解けないほど固く引き縛ったこの私――じっさい、ホラティウスの要求[*19]はこれだった――、そういう私自身が、ここ第四幕に至って、神々を皆殺しにしてしまった――道徳性ゆえに、だ。さて、第五幕はどうすればいいのか。どこかから悲劇的結末を今さら取ってくるのか。——喜劇的結末をつけることも、そろそろ考え始めなければならないのか」。

154番

人生の危うさにも違いあり。——君たちには、自分が何を体験しているか、まったく分かっていない。君たちは、酔っぱらいのように一生を駈け抜け、時おり階段を転げ落ちる。だが、君たちはその場合、酔っぱらっているおかげで、手足を挫(くじ)いたりはしない。君たちときたら、筋肉はすっかり萎え、頭は鈍すぎるので、君たちとは別種のわれわれのように階段の石を硬いとは感じないのだ。われわれにとって、人生はもっと危険が大きい。われわれはガラスで出来ていて壊れやすい。——われわれがぶつかり合ったりしたら、痛ましいことだ。われわれが転んだりしたら、万事休すだ。

155番

われわれに欠けているもの。——われわれ現代人は偉大な自然を愛しており、またそれを発見もした。これは、われわれの頭に偉大な人間が欠けていることから来る。ギリシア人は逆だった。彼らの自然感情は、われわれのものとは別物である。

156番

最も影響力のある人。——ある人がおのれの時代全体に抵抗し、時代を戸口で押しとどめ、時代に釈明を求めること、このことが影響を及ぼさないはずがないのだ。彼がそれを欲するかどうかは、どうでもよい。彼にそれができるということこそが、重要なのである。

157番

嘘をつくこと〔Mentiri〕。——気をつけろ。——あいつは考え込んでいる。じきに嘘をこしらえることだろう。どの民族も、この文化段階を経てきたのである。ローマ人が嘘をつくこと〔mentiri〕という語で表現したもの[*20]を、とくと考えてみるがいい。

158番

煩わしい性質。——万事を深く見てとること——これは煩わしい性質だ。そのおかげで、ひとはたえず眼を酷使して疲れさせ、そのあげく、望んでいた以上のものをつねに見てとるはめになる。

159番

どんな徳もふさわしい時代をもつ。――今日、不撓不屈の人は、みずからの正直さゆえにしばしば良心の呵責に苛まれる。というのも、不撓不屈とは、正直さとは別の時代の徳だからである。

160番

徳との付き合い方。――われわれは徳に対しても下品なゴマすり屋だったりする。

161番

時代の讃美者に。――脱走した僧侶と、釈放された囚人は、絶えず顔つきを繕おうとする。彼らが欲しているのは、過去のない顔つきである。――では、君たちはお目にかかったことがあるか。自分の顔つきに未来が映っていることを知っていながら、「時代」の讃美者たる君たちに対して礼儀をわきまえているがゆえに、未来のない顔つきを繕おうとする、そういった人間に。

162番

利己主義。――利己主義とは、遠近法的な感覚法則である。これによれば、近くのものは大きく、また重要に見える。だが、遠ざかるにつれて、すべての事物の大きさと重要度は減っていく。

163番

大勝利のあと。――大勝利における最良のことは、その勝利のおかげで勝者から敗北に対する恐れが取り除かれることである。「一度くらい負けたっていいじゃないか」――と勝者は自分に言い聞かせる。「今の私にはそれだけのゆとりがある」。

164番

休息を求める者たち。――休息を求める精神を見分けるうえで、私が基準にしているのは、その人がどんな種類の暗い事物を自分のまわりにたくさん置いているか、である。眠ろうとする人は、自分の部屋を暗くするか、どこかの洞窟にもぐり込むかする。――これは、自分がそもそも何を一番求めているかを知らず、しかもそれを知りたがっている者たちへの目配せだ。

165番

断念する者たちの幸福について。――何かを徹底して長期にわたって断つ人は、偶然それに再会すると、ほとんどそれを発見したかのように思う。――発見者は誰しも、どんなに幸福をおぼえることか。同じ日向(ひなた)にあまりにも長いあいだ寝そべっている蛇よりも、われわれは賢くありたい。

166番

いつもわれわれの仲間。――自然と歴史において、私の同類のものすべてが、私に話しかけ、私を褒め、前進させ、慰める――。それ以外のものは、私の耳には入らず、入っても私はすぐ忘れてしまう。われわれはいつでも、われわれの仲間とだけ一緒にいる。

167番

人間嫌いと愛。――人間にはもう飽きた、とわれわれが言うのは、人間をもうそれ以上消化できないのに、人間で胃が詰まってもたれてしまっているときだけである。人間嫌いとは、人間愛と「人喰い」の貪欲さが行き過ぎた結果なのだ。――ところで、牡蠣（カキ）を呑み込むように人間も呑み込むべし、と君に命じたのは誰だったかね、ハムレット王子よ。

168番

ある病人について。――「彼は具合が悪いのだ」――どこが悪いのか――「褒められたくてうずうずしているのに、その悶々とした思いを満たせないでいる」――理解に苦しむな。世間はこぞって彼を賛美しているし、丁重に扱っているばかりか、ちやほやしているではないか――「そのとおり。でも彼の耳は遠くて、称賛の声が聞こえないのだ。友達に褒められると、その人が自分で自分を褒めているように、彼には聞こえる。敵に褒められると、褒める見返りに褒められたがっているように、彼には聞こえる。しまいには、その他の、友でも敵でもない人に褒められると――そういう人の数はそれほど多くない、彼はそれほど有名なのだ――、あいつは敵にも友にもなろうとしなかったと、彼は屈辱感を味わう。彼の口癖はこうだ。「この私にさえ公平な評価を下すそぶりのできる人間など、私にはどうでもいい」」。

169番

公然たる敵。――敵に対して勇敢であるのは、ただそれだけのことだ。勇敢であっても、相変わらず臆病で優柔不断の暗愚であったりする。ナポレオンは、自分の知るかぎり「最も勇敢な人間」だったミュラに対して、そう判断した。――だとすれば逆に、こうも言える。公然たる敵は、少なからぬ人間にとって不可欠である、と。自分なりの徳、つまり男らしさと快活さに自分を高めるべし、という場合には。

170番

集団とともに。――これまで彼は集団とともに歩んできたし、集団の賛美者だった。だが、いつか集団の敵になる日が来ることだろう。というのも、彼が集団に従ってきたのは、そうすれば自分が怠惰でもやってゆけると当て込んでのことだったからである。集団は、彼にお誂(あつら)え向きなほど怠惰ではないこと、前進あるのみだということ、立ち止まるのを誰にも許さないことが、彼にはまだ分かっていないのだ。――彼は立ち止まるのが大好きなのに。

171番

名声。――ある人に対する多数の人びとの感謝の念が一切の恥じらいを投げ捨てるとき、名声が成り立つ。

172番

趣味のぶち壊し屋。——A「おまえは趣味のぶち壊し屋だ——あちこちでそういう噂だぞ」。[*21] B「確かにそうだ。誰であれ党派趣味をもっていれば、俺はそんなのは全部ぶっ壊す。——それを大目に見てくれる党派なんかない」。

173番

深くあることと深く見えること。——自分で深いことが分かっている者は、明晰さを手に入れようとする。集団から深いと見てもらいたい者は、薄暗さを手に入れようとする。なぜなら、集団というのは、底の見えないものなら何でも深いと思うからだ。集団は怖がり屋だから、水の中に入るのは嫌なのだ。

174番

脇に逸れると。——議会制とはつまり、政治上の五つの基本見解からどれかを選ぶことが公的に許されることである。そういう議会制がおべっかを使っている相手とは、自立した個人であると見られたがり、自分たちの見解のために戦いたがる多数派である。だが結局のところ、畜群が、ただ一つの見解を命じられようと、五つの見解を認められようと、どうでもいい話だ。——五つの世論をかわし、そこから脇に逸れて傍観を決め込む者は、いつも畜群全体を敵に回すはめになる。

175番

雄弁の才について。——これまで最も説得的な雄弁の才を有していたのは、誰か。太鼓の連打だ。それを意のままにできるかぎり、王たちは今なお最上の弁士であり大衆煽動家だからである。

176番

同情。——王侯君主はかわいそうだ。今では彼らの権利の一切が、いつのまにか要求に変わってしまった。この要求の一切は、じきに傲慢に響くだろう。彼らが「われわれ」とか「わが国民よ」とか言うだけでもう、意地悪な老ヨーロッパは、にやっと笑う。じつのところ、現代世界にかりに式部長官がいたとしても、王侯君主のために式典など執り行なわないだろう。おそらく長官はフランス語でこう布告することだろう。「君主は成り上がり者どもに列する〔les souverains rangent aux parvenus〕」。

177番

「教育制度」のために。——ドイツには、高等な人間のための大いなる教育手段が欠けている。つまり、高等な人たちの笑いが。ドイツでは、高等な人たちは笑わない。

178番

道徳的啓蒙のために。——ドイツ人に、彼らのメフィストフェレスをやめるよう、言い聞かせなければならない。加えて、彼らのファウストも、である。両者は、認識の価値に対する二つの道徳的偏見である。

179番

思想。——思想とは、われわれの感覚の影である——感覚よりますます暗くて、空虚で、単純な。

180番

自由精神のよき時代。――自由精神は、宗教のみならず学問に対しても、自由奔放な狼藉ぶりを発揮する。――世の人も、当面は彼らにそれを許す――、教会がまだ存続するかぎりは、だ。――してみると、自由精神は今日、よき時代を謳歌しているわけだ。

181番

従うことと先んずること。――A「二人のうち、一方はつねに従い、他方はつねに先んずる。運命が両人をどこへ連れていこうとも。とはいうものの、前者は後者に優っている、その徳と精神に従って、だ」。B「とはいうものの、とはいうものの、だって？　他の人たちにとってはそうかもしれないが、私にとって、つまりわれわれにとってはそうではないのだ。――むしろ、規則に従って生ずるのだ〔Fit secundum regulam〕」。

182番

孤独のうちでは。――一人で暮らしているとき、われわれはあまり大声では話さないし、あまり大声では書かない。うつろな反響を恐れるからだ――こだまという妖精（ニンフ）の批評を。――それに、孤独のうちでは、あらゆる声が別様に響くものだ。

183番

最良の未来の音楽。——思うに、第一級の音楽家とは、最も深い幸福のもつ悲しみだけを知っていて、それ以外の悲しみを知らない音楽家であろう。そのような音楽家は、これまで存在しなかった。

184番

司法。——身のまわりに案山子(かかし)を立てるくらいなら、盗まれるに任せたほうがよい——これが私の趣味だ。そして、これはいかなる場合でも趣味の問題であって、それ以上ではないのだ。

185番

貧乏。——彼は今、貧乏だ。だがそれは、彼がすべてを人から奪われたからではなく、彼がすべてを投げ捨てたからだ。——そんなことは彼には何ということもない。彼は見つけ出すことに慣れているのだから。——好き好んで貧乏になった彼のことを誤解する人たちこそ、貧乏人なのである。

186番

疚しい良心。——彼が今やっていることはどれも、行儀のよいきちんとした仕事である。——それなのに、彼は疚しい良心を感じている。というのも、きちんとしていることと正反対の、異常で非凡なことこそ、彼のなすべき任務だからである。

187番

侮辱的な披露の仕方。——この作家ときたら、着想は非常に優れているのに、それを披露する仕方が、私には侮辱的で気にさわる。ひどく冗漫で執拗だし、説得の手管にしても粗野でありすぎる。あたかも、賤民相手に喋っているかのようだ。彼の作品をたしなんでしばし過ごしたあとは、決まって「下劣な連中と一緒」にいる気がしてくる。

188番

労働。——われわれ現代人のうちで最もひまな人たちでも、労働と労働者のなんと近くにいることか。これがルイ十四世の時代だったら、「われわれはみな労働者だ」などと王侯貴族の間で言い出せば、冷笑的で不作法な言葉と見なされたことだろう。

189番

思索者。——彼は思索者だ。ということは、つまり彼は、物事を実際以上に単純に解することを心得ているということだ。

190番

褒める人たちに反対。——A「われわれは、自分と同類の人間にしか褒めてもらえないものなのさ」。B「そのとおり。だから、君を褒めてくれる人は、君にこう言っているのだ、「君は私と同類だね」って」。

191番

少なからぬ弁護に反対。——ある案件を傷つける最も陰険な仕方は、わざと的外れな理由で弁護してみせることである。

192番

善意の人びと。——善意の人びとは、顔つきからして親切があふれているものだが、そういう彼らが、ほかの人たちと違うのは、どういう点だろうか。彼らは、新人が現われると嬉しくなって、すぐ惚れ込んでしまう。そして、その人に親切にしてやり、「私はあの人が気に入った」と、真っ先にそう判断を下す。その後、彼らに相次いで生ずるのは、自分のものにしたいという願望であり（彼らが他人の価値に関してためらうことはまずない）、すばやく自分のものにしてしまうことであり、所有の喜びであり、所有物のことを思いやっての行為である。

193番

カントの機智。——カント[*22]は、「万人」を貶めるような仕方で、「万人」が正しいということを証明しようとした。——それが、彼の魂のひそかな機智であった。彼は学者に反対して、民衆の先入見に有利なことを書いたが、それは学者のためであり、民衆のためではなかった。

194番

「腹蔵のない人」。——どうやら、あの人はいつも、黙秘した理由にもとづいて行為しているらしい。いつもひとに言える理由を口にして、ほとんど隠し立てしていないから。

195番

お笑い草だ。——ほら、見てごらん。彼は人間たちから走り去っている。——なのに、人間たちは彼のあとを追ってくる。彼が自分たちの前を走っているからだ。——それほどまでに、人間は畜群なのだ。

196番

われわれの聴覚の限界。——自分に答えられる問いしか、われわれには聞こえない。[*23]

197番

だから用心せよ。——黙秘という約束の封印ほど、われわれが好んで他人に伝達するものはない——封印された中身も含めて。

198番

誇り高い人の腹立ち。——誇り高い人は、自分を前へ運んでくれる者たち、つまり自分を進捗させてくれる者たちにさえ、腹立ちをおぼえる。彼は、自分の馬車馬に陰険なまなざしを送る。

199番

気前のよさ。——気前のよさは、金持ちの場合、往々にして、気が小さいことの一種でしかない。

200番

笑うこと。——笑うとは、良心に疚(やま)しさをおぼえることなく、他人の不幸を喜ぶことである。

201番

喝采には。——喝采には、つねに一種の騒音がある。われわれが自分自身に送る喝采にさえ。

202番

浪費家。——金持ちには、自分の全財産を勘定し直してはまだ大丈夫と安心する手合いがいるものだが、そういう小金持ちの貧しさは、彼にはまだない。——彼がみずからの精神を浪費するさまたるや、自然という浪費婦人の無謀さそのものだ。

203番

こいつはクロだ〔Hic niger est〕。——彼は、ふつうは考えなしだ。——だが例外的に、よからぬ考えを思いつく。

204番

乞食と礼儀。――「呼び鈴の紐がない家の場合、ドアを石でドンドン叩いたって、べつに失礼ではない」。――乞食やあらゆる種類の困窮者はそう考える。だが、彼らの言い分が正しいとは誰も思わない。

205番

必要。――必要は、物事の発生の原因と見なされている。だが本当は、発生した物事の結果にすぎないことが多い。

206番

雨の日に。――雨が降っている。それで私は、貧しい人びとのことを思う。彼らは今、心配事をたくさん抱え、それを隠すたしなみも知らず、身を寄せ合っている。そして、誰しも他人を苦しめては、天気の悪い日でも、あさましい種類の快感を味わいたいものだと、無邪気に願っている。――これが、これこそが、貧しい人びとの貧しさなのだ。

207番

妬み屋。——あいつは妬み屋だから——、子どもなど作らせないほうがいい。子どもができたら、自分の子を妬ましく思うだろうから。ぼくはもう赤ん坊にはなれやしない、と。

208番

偉人といえど。——ある人が「偉人な男」であるからといって、その人が一人前の男だとただちに結論づけてはならない。ひょっとすると当人は、ただの男の子かもしれず、あるいは年齢に応じて化けるカメレオン、あるいは魔法をかけられて男の格好をしている女にすぎないかもしれない。

209番

根拠の問いたずね方。——われわれに自分自身の根拠を問いたずねる仕方のなかには、その仕方でたずねられると、われわれが自己の最良の根拠を忘れてしまうばかりでなく、根拠一般に対する反抗と反感が自分のうちに目覚めるのを感じてしまうものがある。——じつに人を愚昧にする問い方であり、まさに僭主的人間のやりくちというものだ。

210番

勤勉の限度。――自分の父親の勤勉ぶりを凌駕しようなどと思ってはならない。――病気になるだけだから。

211番

隠密の敵。――隠密の敵を自分に保持できること――これは、一種の贅沢であって、高邁な精神の持ち主でさえ、それに見合うだけの豊かな道徳性を持っていないのが普通である。

212番

欺かれないようにする。――彼の精神は、作法を心得ておらず、せっかちで、苛立っては言葉がつっかえてばかりだ。だから、彼が家でくつろいでいるとき、どれほど息が長く胸板の厚い心持ちであるかは、ほとんど誰も気づかない。

213番

幸福への道。――ある賢者が、ある馬鹿者に、幸福への道とはどういうものだろうか、と尋ねた。馬鹿者は、隣町へ行く道を訊かれた人のように、すかさず答えた。「自分で自分を褒めること、そして路上で暮らすことだね」。「待ってくれ」と賢者は叫んだ。「おまえの要求は多すぎる。自分で自分を褒めるだけで、もう充分ではないか」。馬鹿者は言い返した、「じゃあ、どうやって褒め続けられるのかな、馬鹿にし続けないで？」

214番

信仰は至福にする。[*24]――徳によって幸福と一種の至福をさずけられるのは、自分の徳を無邪気に信ずる人だけだ。――自己ならびに一切の徳に対して深い不信を抱くことにこそ徳の本領がある、もっと上等の魂は、その恩恵には浴さない。それゆえ、結局この場合でも、「信仰は至福に」するのだ。――よくよく言っておく、徳が、ではないのだ。

215番

理想と素材。――君は、ある高貴な理想を眼前に思い浮かべている。だが君は、君からそのような神像が造り出せるほど、それほど高貴な石材でもあるというのか。そうでないのなら――君の作業の一切は、野蛮な彫刻ではないか。君の理想の冒瀆ではないか。

216番

声のうえでの危険。――大声でがなり立ててばかりでは、繊細な事柄を考えることは、まずできない。

217番

原因と結果。――われわれは、結果以前には、結果以後とは別の原因を信じている。

218番

私の嫌いなもの。――影響力を発揮したい一心で、爆弾みたいに音を立てて破裂せずにはいられない人、だからその近くにいると聴力――またはそれ以上のもの――を突然失う危険がつねにある人、そういう人間が私は好きではない。

219番

刑罰の目的。――刑罰には、刑罰を行なう人を善くするという目的がある――これは、刑罰の擁護者にとっての最後の避難所である。

220番

生け贄。――生け贄にされる動物は、生け贄や犠牲に関して、見物人とは異なる思いを抱いている。だが、昔からひとは、彼らにその思いを語らせたことはなかった。

221番

労わり。――父親と息子は、母親と娘よりもずっと多く労わり合う。

222番

詩人と嘘つき。――詩人は嘘つきに自分の乳兄弟を認める。嘘つきという乳兄弟から乳を奪って飲んだのが詩人なのである。だから、詩人はいつになってもみじめで、疚しくない良心に至りつくということが決してない。

223番

感官の代用。――「われわれは、眼で聞くことだってできるのだよ」――耳が聞こえなくなった老聴聞僧は、そう言った。「だから、眼の見えない人たちのあいだでは、耳のいちばん長い者が王様なのだ」。

224番

動物の批判。――もしかすると動物は人間のことを、自分たちと同類の存在、しかも健全な動物知性、つまり動物の常識を最高度に危険な仕方で失ってしまった動物と見ているのではないか。――気の狂った動物、笑う動物、泣く動物、不幸な動物と。

225番

自然人。――「悪はいつも、それ自体で偉大な影響を発揮してきた。ところで、自然とは悪なのだ。それゆえ、われわれは自然のままでいよう」――偉大な影響を勝ちえようとする人間は、心中ひそかにそう推論する。じっさい、彼らは偉人に数えられることがあまりに多かった。

226番

疑り深い人びとと、文体。——自分の力量を信じてくれる人間が周りにいる場合には、われわれはどんなに強力な事柄でも飾り気なくあっさり語る。——そのような周りの状況は、「あっさりした単純な文体」を教えてくれる。疑り深い人びとは、力をこめて強調して語る。疑り深い人びとは、強調法を身につけるようになる。

227番

誤った見立て、誤った射立て。——彼は自制するということができない。そこで、あの女は彼を虜(とりこ)にするのはたやすいだろうと推論し、彼めがけて捕り縄を投げる。——その哀れな女は、たちまち彼の奴隷になるだろう。

228番

仲裁者に反対して。――二人の断固たる思想家を仲裁しようとする者は、凡庸という烙印を押される。彼は一回的なものを見てとる眼を持ちあわせていない。似たり寄ったりのものを見るとか、同じものに仕立てるとかいったことは、眼力の弱さのしるしである。

229番

意地と忠実。――彼は、自分に見通すことのできた事柄に、意地になってしがみついている。――しかるに、彼はそれを、「忠実」と呼ぶ。

230番

寡黙の欠如。――彼の全存在が、どうも説得的でない――というのも、彼は自分の行なった善行を黙っていたためしがないからだ。

231番

自称「徹底的」に考える人。――認識するのが遅々として進まない人は、認識というのは遅々として進まないものだと思っている。

232番

夢見ること。——われわれは全然夢を見ないか、面白い夢を見るかのどちらかだ。——目覚めているときも、どちらかであることを学ばなくてはならない。——全然目覚めていないか、面白く目覚めているかの。

233番

最も危険な観点。——今まさに私がしたりしなかったりすることは、これから、やって来る、ものの一切にとって、過去に起こった最大の出来事と同じくらい重要である。結果本位のこの途方もない遠近法においては、一切の行為が大きくも小さくも見える。

234番

ある音楽家の慰めの言葉。——「おまえの人生は、人びとの耳には響かない。彼らからすれば、おまえは声なき人生を送っている。メロディーがどんなに洗練されていても、後続したり先行したりする決心がどんなに繊細でも、彼らには隠されたままだ。なるほど、おまえは軍楽隊を引き連れて大通りを行進したりはしない。——しかし、だからといって、このお人好したちに、おまえの素行には音楽が欠けているなどと言う権利はない。聞く耳をもつ者は聞くがよい」。

235番

精神と性格。——性格のほうが当人の絶頂をきわめてしまい、精神のほうはこの高みにはまるで届かない、という人が少なくない。——また、その逆の人も少なくない。

236番

集団を動かすには。——集団を動かそうとする者は、自分自身の俳優でなければならないのではないか。まずもって自分自身をグロテスクなまでに明々白々たる存在に仕立て上げ、自分の人柄と事柄をそっくりこの粗雑化と単純化のままに披露してみせねばならないのではないか。

237番

慇懃な人。——「彼はとても慇懃だ」——そう、彼は冥府の番犬ケルベロスをなだめる菓子をいつも携えては、君にしろ私にしろ、誰もがケルベロスだと思うほど怯(おび)えきっている。——これが、彼の「慇懃さ」なのである。

238番

嫉妬なく。——彼には嫉妬というものがまるでない。[*25] だがこの場合、それは彼の手柄ではない。というのも、彼が征服しようとしている土地は、誰もまだ所有したことがなく、ほとんど誰も見たことすらない土地だからである。

239番

楽しまない人。——たった一人、楽しまない人間がいれば、それだけでもう一つの家庭全体をたえず不機嫌にし、曇天に覆わせるのに十分である。しかも、そうした家族が一人もいないというのは、奇蹟によるものでしかありえないのだ。——幸福とは、なかなかそうは伝染しない病気である。——どうしてそうなのだろうか。

240番

海辺に。――自分の家を建てることなど、私にはよもやあるまい（持ち家所有者などには決してならないことは、私の幸福に必要ですらあるのだ）。だが、かりにどうしても建てなければならないとしたら、私は、少なからぬ古代ローマ人のように、海に張り出した家を海辺に建てるだろう。――この美しい怪物と、幾ばくかの秘事をとにかく共有したいからだ。

241番

作品と芸術家。――この芸術家は、名誉欲が旺盛で、それ以上の何物でもない。結局のところ、彼の作品とは、彼に目を向けてくれる人なら誰にでも彼が提供してやる一種の拡大鏡にすぎない。

242番

各人にその人のものを〔Suum cuique〕。――私は、認識の所有欲がいかに大きくとも、すでに私のものであるもの以外の何物も、事物から取り出すことはできない。――他人の所有物は、当の事物に残されたままである。一人前の人間が泥棒か強盗だなどということが、どうしてありえようか。

243番

「良い」と「悪い」の起源。——改良することを考え出すのは、「これは良くない」と感じることのできる者だけである。

244番

思想と言葉。——われわれは自分の思想さえ完全に言葉に再現することはできない。

245番

選んで褒めること。——芸術家は自分の材料を選びぬく。それが彼の褒め方なのである。

246番

数学。——われわれは、数学の精緻さと厳密さを、すべての科学のうちへ、とにかく可能なかぎり押し込もうとする。それは、われわれがこの方途で事物を認識することになると信じてではなく、それによって事物とわれわれ人間との関係を*査定する*ためである。数学とは、普遍的で究極的な人間的認識の手段にすぎない。

247番

習慣。——およそ習慣なるものは、われわれの手を機智あふれるものにし、われわれの機智を手際の悪いものにする。

248番

書物。——いかなる書物も超えた彼方へわれわれを連れ去ることが全然ないような書物に、何の意味があろう。

249番

認識者のため息。——「ああ、わが所有欲ときたら。この魂には、無私無欲のかけらも住んでいない。——住んでいるのはむしろ、あらゆるものに欲情をおぼえる一個の自己だ。それは、多くの個人を通じて見ているのに、さながら自分の眼を通じて見るがごとく、自分の手で摑むがごとくでありたいと思っている。——過去の全体すら取り戻そうとするこの自己は、自分のものになりそうなものなら何一つ失うまいと思っている。ああ、わが所有欲の炎ときたら。ああ、百通りの存在に生まれ変われたなら」。——経験からしてこのため息が分からない者には、認識者の情熱も分からない。

250番

罪。——魔女裁判では、どんなに明敏な裁判官であろうと、魔法使いには罪があると確信していた。それどころか、魔女自身でさえそう信じていた。ところが、実際はそんな罪など存在しなかった。同じことが、あらゆる罪に関して当てはまる。

251番

誤認された苦悩者。——偉大な本性の持ち主は、その崇拝者が想像するのとは別の仕方で苦悩する。彼らが最も苛酷に苦悩するのは、おりおりの悪しき瞬間に狭い了見で下品にも激昂してしまうからであり、要は、自分自身の偉大さに対する疑いゆえであって、——彼らの使命そのものが彼らに要求してくる犠牲や殉教ゆえではない。プロメテウス自身は幸福であり、人間のために犠牲となるかぎりでは、人間に対して同情を抱き、偉大である。だが、ゼウスに嫉妬し、死すべき人間たちがゼウスに誓う忠誠に嫉妬するとき、——そのときにこそ、プロメテウスは苦悩するのだ。

252番

借りたほうがまし。——「われわれの肖像が彫られていない硬貨なんかで支払うくらいなら、借りたままのほうがまだましだ」——われわれの独立自尊心は、そう欲する。

253番

いつもわが家に。——いつしかわれわれは、みずからの目標に達し——、今となっては、われわれはそこまで至るためにどんな長旅をしてきたか、得意げにまくし立てる。だが本当は、われわれは旅をしていると気づいていなかった。われわれが、かくも遠くまで来ることができたのは、むしろ、どこにいてもわが家にいるものと思い込んでいたからなのである。

254番

周章狼狽に反して。——いつも仕事に没頭して忙しくしている人は、一切の周章狼狽を超越している。

255番

模倣者。――A「えっ、君は模倣者が欲しくないのか」。B「欲しくないね、誰かが私に追随して何かを真似てみせるなんて。私が欲するのは、誰もが自分自身に何かを率先してみせることだよ。つまり、私がやっていることと同じことだね」。A「へえ、だとすると――」。

256番

表皮性。――深さをもつ人間はみな、いつか飛び魚のようになって波のいちばん尖端で戯れることに、至福をおぼえる。彼らが事物のうちで極上のものとして評価するのは――、事物が表面をもっていることであり、つまり事物の表皮性――この表現を許されよ〔sit venia verbo〕――である。

257番

経験から。――自分がどれだけ豊かであるか、分かっていない人が少なくない。自分の持ち物が、どんなに豊かな人をも泥棒にしてしまうことを経験するまでは。

258番

偶然の否定者。——偶然を信じて勝利する者は、誰もいない。

259番

楽園（パラダイス）**から。**——「善悪など神の偏見さ」——と蛇は言った。

260番

一掛ける一は。[*26]——一人だといつまでも正しくない。ところが、二人だと真理が始まる。——一人だと証明できない。ところが、二人だともう反駁できなくなる。

261番

独創性。——独創性とは何か。いまだ名前をもたず、名づけることのできないもの、だが、じつは万人の眼前にあるものを、見てとることである。人の世の常として、名前を付けられてはじめて事物は人間にそもそも見えるようになる。——独創的な人は、たいていは名付け親でもあった。

262番

永遠の相の下に〔Sub specie aeterni〕。——A「君は、生者たちからますます急速に遠ざかっている。やがて君は、生者の名簿から抹消されるだろう」。——B「それこそが、死者の特権に与るための唯一の手段なのだ」。——A「どんな特権に？」——B「もはや死ぬことはないという特権に、だ」。

263番

虚栄なしに。——愛するとき、われわれは自分の欠点を隠し通そうとする——虚栄からではなく、愛する相手を苦しませたくないからである。それどころか、愛する者は自分を神のように見せたいと思う——これまた、虚栄からではなく。

264番

われわれのすること。——われわれのすることは、決して理解されず、いつもせいぜい賞讃されるか非難されるかである。

265番

究極の懐疑。――結局のところ、人間の真理とはいったい何か。――それは、人間の反駁不可能な誤謬である。

266番

残酷さが必要な場合。――偉大さを有する者は、自分の器量と思量のうち二級のものに対しては残酷である。

267番

偉大な目標があれば。――偉大な目標があれば、ひとは自分の行為や裁判官のみならず、正義すら圧倒する。

268番

何が英雄たらしめるのか。——みずからの最高の苦悩と最高の希望に向かって同時に進むことが。

269番

おまえは何を信ずるか。——万物の重さが新しく決定されなければならないということを。

270番

おまえの良心は何と告げるか。——「おまえは、おまえが在るところのものに成るべきだ」と。

271番

おまえの最大の危険はどこにあるか。——同情に。

272番

おまえは他人のどこを愛するか。——私の希望を。

273番

おまえはどういう人間を下劣だと言うのか。——いつも恥ずかしい思いをさせようとする人間を。

274番

おまえにとって最も人間的なことは何か。——誰かに恥をかかせないこと。

275番

自由が達成されたことを示すしるしとは何か。——もはや自分自身に恥じないこと。

第四巻　聖なる一月〔Sanctus Januarius〕

おまえは、燃えさかる炎の槍で、
わが魂の凍てつく氷を、破砕する。
そこで、わが魂は、今や立ち騒ぎつつ、
至高の希望の大海に向かって急ぐ。
いよいよ朗らかに、いよいよ健やかに、
こよなく愛にみちた必然のうちで自由に——
だから、わが魂はおまえの奇蹟を讃えよう、
いと麗しの一月よ。

一八八二年一月　ジェノヴァにて

276番

新年にあたって。——まだ私は生きている、まだ私は考える。すなわち、我在り、私はまだ生きてゆかねばならない、なぜなら私はまだ考えなければならないから。我在り、故に我思う〔Sum, ergo cogito〕、すなわち、我思う、故に我在り〔cogito, ergo sum〕。元旦の今日は、誰もが自分の願望と最愛の思想を口に出すことを、お互いに許す日だ。だから、私も言うことにしよう。今日私が本心から何を願ったかを。そして、いかなる思想が今年初めて私の胸中をよぎったかを。——いかなる思想が、これからの私の全生涯の根拠、保証、甘味となるべきかを、だ。私がますます学びたいのは、何ごとにつけ必然的なものを、美しいものとして見てとることである。——かくして私は、何ごとも美しくする人たちの一人となる。運命愛〔amor fati〕、それがこれからは、私の愛であれ。醜いものに戦いを挑むのはやめよう。告発するのはやめよう。告発者を告発するのも絶対やめよう。目をそむけること、それが私の唯一の否定であれ。総括して言えば、いつの日か私は、然りを言う者にひたすらなりたいのだ。

277番

人格的な神の摂理。——人生にはそれなりの絶頂というものがある。われわれがどんなに自由をそなえていても、また、存在しているものが示す美しき混沌には、善意をもって万物を思いやる理性など認めまいとどんなに思っても、かの絶頂に到達したあかつきには、われわれは、精神的自由を奪われる最大の危険にもう一度晒され、われわれの最も重大な試練に耐えねばならなくなる。すなわちそのときこそ、人格的な神の摂理という考えが、このうえなく強烈な威力をもってわれわれの前に初めて立ちはだかり、実地検証という最良の弁護者を味方につけるのだ。われわれの目にするありとあらゆる物事が、たえずわれわれにとって最善になるということ、このことが今や手に取るようにわれわれに明らかになる以上は。人生は日々刻々、つねにこの命題のみをあらためて証明することに専心しているように見える。天気が良くても悪くても、友人を喪っても、病気になっても、誹謗されても、手紙の返信がやって来なくても、足をねんざしても、店の中が目に入っても、反論を受けても、本を開いても、夢を見ても、欺かれても、万事そうである。つまり、どれもただちに、または直後にたちまち、「欠けてはならなかった」ものとして立証されるのであり、——一切が、ほかならぬわれわれにとって深い意味と効用に満ちているのだ。エピクロスの神々、つまり、かの思いやりなき見知らぬ神々への信仰を破棄し、思いやり深くも料簡の狭い神的存在を信じるということほど、危険な誘惑があろうか。その神的存在ときたら、われわれの頭髪の一本一本まで個人的にお見通しの人格者で、どんなにみじめな奉仕作業でもつゆ厭わないほどである。ところで——にもかかわらず、私はこう思うのだ。神々の邪魔はしないようにしよう、と。それに世話焼きの精霊たちの邪魔も。そして、もろもろの出来事を解釈し配置するわれわれ自身の実践的かつ理論的な手腕が、今や絶頂に達したのだと想定することで満足することにしよう。また、われわれの知恵のこうした手先の器用さを、あまり偉そうに思わないようにしよう。たとえ、われわれのあやつる楽器が奏でる不思議なハーモニーが、時にはわれわれをひどく驚かせるとしても。じっさいそのハーモニーは、それがわれわれ自身の所産だと信じきるには、あまりに霊妙に響く。事実、そこここでわれわれの伴奏をしてくれている者が、一人いる——愛すべき偶然が。その伴奏者は、時おりわれわれの指揮もしてくれる。どんなに全知全能の神の摂理であろうと、われわれの愚かな手がそのときやり遂げられる以上に美しい音楽を考え出すことはできそうにない。

278番

死の思想。——巷のこの喧噪のただなかに生き、猥雑な欲求と人声のただなかで暮らすことは、私にとって憂鬱な幸福である。どれほど多くの満悦、焦慮、欲情が、どれほど多くの渇望の生と酩酊の生が、一瞬一瞬、白日のもとに晒されることか。騒々しく、生き生きと生き、生きることに貪欲な、彼らすべての身に、しかし、やがて静寂が訪れるのだ。誰にでもその背後には、当人の影が、暗黒の道連れが寄り添っているではないか。それはいつも、さながら移民船が出航する間際の瞬間のようである。人びとは普段よりも饒舌に語り合わずにはいられない。時が迫り、大洋とその荒涼たる沈黙は、一切の騒音の背後でしびれを切らして待っている――うずうずしながら、獲物をしかと見定めて。そして、誰もがみな思うのだ。来し方は無でしかない、あるいは無に等しい、近い将来こそすべてだ、と。だからこそ、この阿鼻叫喚やら、どなり合って何も聞こえなくなるこの誤魔化し合いやらが生ずるのだ。誰もが近い将来、第一人者になりたいと思う。――だが所詮、死と死の静寂こそが、その近い将来に関して唯一確かなこと、万人に共通のことなのだ。このただ一つの確実性と共通性が、人間たちにほとんど何も手出しができないこと、そして、彼らが自分は死と兄弟みたいだと感じることから限りなく遠く隔たっていることは、何と奇妙なことか。人間たちが死の思想をまるで考えようとしないことを見てとるのは、私には幸せなことだ。生の思想を彼らにとってさらに百倍も考えるに値するものにするために、ひとかどのことを成し遂げたいものだと私は思う。

279番

星の友情。――われわれはかつて友人であった。ところが疎遠になってしまった。だがそれは当然であり、われわれはそのことを、恥ずべきことであるかように隠し立てしたり曖昧にしたりしようとは思わない。われわれは、おのおの自分の目的地と航路とをもっている二隻(せき)の船なのである。ひょっとすると、われわれが再び相まみえて、昔やったように一緒に祝祭をあげることだってあるかもしれない。――そうしたときには、勇ましい二隻の船は、一つの港に一つの太陽を浴びて安らかに横たわり、さながら、どちらもすでに目的地に着き、同じ目的地を目指していたかのように見えたことだろう。しかしやがて、われわれの任務の全能の力は、再びわれわれを別れさせ、別々の海と別々の日照地帯へと追いやったのだ。おそらく、もう二度と再会することはないだろう。――あるいは、たとえ再会したとしても、おそらく、お互い見分けがつかないことだろう。別々の海と太陽とが、われわれを別物に変えてしまったのだ。互いに疎遠にならなければならないのは、われわれを支配する法則なのである。まさにそれゆえにこそ、われわれは互いにいっそう畏敬に値する者ともなるべきなのだ。まさにそれゆえにこそ、われわれの過ぎし日の友情の思い出はいっそう聖なるものとなるべきなのだ。われわれのじつにさまざまな航路や目的地がささやかな行程としてそのなかに包含されるような、途方もない不可視の曲線を描く一つの星辰軌道が、きっと存在するのである。――こうした考えにまで、われわれはお互いを高め合うことにしよう。だが、かの崇高な可能性という意味で友人以上の存在になりうるには、われわれの人生はあまりに短く、われわれの視力はあまりに乏しい。――だから、われわれは、われわれの星の友情が存在すると信じることにしよう。たとえわれわれが、地上ではお互い敵とならざるをえないとしても。

280番

認識者の建築。――現代の大都市にとりわけ欠けているものは何か。そういう洞察が、いつか、きっと早晩、必要となろう。じっくりものを考えるにふさわしい、静かで、広くて、ゆったりした造りの場所。天井の高い、長く続く廊下をそなえていて、天気の悪い日や日差しの強すぎる日にも好都合の場所。車の騒音や呼び売りの声もそこには届かず、僧侶すらエチケットに鋭敏になって、声高に祈禱するのを差し控えざるをえなくなるほどの場所。つまり、引きこもって自己省察にはげむことの崇高さが全体として表現されている建物と設備だ。じっくりものを考えることを教会が独占していた時代は、もう終わった。かつては、観想的生〔vita contemplativa〕とは、つねにまずもって宗教的生〔vita religiosa〕でなければならなかった。教会が建てたあらゆる建物には、そういった思想が表現されている。教会建築がたとえ教会のものであるという規定を脱ぎ捨てたとしても、われわれがその建物に満足させられるかは定かでない。その建物は、やはり神の家、あの世的な交わりの宮殿である以上、われわれ神を失った者たちがそこでわれわれの思想にふけるには、あまりに悲壮で囚われた言葉を語るからである。そうした会堂や庭園を歩くとき、われわれは、わが身を石や植物に変じてしまいたくなるし、自分自身の内部を散歩したくなる。

281番

有終の美。――第一級の巨匠は、作品の大小にかかわらず、完全な仕方で終わらせる仕方を心得ており、だからおのずと第一級だと分かるものである。メロディーの終わりであれ、思想の終わりであれ、悲劇の最終第五幕であれ、政治活動の終幕であれ、そうである。これが、二等のなかでの上等の部類だと、終わりにさしかかるといつも落ち着かなくなり、堂々と落ち着きはらった均斉さのうちで海へ下ってゆくということがない。たとえば、ポルト・フィーノの山脈は、第一級の巨匠よろしくそんなふうに海へ下ってゆき――、その山並みの尽きるジェノヴァ湾が最終メロディーを歌い上げる、といった趣である。

282番

歩調。――偉大な精神でありながら、賤民もしくは半賤民の出身であることを漏洩（ろうえい）してしまう精神の表われ方というものがある。――とりわけ漏洩者となるのは、彼らの思想の歩調や足どりだ。彼らはそもそも歩くということができない。ナポレオンでさえ、戴冠式の大行列やそれに類した儀式のように、何としても歩き方を心得ていなければならないときに、王侯らしく「正統王位継承者然〔legitim〕」と歩くことができず、そのことに彼自身、ほとほと嫌気がさしていた。そういう儀式のときでさえ、ナポレオンはいつも兵隊の縦列の指揮官でしかなかった——誇らしげなのにせかせかして、その歩調を自分でもひどく気にしながら。——襞のついた当世風の衣裳をまとっては衣ずれの音をやかましく立てている、この作家連中の光景には、嗤うべきものがある。彼らは、歩けない自分の足を隠そうとする。つまり、ゴテゴテした美文調を書き連ねては、脚韻も踏めない詩心のなさを隠そうと必死なのだ。[*27]

283番

用意の整った人間。——より男性的な時代、つまり戦闘的な時代の始まりを示すどんな兆候も、私は歓迎したい。その時代は、とりわけ勇敢さを栄誉ある地位に復帰させることだろう。というのも、その時代は、いっそう高次の時代に道を拓き、この高次の時代がいつか必要とすることになる力を結集するはずだからである。——この高次の時代には、認識のうちに英雄主義が持ち込まれ、思想とその帰結のために戦争が行なわれるのである。そのためには、さしあたって、用意の整った勇敢な人間が多数必要である。だが彼らにしても、無から生ずることはありえず——、今日の文明や大都会文化の砂塵や粘液から生ずることもありえない。黙々と、孤独に、決意して、目立たぬ活動に絶えず励んで満ち足りることを心得ている人間。万物に内心では愛着を覚えながら、万物のうちに克服すべきものを探し求めている人間。快活さ、我慢、素直さ、そして大仰な虚栄心に対する軽蔑を、勝利における太っ腹や、敗者に付きものの些細な虚栄心を大目に見る寛大さと同様に、身につけている人間。どんな勝者に対しても、またどんな勝利や栄光にも偶然が与っていることに関しても、鋭敏で自由な判断を下すことのできる人間。自分の祝日と自分の仕事日と自分の服喪期間をさだめ、しかと命令することに慣れていながら、必要とあらば服従する用意もあり、命令するにも服従するにも一事が万事わが事に仕えるように誇らしくふるまう人間。要するに、人一倍危険に晒された人間、人一倍実り豊かな人間、人一倍幸福な人間が必要なのだ。なぜというに、私の言うことを信じよ——人生の最良の豊穣と極上の享楽を穫り入れるための秘訣とは、危険に生きることだからだ。ヴェスヴィオ山に君たちの町を築け。未知の海に君たちの船を送り出せ。君たちと同等の者たちとの、そして君たち自身との、戦争に生きよ。支配者にして所有者でありえないかぎりは、強奪者にして侵略者たれ、君たち認識者よ。臆病な鹿のように森に隠れて生きることが、君たちに安んじて許されていた時代は、もうじき終わるのだ。認識はいよいよ、みずからが受けるに値するものに手を伸ばすことだろう。——認識は、支配し所有することを欲することだろう。認識をそなえた君たちも、そうなのだ。

284番

自分自身を信じること。——自分自身を信じる人間は、総じて少ない。——その少数の自信家のなかには、精神が都合よく目を眩まされたり精神の一部が曇らされたりしたおかげで、自信を手に入れる者もいれば――（彼らが自分自身の心の底まで見ることができたとしたら、何を覗き見ることだろうか）、自信をまずもってみずから獲得しなければならない者もいる。後者の人びとのなす善いこと、有能なこと、偉大なことはすべて、まず第一に、彼らのなかに住んでいる懐疑家に反駁するための論拠なのである。肝腎なのは、この懐疑家を納得させること、あるいは説得することだからである。そのためには天才が必要だといえるほどである。彼らは大いなる自己不満家なのだ。

285番

もっと高く〔Excelsior!〕。――「おまえは、もう決して祈らないだろう。もう決して崇拝しないだろう。際限なく信頼を寄せることにもう決して安住しないだろう。――究極の知恵、究極の善意、究極の権力の前に立ち止まり、自分の思想の馬具を外して休ませることを、おまえは断念するのだ。――おまえの七つの孤独を絶えず見張ってくれるような友は、おまえにはいない。――山頂に雪をいただき、地底に灼熱をひめた山脈への眺望などもたずに、おまえは生きるのだ。おまえには、最終的に手を下す報復者も矯正者も、もはやいない――現に起こっていることに、もはや道理などなく、おまえの身に今後起こるであろうことに、もはや愛などない。――もはや求める必要がなく、見出すだけでよいような安息の場所など、おまえの胸中にもう残されてはいない。おまえは究極の平和といった代物には抵抗する。おまえは戦争と平和の永遠回帰を欲する。――諦めの人よ、おまえは万事につけ諦めることを欲するのか。そのための力を、誰がお前に与えることになるのだろうか。いまだ誰一人そんな力をもっていなかったというのに、だ」。――ある日、流れ出ることを断念してしまった湖がある。湖水がこれまで流れ出ていたところに、堰が築かれたのである。それ以来、湖の水位はどんどん高くなっている。おそらくは、かの諦めこそが、諦めそれ自体を持ちこたえるだけの力をも、われわれに授けてくれるのだろう。おそらく人間は、何らかの神のうちへと漏れ出ることがもはやなくなるその時から、どんどん高く昇っていくのだろう。

286番

幕間の一言。――ここには希望がある。だが、君たちは希望について何を見、聞くというのか。君たち自身の魂のうちで、光沢と灼熱と曙光を体験したことがなかったならば。私にできるのは思い出させることだけ――それ以上はムリだ。岩を動かし、動物を人間に変えること――君たちはそれを私に求めるのか。やれやれ、君たちがまだ岩や動物であるのなら、まずは君たちのオルペウスを探すがいい。

287番

盲目ゆえの悦び。――「私の思想は」と、放浪者はその影に言った、「私が今どこに立っているか、を私に告げるべきだ。だが、これから私がどこへ行くかを洩らすべきではない。定かならぬ未来を、私は愛する。約束されたことを待ちきれず、前もって味見してしまって破滅するなどというのは、ごめんだ」。

288番

高揚した気分。――思うに、たいていの人間は、高揚した気分というものがあるとはそもそも信じない。たとえあるとしても、瞬間的か、あるいはせいぜい十五分間しか続かないと思っている。――高揚した感情がそれよりは長く続くことを経験から知っている、あのわずかな人びとを除いて。じつに、極めつけの高揚した感情に襲われ、ただ一つの大いなる気分の権化となった人間――これは従来、魅惑的な可能性ではあったにしても、所詮、夢でしかなかった。歴史上、そのような人間の典型を見出すことはできない。にもかかわらず、そのような人間だって生まれることがあるかもしれない――今のところ幸運のきわみの偶然でも寄せ集めることのできない多数の好都合な前提条件が、創造され確定されている場合には。従来なら、時おりわれわれの魂に入り込んできては、戦慄を伴って感受された例外事例が、おそらくこの未来の魂にとっては、普通の状態になることだろう。すなわち、高みと深みのあいだを絶えず行き来する運動が、高みと深みから発する感情が、階段を駈け上ってゆくと同時に雲の上で安らうかのごとき不断の気分が。

289番

船に乗れ。――自分なりの生き方、考え方を哲学的に全体として正当化することが、各個人にいかに影響を及ぼすか――すなわち、太陽が暖かくし、祝福し、実りをもたらし、ことさら各人を明るく照らすように。そうした正当化が、いかに毀誉褒貶から自由にし、自足させ、豊かにし、幸福と善意を惜しみなく贈るようにさせるか。いかに悪を善に間断なく作り変え、あらゆる力を開花、成熟させるか、悲嘆や不機嫌が大小の雑草となって繁るのを抑えるか。――そうつくづく考えてみると、ついには次のような要求の声を上げたくなる。だったら、そのような新しい太陽がもっとたくさん創造されたらいいのに。悪人だって、不幸な者だって、例外人間だって、自分の哲学を、彼らなりの権利を、自分の太陽の輝きをもつべきなのだ。そういった連中に同情など必要ない――そんな高慢な思いつきを習ったことなど忘れなくてはならない。たとえ、ほかならぬこの思いつきをこれまで人類がえんえんと学習し、練習してきたとしてもだ。――懺悔聴聞僧も、降霊術師も、罪の赦し係も、くだんの連中にはあてがってやらなくていい。そんなものより必要なのは、新しい正義だ。新しい合言葉だ。新しい哲学者だ。道徳版の大地だって丸いのだ。この道徳的地球にも対蹠(たいせき)人がいるのだ。彼ら対蹠人にも生存権というものがあるのだ。発見されるべき世界がまだほかにある——一つではなく、数多くだ。船に乗れ、君たち哲学者よ。

290番

一事が必要。——自分の性格に「様式(スタイル)をもたせること」——は、偉大で希少な芸術だ。この芸術を使いこなせる者は、自分の自然本性にそなわる力や弱さが生み出すものをすべて見通したうえで、それを何らかの芸術計画に組み入れ、ついには、そのどれもが芸術や理性として現われ、弱さすら人の目を惹きつける魅力となるようにしてしまう。こちらには、第二の自然が大量に投入されており、あちらでは、第一の自然が部分的に撤去されている——どちらも、積年の修練と日々の労苦が傾けられてきたおかげである。こちらには、撤去されないで残っている醜いものが秘め隠されており、あちらでは、それが改釈され、崇高なものに仕立てられている。曖昧で、形を与えることに逆らう多くのものは、遠景用にとっておかれ、活用されている——無限に遠い彼方へ目配せを送るようにと。作品が完成したあかつきには、大小長短すべてを支配し形成しているのは、同一の趣味による強制だったということが、ついに明らかとなる。その趣味が良いか悪いかは、ひとが思うほど重要ではない——ただ一つの趣味であれば、それで充分なのだ。そういった強制のなかで、つまり自分自身の法則のもとでのそういった束縛と完成のなかで、最高級の喜びを享受できるのは、支配欲に満ちた力強い本性の持ち主であろう。彼らの暴力的意欲の情熱が鎮められるのは、およそ何であれ様式化された自然本性、つまり征服され奉仕する自然を目にしたときである。彼らが宮殿を建て、庭園を造らねばならないときでも、自然を自由にしておくことは彼らの趣味に反する。——逆に、様式の束縛をいやがるのは、自分自身を支配できない弱い性格の持ち主である。彼らはひどくいやな強制を課されると、そのもとで自分がどうしても下賤になってしまうのを感じる。——彼らは、奉仕するやいなや奴隷になってしまうので、奉仕することをいやがるのだ。そのような精神は——第一級の精神かもしれない——自分自身と自分の環境を、自由な——野生的で、勝手気ままで、空想的で、無秩序で、突飛な——自然として、形成したり解釈したりすることを、つねに心がけている。彼らがそうしたがるのは、そうであってこそ自分自身を喜ばせるからだ。というのも、一事が必要だからである。すなわち、人間が自己満足に到達するということが。これは、あれこれの詩や芸術を通してでもよろしい。ともかく人間は、そういうときだけは、見るに耐える代物となる。自分に満足していないときは、その恨みを晴らそうと、絶えず身構えている。われわれ他の者は、その犠牲になるだろう。われわれが醜い光景につねに耐えねばならない、という意味での犠牲だけだとしても。というのも、醜いものの光景に接すると、気分を害したり憂鬱になったりするから。

291番

ジェノヴァ。——この町を、その一つ一つの邸宅や遊歩庭園を、また住宅の建ち並ぶ丘陵や斜面の広々とした一帯を、長いこと眺めたあげく、ついに私はこう言わざるをえない。過ぎ去った時代の人びとの顔つきが、私には見える——この地方には独立不羈の人間たちの肖像が一面に散らばっている、と。彼らは生きた、そして永生を得ようとした——このことを彼らは、かりそめの時間ではなく何百年もの間持ちこたえるように建てられ飾られた彼らの家でもって、私に語ってくれる。彼らは生きることが好きだった、お互いちょくちょくどんなにひどく憎み合ったとしても。建設する者の姿がいつも私には見える。まわり一面を遠くから近くまで取り囲んでいるすべての建物のうえに、また同様に町、海、そして山の稜線のうえにも、その建設者が眺めやりつつ佇んでいるのが。眺めやりつつ彼が、暴力に訴え、征服を行なっているさまが。この町をそっくり自分自身の計画に組み込み、しまいには自分の所有財産にすることを、そのために町全体が自分の財産の一部と化すようにと、彼は欲する。この地方全体には、所有欲と獲得欲の豪壮にして飽くことなき我欲が一面に繋っている。こうした人びとは、遠方にあっては、どこまでも限りなく先へ進んで、新しいものを求める渇望を胸に、旧世界の向こうを張って新世界を置き据えた。それと同じく、故郷の町にあっても、懲りずに誰もがお互い反目し合ったし、自己の優越性を誇示して自分と隣人のあいだに人格上の無限な隔たりを置く仕方を競ってあみ出した。各人が故郷の町をもう一度独り占めしようとして、建築上の自分の考えで町を制圧しては、いわば自分の家の目の保養になるように作り変えてしまった。北方では、町の建築の仕方を眺めるとき、法則が、そして合法則性と服従のもたらす共通一般の悦びが、感銘を与える。そこでは、すべての建築者の魂を支配してしまっているにちがいない内面的な平等化と順応化が察知される。ところが、ここジェノヴァでは、どの角を曲がっても君が見出すのは、海と冒険と東方を知っている一個の独立した人間である。法則や隣人を退屈の一種であるかのように嫌い、すでに基礎を固められた古いものの一切を嫉妬の眼差しでじろじろ見つめる一個の人間である。彼は見事までにずる賢い想像力を働かせて、それら一切を少なくとも思想の中でもう一度基礎づけ直そうとし、その上へ自分の手を差しのべ、その中に自分の心を差し入れようとする――たとえそれが、彼の飽くことを知らぬ憂愁の魂がひとまず満足をおぼえるような、そして自分のものしか彼の目に現われず他人のものはもはや現われなくてすむような、陽光いっぱいの午後の一瞬のことだけだとしても。

292番

道徳の説教者に。――私は道徳を説こうとは思わないし、それをする人たちには、こう忠告する。君たちが、最善の事物と状態から一切の栄誉と価値を最終的に奪い取ろうという魂胆なら、これまで通り、それらを口にし続けるがいい。それらを君たちの道徳の最高位に置いて、徳の幸福だとか魂の平安だとか、正義やら自業自得やらを、朝から晩まで説き続けるがいい。君たちがせっせと励めば、それだけこれら善き事物は揃ってめでたく通俗性と巷(ちまた)の拍手喝采を博すというものだ。だがそうすれば、それらの表面を覆っていた金もみな擦り減ってしまうだろう。のみならず、それらのなかに含まれていた金もそっくり鉛に変じてしまうだろう。まことに、君たちは錬金術と反対の術に長けている。最高度に価値あるものから価値を剝奪する術に、だ。さあ、それとは別の処方をお試しあれ、これまでみたいに君たちの求めるものと反対のものを手にすることのないように。かの善き事物を否認するがいい。それらを、賤民の拍手とか安易な流通とかに曝されないようにし、ふたたび孤独な魂の秘密の羞恥心とするがいい。道徳とは禁断の何かなのだと言うがいい。そうすればおそらく君たちは、これらの事物に向いた種類の人間を獲得するだろうし、そういう人間だけが頼みの綱なのである。私の言っているのは、英雄的な人びとのことである。だがその場合、なんだか恐ろしいものがまとわりついてくるに違いない。これまでみたいに吐き気を催すものなんかではなくて、だ。今日われわれは、道徳に関してマイスター・エックハルトのように言ってみたくはないか――「願わくば、神が私からいなくなってくれますように」。

293番

われわれの大気。――われわれはよく知っている。ほんの散歩のときのように、学問をちらっと覗いてみるといった、ご婦人方、あるいは遺憾ながら、多くの芸術家たち、そういった素人風情にとって、学問に身を捧げることの厳しさ、事の大小を問わぬその情け容赦のなさ、考量し判断し宣告するそのすばやさには、めまいと恐怖を吹きこむ何かがある、ということを。なかでもそういう人を驚愕させるのは、ここ学問においては、極度の難事が要求され、最善が尽くされ、それでいて、これといった褒賞も顕彰もなく、かえって、ほとんど叱責ときつい譴責だけが軍隊然と声高に響くのが実情だ、という点である。――うまくやるのが規則、しくじるのは例外、というわけで、ここでもどこでも、規則はだんまりを決めこんでいる。こうした「学問の厳しさ」は、最高の上流社会の礼儀作法と事情は同じである。――つまり門外漢には驚愕の的なのだ。だが、それに慣れた者は、別の場所に住みたいとは思わない。澄んで、澄みきった、強力で、強烈に電気をおびたこの大気、この男性的な大気のなか以外には。ほかのどんな場所も、彼にとって充分清浄でも清涼でもない。彼は邪推するのだ。あちらでは、自分のどんなに優れた技術でさえ、誰にも正しく役立ててもらえず、自分自身にとっても喜びとならぬのではないか、と。数々の誤解に曝され、自分の半生をそっくり取り逃がしてしまうのではないか、と。多大な用心、多大な隠蔽、多大な自制が、絶えず必要なのではないか――ただただ膨大でムダな力の損失だ、と。こちらの厳しくも明るい元素[*28]の中でこそ、本領発揮というものだ。なにしろ、この大気中では飛べるのだ。なのに、地表を覆う濁った水たまりに、何ゆえふたたび降り立たねばならぬというのか。水中では、泳いだり歩いて渡ったりしなければならず、自分の翼は変色してしまうというのに、だ。——いや、水中はわれわれが生きるには、あまりに重くて辛すぎる。われわれにどうすることができようか。光線の恋がたきであるわれわれが、大気のため、純粋な大気のために生まれてきたということ、われわれが光線と同じく、エーテルの微粒子に乗って、しかも光線とは逆に、太陽から発してでなく太陽のほうへ向かって、天翔けたくてならぬということ、このことは、われわれにはどうしようもないことなのだ。——だから、われわれにできる唯一のことを、われわれは成し遂げることにしよう。地上に光をもたらすこと、「大地の光」となることを、だ。そしてそのために、われわれには翼がそなわり、すばやさと厳しさがそなわっている。だからこそ、われわれは男性的なのであり、火のように恐ろしげでさえあるのだ。われわれに触れて自分も暖かくなり明るくなるすべを知らない連中は、われわれを恐れるがいい。

294番

自然の誹謗者に反対して。——あらゆる自然的傾向を病気、歪曲するもの、それどころか恥ずべきものだとすぐに決めつける人間は、私には不愉快だ。——こういう連中はわれわれをそそのかして、人間の傾向や衝動は邪悪なのだという考えに至らせる。彼らこそ、われわれの自然本性に対する、いや一切の自然本性に対する、われわれの大いなる不正の原因にほかならない。優雅かつ無頓着に衝動に身をゆだねてもかまわない人間は、けっこういる。ところが彼らがそうしないのは、自然のあの「邪悪な本質」といった想像物に対する不安からなのだ。その結果、人間たちのあいだに高貴さはほとんど見られないというありさまとなる。高貴さのしるしというのは、いつだってこうであろう。つまり、自分に恐れを抱かないこと。みずからに恥ずべきものがあるとは一切思わないこと。われわれの気分の赴くままに、ためらわずに飛ぶこと――生まれつき自由な鳥たるわれわれの気分の赴くままに、だ。どこへ飛んでいこうと、われわれの周りはいつだって自由と陽光に満ちていることだろう。

295番

つかのまの習慣。――私が好きなのは、つかのまの習慣だ。それは、多くの事象や状態と知り合いになり酸いも甘いもかみ分ける境地に達するための、計り知れないほど貴重な手段だと思うからである。私の本性はまったく、つかのまの習慣向きにできている。その肉体的健康の必要すらそうだし、管見の及ぶかぎり、低次のものから最高級のものまで、総じてそうである。これこれの習慣なら、さては私を長らく満足させてくれるだろうと、私は信じてやまない――つかのまの習慣であろうと、あの情熱的信仰を、永遠に変わりはしないという信仰を、もっているものなのだ――、そういった習慣を発見し認識してしまったことを、私は羨ましがられたっておかしくない。――今やそれは、昼となく夜となく私の糧となり、私の周りにも私の内にも深い満足感を行き渡らせる。だから私は、別物を求めるということがなく、比較したり軽蔑したり憎悪したりする必要もない。そんなある日、来たるべき時が来た。良きことが私から去ってゆく。今となっては私に吐き気を催させる何かとしてではなく——、平和裡に、私が満ち足りたのと同じく向こうも満ち足りて。あたかも、われわれはお互い感謝せざるをえず、別れ際に手を差しのべて律儀に挨拶を交わすかのように。するともう、新しい習慣が戸口で待っている。この新参者こそ正しいもの、究極的に正しいものだ、とする私の信仰——頑固な愚か者にして賢者だ——も、である。こんな調子で私は、料理、思想、人間、町、詩、音楽、学説、日常茶飯事、生き方と付き合っている。——これに対して、私が嫌いなのは、長続きする習慣だ。僭主が私に近寄ってきた気がするからである。いろいろ出来事が起こり、長続きする習慣がそこから必然的に生じたかのように思えると、私の生活の空気が重苦しくなったような気がしてしまう。たとえば、宮仕えをするとか、同じ人間といつもずっと一緒にいるとか、同じ家に住み続けるとか、比類なき健康を保つとか、そういった場合には。それどころか私は、およそ自分が貧乏で病弱であることや、どうあがいても自分に欠けていることすべてに——、心の奥底から感謝したいと思う。なぜなら、そういった不安定要素は、長続きする習慣からこっそり逃れ出るための百の裏口を用意してくれるからである。——ただし、私にとって何にもまして耐えがたいもの、真に恐るべきものがあるとすれば、それは、一生涯まるっきり習慣のない生活、のべつまくなしに即興演奏を要求される生活であろう。——これぞ私の流刑、私のシベリア行きに違いない。

296番

定評。――定評はかつて、このうえなく有用なことであった。社会が依然として畜群本能に支配されている場合には、個々人にとって今でもなお、自分の性格や仕事を不変だと思ってもらうのが、いちばん得策なのである――じつは不変でもなんでもないときでさえ。「彼なら信用できる、いつも変わらない人だから」――これは、社会が危険な状態にあるときはつねに、最も重みのある褒め言葉である。信頼のおける道具が、ある人の場合は徳に、別の人間の場合は野心に、さらに別の人の場合は熟慮と情熱に、といった具合に、いつでも使えるように確保できていれば、社会は満足感をおぼえる。――社会が称賛するのは、このような道具的本性なのだ。つまり、このように自己にあくまで忠実であること、物の見方や努力、それどころか悪徳の点で変わるところがないことに、最高の名誉が授けられるのである。そういった評価が、今なお至るところで風習の倫理と共存繁栄しているし、これまでもずっとそうだった。この評価のおかげで、あれこれの「性格」がしつけられる一方で、およそ取り替えたり、考えを変えたり、身を変じたりすることは総じて悪評にまみれる。ところで、こういったことは、他の場合にはこの考え方の利点がどんなに大きかろうと、ともかく認識にとっては最も有害な種類の一般的判断である。というのも、認識者の善き意志とは、自分の従来の意見にいかなる時でも怯むことなく反対表明をすることであり、自分のうちで固定されようとしている一切のものに対して総じて不審の念を抱くことなのだが、ほかでもない、その善き意志が、ここでは有罪判決を受け、悪評にまみれてしまうからである。「定評」と矛盾することも辞さない認識者の心意気が不名誉なことと見なされる一方で、物の見方の凝り固まってしまった連中が一切の名誉をほしいままにする。——そういった価値観の呪縛のもとで、今日なおわれわれは生きていかねばならないのだ。何千年も前からの判断を、自分と反対のもの、自分を包囲するものと感じてしまうとき、生はどんなに辛いことか。たぶん、何千年にもわたって認識は疚しい良心に取り憑かれてきたし、最も偉大な精神たちの歴史には、数多くの自己軽蔑と秘められた悲惨が存したにちがいない。

297番

矛盾を犯す力。——矛盾に耐える力が高等な文化の印であることなら、今日誰でも知っている。のみならず、自分と矛盾するものを望み、呼び起こし、かくして自分がそれまで知らなかった不正についての示唆を手に入れるのが高等な人間だということを、知っている人だっている。しかるに、矛盾を犯す力は、つまり、慣れ親しんだものとか、先祖伝来のものとか、神聖視されてきたものとかを敵にまわしながら、良心の疚しさをおぼえない境地に達すること——これこそは、前二者より以上のこと、われわれの文化の真に偉大な、新しい、驚嘆すべきこと、自由になった精神のあらゆる歩み中の歩みにほかならない。このことを誰が知っていよう。——

298番

ため息。——私は道すがら、この洞察をさっと攫んで、それを取り押さえるための最寄りの拙劣な言葉をそそくさと見つけて、私からもう二度と飛び去らないようにした。ところが獲物は、このろくでもない言葉にやられて死んでしまい、その言葉に引っかかってぶら下がり、ゆらゆら揺れている。——それを眺めると、この鳥を捕まえたとき自分がどうしてあんなに幸福になれたのか、もうさっぱり分からなくなる。

299番

芸術家から何を見習うべきか。——事物を、実際はそうでないのに、美しく、魅力的で、望ましいものにするには、どんなやり方があるだろうか。——思うに、事物はそれ自体では全然美しくなんかないのだ。ここでわれわれは、医者から何かしら学べることがある。たとえば、苦味を薄めるとか、調合瓶にお酒や砂糖を混ぜるとか。しかし、芸術家から学べることのほうがもっと多い。芸術家は本来、そういった創意工夫や手品芸当をあみ出すことに、絶えず狙いを定めているからである。事物から遠ざかって、その多くの面をもはや見ないようにしたり、多くの別物を添えて見ざるをえなくして、どうにか見られるようにするとか、——あるいは、事物の隅のあたりや、切れ端みたいなところを見るとか、——あるいは、事物を部分的に置き移して、遠近法的に見渡すしかないように配置するとか、——あるいは、色メガネをかけて見たり、夕焼けの光のなかで眺めたりするとか、——あるいは、完全に透明ではない表面や表皮で被ってしまうとか。われわれは、これらすべてを芸術家から見習うべきであり、おまけに、彼らよりも賢くあらねばならない。というのも、ふつう芸術家の場合、芸術が終わって生活が始まれば、彼らの精緻な力量も終わるが、われわれは、われわれの生の詩人であろうとするからだ。しかも、どこまでも些細で日常このうえない事柄において、まっさきに。

300番

科学の前奏曲。——かりに魔術師、錬金術師、占星術師、魔女が、科学に先行して現われなかったとすれば、科学が発生し成長したと君たちはいったい信じられるだろうか。彼ら先行者たちは、約束したりまことしやかに見せかけたりすることで、あれこれの隠された禁断の力を求める渇き、飢え、よき味覚をあらたに創造したにちがいないのだ。それどころか、認識の国でそもそも何ごとかを叶えるためには、いつか叶えることのできる限界を無限に超えたことを約束しなければならないのではないか。——科学のこの手の前奏曲や予行演習がそれとして習われたり感じられたりしたことは当時まったくなかったが、それが今日のわれわれの目に映じているのと同じありさまで、はるか後代の人びとの目には、おそらく宗教の総体が練習曲や前奏曲に見えることだろう。おそらく宗教は、少数の人間がいつか神のごとき完全な自己充足と自己救済の力すべてを享受しうるための奇妙な手段であった、ということになるかもしれない。いやそれどころか――こう問うてみればよい――、いったい人間はそもそも、かの宗教的な修練や前歴なくして、自分に随って飢えや渇きを感じとり自分から満足感や充実感を手に入れるすべを学ぶことができただろうか。プロメテウスは、光を盗んだとまずもって妄想し、その償いをしなければならなかったのではないか――、その結果、彼が発見したのは、自分が光を渇望することによって光を創造したこと、そして人間のみならず神もまた、彼の手によって手中の粘土から造られた作品であったこと、このことだったのではないか。一切は造形作家の造形作品にすぎないのではないか。――妄想、盗み、コーカサス山脈、禿鷲、そしてあらゆる認識者のプロメテウス的悲劇の全体がそうであるのと同様に。

301番

観想的人間の妄想。――高級な人間が低級な人間と区別されるのは、彼らが言い尽くせないほど多くを見、聞くこと、そして考えながら見、聞くことである。――まさにこの点によって人間は動物と、上等な動物は下等な動物と区別される。世界は、人間性の頂点にまで成長してゆく人間にとって、ますます豊かなものになる。彼に向かって関心の釣り針はいよいよよ多く投じられる。彼の受ける刺激の量はたえず増大し、彼の感じる快と不快の種類も同様となる。——高等な人間はますます幸福になると同時に、いよいよ不幸になる。だがそのさい、ある妄想が、彼のたえざる同伴者であり続ける。彼は、自分は人生という大いなる演劇と音楽の前へと観客および聞き手として立たされているのだ、と思う。彼は自分の本性を観想的と呼ぶが、そのさい、自分自身が人生を創作する真の詩人かつ終身詩人でもあることには気づかない。——自分がもちろんこのドラマの俳優、つまりいわゆる行為する人間と非常に異なっている一方で、舞台の前に座っているたんなる観衆や来賓とはいっそう異なっていることには気づかない。詩人である彼には、たしかに観想する力〔vis contemplativa〕ならびに自分の作品を振り返って眺めるまなざしが具わっているが、それとともに何よりもまず、行為する人間には欠けている創造する力〔vis creativa〕が具わっている。見た目にどう映り、一般世間でどう信じ込まれ、喧伝されようとも。思考しつつ感覚する人間であるわれわれは、いまだ存在していない何かを、つまり評価、色、重さ、遠近法、位階、肯定と否定からなる永遠に成長してやまない世界全体を、現実かつ不断に作り出す者なのだ。われわれのこしらえた創作はたえず、いわゆる実践的人間（上記のわれわれの俳優）によって諳んじられ、稽古をつけられ、生身の現実性に、いな、日常性に翻案される。今日の世界でまがりなりにも価値をもつものは、それ自体、その本性からして価値をもつのではなく——本性つまり自然とはつねに無価値である——、かつてひとがそれに何らかの価値を与え、贈ったのである。われわれこそ、その価値を与え、贈った者にほかならない。われわれがはじめて、人間にともかくも係わりのあるこの世界を創造したのだ。——ところが、まさにこの知がわれわれには欠けている。われわれが咄嗟の瞬間にそれを摑んだとしても、次の瞬間にはもう忘れている。われわれは、自分自身の最高の力を見損なっており、自分たち観想的人間のことを一段階低く評価している。——われわれは、われわれがそうであってもいいほどには誇り高くもなければ幸福でもない。

302番

最も幸福な人間にとっての危険。——繊細な感覚と繊細な趣味をもっていること。いつもの程よい食事と同じように精神の選りぬきの特上のごちそうに慣れ親しんでいること。力強く大胆で向こう見ずな魂を享受すること。落ち着いた眼としっかりした足どりを持し、極限的事態に立ち向かうときにもお祭りに臨むときのようにつねに泰然として、未発見の世界や海洋、人間や神々に対するあこがれをいっぱい抱いて、人生を渉ってゆくこと。おそらく、そこではあたかも勇者や兵士や船乗りがつかのまの憩いと悦びを楽しむかのように、あらゆる陽気な音楽に耳を傾けては、最深の享受の瞬間、幸福な人間の涙だとか丸ごとの深紅の憂鬱だとかにほだされること。これらすべてが、ほかならぬ自分自身の所有物、自分自身の状態であったならと、そう願わない者があろうか。これこそがホメロスの幸福だったのだ。つまり、ギリシア人に彼らの神々を——いな、自分自身に自分の神々を創作した者の状態だったのだ。だが、われわれは自分に隠し事はすまい。こうしたホメロスの幸福を心に抱くとき、われわれは日の下で最も苦悩に襲われやすい生き物でもあるのだ。そして、この傷つきやすさという対価を払ってのみ、われわれは存在という名の波濤がこれまで岸辺に打ちあげた最も高価な貝殻を手に入れるのだ。その貝殻の所有者であるわれわれは、苦痛に関していよいよ繊細になり、あげくは繊細になりすぎるほどである。結局のところ、ホメロスの人生を台無しにするには、ちっぽけな不機嫌と吐き気だけで十分だった。彼は、若い猟師たちに持ちかけられた馬鹿げた小さな謎を解くことができなかったのだ。[*29] そう、ちっぽけな謎こそ、最も幸福な人間にとっての危険なのだ。

303番

二人の幸福者。——まことに、この人間は、若いにもかかわらず、人生の即興演奏を心得ており、どんな鋭敏な観察者でも驚嘆させられる。——というのも、彼はこのうえなく大胆な演奏をもうずっと試みているのに、見たところ、しくじるということがないからである。それで連想されるのは、かの即興に長けた音楽の巨匠たちのことだ。聴衆のほうも、そういう巨匠たちの手腕は、神がかり的な無謬性を誇っているのだと信じたがる。とはいえ、どんな人間も人間である以上は間違うことがあるように、巨匠だってときには弾きそこねることはある。だが、彼らは手慣れているし創意に富んでいるので、いついかなる瞬間にも用意ができている。つまり、指のうごきや気分でほんの偶然奏でてしまった音を、ただちに主題のまとまりのなかへ組み入れ、偶然のうちに美しい意味と魂を吹き込む、そういった用意ができているのだ。——これとまったく別の人間がいる。彼が欲し計画を立てる一切のことが、結局は失敗に終わる。おりにふれて彼が心底こだわっていたものが、彼を奈落の底へ陥れ、破滅のほんの一歩手前まで追いやったことも、もう何度かあった。彼がなんとか逃れたとしても、「ひどい目に遭わずにすんだ」どころの騒ぎではなかったのはたしかだ。彼がそのことで不幸になったと、君たちは思うだろうか。自分の願いごとや計画をそんなに重大視すまいと、彼はとっくに心に決めている。「こちらが成功しなくとも」と、彼は自分に言い聞かせる、「あちらがきっと成功するさ。全体としてぼくは、なにほどかの成功に対してよりも、自分の失敗に対して、いっそう感謝する義務があるのかもしれない。ぼくは雄牛の角が生えているほど頑固にできているのかな。ぼくにとって人生の価値や成果は、別のところにある。ぼくの誇りも惨めさも、別のところにある。ぼくが人生を人一倍知っているのは、生命を失うほどの目に何度も遭ったからさ。だからこそ、ぼくは君たちの誰よりも多くを人生から得ているのだ」。

304番

われわれは為すことによって諦める。——「これはするな、断念せよ、自分に打ち克て」

と説く道徳のたぐいはすべて、結局のところ、私には気に食わない。――これに対して、私が好きなのは、何かを為せ、繰り返し為せ、朝から晩まで為せ、寝ているときは夢に見よ、そして、それを立派に為すことだけを、ほかならぬ私一人にできるかぎり立派に為すことだけを、ひたすら考えよと、そう私をせき立てる道徳のほうだ。このように生きる者からは、そのように生きるのにふさわしくないことどもが、順番に次々と脱落していく。彼は、今日はこれが、明日はあれが、別れを告げて自分から去ってゆくのを、憎しみも反発もおぼえることなく眺める。あたかも、黄色くなった葉が風のそよぐたびにさらわれて木から落ちてゆくように。あるいは、それが別れを告げる様子を、彼は眺めることすらしない。それほど厳しいまなざしで、彼は自分の目標を見つめている。側方でも後方でも下方でもなく、前方ばかりを。「われわれが何を諦めるかを決定するのは、われわれの行為であるべきだ。われわれは為すことによって諦める」――これが私には気に入っているのであり、私のお気に入り〔placitum〕なのだ。しかし、私の眼の黒いうちは、私はおめおめ落ちぶれたりはしない。消極的な徳など、全部願い下げだ――その本質が否定と自己放棄そのものであるような徳などは。

305番

自制心。――自己を力ずくで抑え込めと、のべつまくなしに人間に訓諭する道徳の先生方は、それによって、ある特有の病気を人間にまき散らす。すなわち、どんな自然的刺激や傾向にもいつも過敏になり、いわば一種のむずがゆさをおぼえる、という病気を、である。そうなってからというもの、当人にぶつかり、当人を引きつけ、おびき寄せ、駆りたてるもの、それは内からであったり外からであったりするが――ともあれ、そういった刺激によって、自分の自制心が今や危険に陥っているかのように、過敏になった彼にはつねに思えてしまう。つまり、いかなる本能、いかなる自由な羽ばたきにも、彼はもはや身を委ねることが許されず、何も寄せつけないようにしていつも身構え、鋭く疑り深い眼つきで、自分自身に対しても武装している。彼は、自己という城塞の永遠の見張り役に、自分で自分を任命したのだった。そう、それによって彼は偉大になれるのだ。だが、今や彼は、他の人びとにとってどんなに耐えがたい存在になり下がったことか。彼自身にとってどんなに重苦しい存在になり下がったことか。魂のこよなく美しき偶然のかずかずから断ち切られて、どんなに貧相な存在になり下がったことか。それどころか、それ以外のあらゆる教訓からも、彼は断ち切られているのだ。というのも、われわれ自身ではない物事から何かを学びとろうと欲するなら、ときには自己を失うことができなくてはならないからである。

306番

ストア派とエピクロス派。――エピクロス派は、極度に敏感な自分の知的性質に適した状態や人間、それに出来事をも選び出す。それ以外の物事——すなわち、大部分の物事——を彼は放棄するが、なぜかといえば、彼にとっては刺激が強すぎて胃にもたれる料理になってしまうからである。対するに、ストア派は、石ころや虫けら、ガラスの破片、サソリなどを呑み込んでも、吐き気を催さずにいられるように、修行を積んでいる。彼の胃は、最終的には、この世に生きることの偶然が彼に注ぎ込む一切の事柄に対して無関心でいられなければならない。——ストア派は、アルジェで見かけられるアサウアのアラブ宗派を連想させる。鈍感な彼らと同じく、ストア派もまた、観客を招待しては好んで自分の鈍感さ加減を見世物にする。これぞまさしくエピクロス派の慎むところである。——なにしろエピクロス派には自分の「園」があるからだ。運命にそのつど翻弄される人間にとって、つまり横暴な時代に生き、突飛で移り気な人たちに左右されて暮らす者たちにとって、ストア主義は非常に得策かもしれない。だが、一本の長い糸を紡ぐのを運命は自分に許してくれているのだと、ある程度達観している者なら、エピクロス主義流でやってゆくほうがよい。知的労働にたずさわる人間はみな、これまでじっさいそうしてきたのだ。知的労働者にとって、繊細な感受性を犠牲にして、代わりにハリネズミの針付きのストア派の硬い皮膚をもらい受けるというのは、喪失中の喪失だろうから。

307番

批判のためにと思って。——これまで君が真実または真実らしさとして愛してきたものが、今の君には誤謬に見える。君はそれを突き放しては、君の理性が勝利を勝ちとったと妄想する。だがおそらく、かの誤謬は、君がまだ別の人間であった当時——君はいつでも別の人間なのだ——、今の君のすべての「真実」とちょうど同じだけ、君に必要なものであった。それはいわば、君がまだ見ることを許されなかった多くのものを秘匿し隠蔽してくれた皮膜のようなものだった。かの意見を君のために殺したのは、君の新しい人生であって、君の理性ではない。君はもはや理性を必要としない。君の理性は今や内部から崩壊し、理性の中から非理性が虫けらのように明るいところへ這い出してくる。われわれが批判を行使するとき、それは恣意的なものでも非人称的なものでもない。——それは、堅い外皮を突き破って生き生きと働く力がわれわれの中に現に存していることの証明である。少なくとも、非常にしばしばそうである。われわれが否定するのは、また否定せざるをえないのはなぜかといえば、何かがわれわれのうちで生き、おのれを肯定しようと欲しているからである。おそらくわれわれのいまだ知らぬ、いまだ見たことのない何かが、だ。——以上を、批判のためにと思って記す。

308番

日々の歴史。——君の場合、日々の歴史を作るのは何か。日々の歴史を成り立たせている君の習慣を見ればよい。日々の歴史とは、無数のちっぽけな臆病ぶりや怠慢ぶりの所産だろうか、それとも君の勇敢さや創意に富む理性の所産だろうか。この二つの場合はまったく異なっているものの、人びとが君に同じ称賛を贈ることも、君が彼らにどちらも同じだけの利益を現実にもたらすことも、ありえない話ではない。だが、称賛や利益、尊敬に値することなどは、良心に疚(やま)しいところがなければそれでよいと思う人にとっては十分かもしれないが、――良心(ゲヴィッセン)に関する知(ヴィッセン)を持っている君のような臓腑検視者にとっては十分ではないのだ。

309番

七番目の孤独から。――ある日、放浪者は、ドアをぴしゃりと閉め、部屋の中に佇(たたず)んで泣いた。そうして彼は言った。「真なるもの、現実的なもの、仮象ならぬもの、確実なものを求める、この傾向と衝動。私はそれにどんなに怒りをおぼえていることか。よりにもよって、この陰鬱で激情的な駆り立て屋が私のあとを追ってくるのはなぜだ。私だって休息したいのに、あいつは許してくれない。少しは落ち着いて休んだらどうかと、どんなに多くのことが私を誘惑していないか。私にとってアルミーダの園[*30]は至るところにある。だから、心はいつも繰り返し引きちぎられ、繰り返し辛苦をなめさせられる。私は足を、この疲れて傷ついた足を、前に上げなければならない。そして、そうせざるをえないがゆえに、私は振り返って、私を引きとどめられなかったこのうえなく美しいものに、幾度も憤怒（ふんぬ）の一瞥をくれる。——私を引きとどめられなかったそのゆえに、だ」。

310番

意志（ヴィレ）と波（ヴォレ）。——この波は、なんとまあ貪欲に押し寄せてくることか。何ものかに到達しないわけにはゆかぬとでも言わんばかりに。恐怖心をかき立てる性急さで、そそり立つ岩山の隅々まで奥深く、なんとまあ忍び寄ってくることか。誰かを出し抜こうと欲しているかのようだ。そこには、価値ある何かが、価値の高い何かが、隠されているかのようだ。——かと思うと、波は引き返してゆく。いくらかゆっくりと、相変わらず興奮して白く泡立ちながら——さては、幻滅したのか。求めていたものを見つけたのか。幻滅したふりをしているのか。——すると、もう次の波が近づいてくる。最初の波よりいっそう貪欲に、いっそう荒々しく。波の魂もまた、宝探しの秘密と欲情に満ちているかのように見える。そんなふうに波は生きているし、——そんなふうにわれわれも生きている、われわれ意志する者も、だ。——これ以上私は言うまい。——そうか、君たちは私を信用しないのか。私に腹を立てるのか。君たち美しき怪物よ。私に君たちの秘密をすっかり洩らされるのが、君たちはこわいのか。それならば、だ。せいぜい私に腹を立てるがいい。君たちの危険な碧（みどり）のからだをできるだけ高く上げ、私と太陽のあいだに壁を築くがいい。——現に今そうであるように、だ。まことに、碧の薄明りと碧の稲妻のほかに、この世界にはもう何も残っていない。君たちの気の赴くままにするがいい、君たち大はしゃぎの者よ。快楽と悪意に駆られて吼えるがいい——さもなくば、底のほうへまた潜ってゆくがいい。海底奥深くに君たちのエメラルドをぶちまけ、その碧の潮に君たちの白く泡立った無限に豊かな髪を投げかけるがいい。——私には何もかも結構だ。というのも、君たちは万事好都合だし、私は君たちに万事好意を抱いているのだから。私が君たちをどうして裏切ろうか。というのも——よく聞くがいい——、私は君たちならびに君たちの秘密を知っており、君たちの種族を知っているからだ。君たちと私、つまりわれわれは、じつに、同一の種族の出身なのだ。——君たちと私、つまりわれわれは、じつに、同一の秘密をもっているのだ。

311番

光の屈折。——われわれはつねに勇ましいというわけではない。疲れてくると、われわれのような者だって、そう、こんなふうに嘆きたくなる。「人間を痛めつけるのは、つらいことだ。——ああ、やむをえずそうしているだけだ。隠れて生きることが何の役に立つのか、癪にさわることを自分の胸にしまっておこうとするのでなければ。人ごみの中に生きるほうが、そして、誰に向かって犯されてもおかしくないし犯されないわけにはいかない罪に対して、一人一人にその償いをするほうが、得策ではなかろうか。愚者と交わって愚者になり、見栄っ張りと交わって見栄っ張りになり、夢想家と交わって夢想家になるほうが、よくはないか。かくも世間がはめを外し、常軌を逸しているのだから、そのほうが当然ではなかろうか。私に対する他人の悪意を耳にするとき――、私が最初に感ずるのは、満足感ではないのか。それで結構だ――と、私は彼らに言ってみたくなる――私が君たちに賛成する点は少ないし、多くの真理は私の側にあるのだから。さあ、私をダシにして、できるだけ多くの良き日を送るがいい。ここに私の欠点と失点がある。ここに私の妄想、私の無粋、私の混乱、私の涙、私の虚栄、私のフクロウ的隠棲、私の矛盾があるのだ。ここに君たちの笑いの種がある。だから、笑って、喜ぶがいい。欠点と失点はひとを喜ばせることになるという事物の法則と本性を、私は腹立たしく思ったりしない。――なるほど、かつてはもっと「麗しき」時代があった。当時は、多少なりとも新しい思想を何かもっていさえすれば、自分は欠くべからざる人間だと感じられたし、その思想を携えて街に出ていき、「見よ、天国は近づいた」と、誰彼なく呼びかけることができたものだ。――私は自分が見当たらなくても困りはしないだろう。われわれはみな、いなくてもいい存在なのだ」。――ところで、上述の通り、われわれが勇ましいときは、そうは考えない。そんなこと、われわれは考えもしない。

312番

私の犬。――私は、私の苦痛に名前をつけた。「犬」と呼ぶことにしている。――そいつは、他のどの犬とも、同じように忠実で、同じようにしつこくふてぶてしく、同じように慰みとなり、同じように利口である。——そいつをどなりつけると、むしゃくしゃした気分を発散できる。ちょうど、他の人びとが飼い犬や召使いや女房を相手にそうするように。

313番

磔刑の絵はいらない。——ラファエロの顰（ひそみ）に倣って、私はもう磔刑の絵など描くまい。崇高さが残忍さと姉妹（シスター）のように仲良く暮らしている場所に崇高さをわざわざ探し出さなくても、崇高なことなら山ほどある。それに、崇高な拷問吏に自分を仕立てたとしても、だからといって私の名誉欲は決して満足させられないだろう。

314番

新しい家畜。——私は、私のライオンと私の鷲を、わが家で飼いたいと思う。私の力がどれほど強いか、あるいはどれほど弱いか、知るための目配せと前触れを、常時手にするために。私は今日、彼らを見下ろしつつも恐怖を感じなければならないのか。彼らのほうが私を見上げては恐怖をおぼえる時が、いつかふたたびやって来るだろうか。——

315番

最期の刻について。——嵐が、私の危険だ。私がそれに遭って破滅する私の嵐を、私は持つことになるだろうか。オリヴァー・クロムウェルが彼の嵐に遭って破滅していったように。それとも、風に吹き消されるよりも前に自分自身に倦み疲れ飽き飽きしてしまった灯りのように、私は消えてゆくのだろうか——灯りが燃え尽きるように。それとも、最後の最後で、燃え尽きないために、私自身を吹き消すのだろうか。——

316番

予言者的人間。——予言者的人間というのは悩み多き人間だということを、君たちはつゆ感じとることがない。君たちは、予言者的な人間は立派な「天分」に恵まれていると考えるだけであり、あわよくば自分も授かりたいものだと思う。——このさい私は、たとえを用いて自分の考えを表わすことにしよう。動物たちは、空気中や雲の中に発生する電気にどんなにひどく悩まされることだろうか。動物の中には、天候に関して予言者的な能力を具えている種がある。たとえば猿がそうである（これは、ヨーロッパで今でも実地に観察できることであり、しかも動物園でだけでなく、たとえばジブラルタルに行けば見られる）。だが、われわれに思いもよらないのは、彼らにとっては苦痛こそ予言者にほかならないということだ。近づきつつはあったが、はっきりした姿をなかなか現わさなかった雲の影響で、強力な陽電気が突如、陰電気に変じ、天候の変化する準備が整う。すると、この動物たちは、敵が近づいてきたかのようなふるまいをし、防御するなり逃げ出すなりし始め、たいていは身を隠す。──彼らの解するところでは、悪天候なるものは、天候ではなく、敵である。その敵の手を彼らはいち早く感じとる、というわけなのだ。

317番

回顧。——生涯のどの時期にも、その時期ならではのパトスというものがある。だがわれわれは、その時期に身を置いているかぎり、当のパトスをそれとして意識することがめったにない。むしろ、われわれはつねづねこう思っている。それは、目下われわれに唯一可能な理性的状態なのであり、パトスではなくエートスそのもの——ギリシア人の言葉ならびに区別立てを借りるなら——だ、と。今日私の聴いた音楽の若干の調べが、ある冬の、ある家での、隠者の極致のような生活の記憶を、まざまざと呼び戻した。と同時に、当時の私の生活感情も蘇った。——この生活なら永遠に続けてゆけると、当時私は思った。だが今の私には、それがまったくもってパトスであり情熱であったこと、ゆるぎなく慰めとなるこの哀調の音楽に比すべきものであったことが分かる。——そのようなものを長年、それどころか永遠に保ち続けることなど、われわれには許されない。そんなことになったら、この惑星からすれば、あまりに「この世ならぬ」存在に化してしまうことだろう。

318番

苦痛のなかに知恵あり。――苦痛のなかには、快楽のなかにあるのと同じだけの知恵がある。苦痛は、快楽と同様、種を保存する第一級の力に属する。そういうものでなかったら、苦痛はとっくの昔に死滅していたことだろう。苦痛が苦しみを与えることは、苦痛に反対する論拠にはならない。それは苦痛の本質なのだから。苦痛をおぼえるとき、私には船長の号令が聞こえる、「帆をおろせ！」という声が。千種類もの仕方で帆をはるすべを、大胆な船乗りである「人間」は習得していなければならない。さもなければ、彼はたちまちおしまいになり、大洋は彼をさっさと水底に呑み込んでしまうだろう。エネルギーを減らした生き方も、われわれは心得ていなければならない。苦痛が警告信号を出すや、ただちにエネルギーを減らすべき時が来ている。何らかの大いなる危険が、嵐が、迫りつつある。できるだけわれわれの「帆を脹らませ」ないようにするのがいいのだ。――大いなる苦痛が近づいてくるとき、まさに正反対の号令を聞く人間もいるのは確かだ。彼らは、嵐が迫りくるときにこそ、誇り高く、好戦的で、幸福な目付きをする。それどころか、苦痛それ自身が、彼らの最大の瞬間を彼らに与えるのだ。彼らは英雄的人間、つまり人類の大いなる*苦痛運び人*なのである。かの少数の者たち、いや、稀有の者たちは、苦痛一般と同じ弁明を必要とする。――

まことに、彼らにこの弁明を拒んではならない。彼らは、種を保存し促進する第一級の力なのである。たとえそれが、彼らが安逸に抵抗し、その種の幸福に対する吐き気を隠さないということによってだけだとしても。

319番

われわれの体験の解釈者として。――ある種の正直さは、宗教の開祖やその類いのすべての人びとにとって、無縁のものだった。――彼らが自分の体験を認識にまつわる良心問題にするなどということは、決してなかった。「私はいったい何を体験したのか。あのとき私の内で、また私の周りで、何が起こったのか。私の理性はちゃんと明晰に働いていたか。私の意志は感覚のあらゆる欺瞞に抵抗し、幻想的なものを寄せつけまいと敢然と立ち向かったか」――彼らの誰一人、そのような問いを発しなかったし、愛すべき宗教家はみな、今なおそのような問いを発しない。むしろ、彼らは理性に背く物事を渇望しており、その渇望を満足させることを難しく考えようとはしない――かくして彼らは、「奇蹟」とか「復活」とかを体験したり、天使の声を聞いたりするわけだ。だがわれわれ、われわれ別の者たち、つまり理性渇望者は、われわれの体験を、科学的実験と同じくらい厳密に観察しようとする。時々刻々、来る日も来る日もだ。われわれ自身が、われわれの実験となり、実験用動物となることを欲する。

320番

再会のとき。[*31]――A「私はまだ君のことが全部分かっているだろうか。君は探し求めているのか。今日の現実の世界のただ中のどこに、君の隠れ家となる小さな星があるのか。あふれんばかりの幸せが君にも訪れ、君の人生の正しさが証明されるようになるために、君はどこで太陽の日ざしを浴びることができるのか。各人が勝手にやればいい――と、君は私に言いたいと見える――、公共に向けての提言とか、他人や社会への配慮とかは、念頭から払いのけることだ、と」。――B「私の欲するのは、それ以上のことだ。今の私は、探し求める者ではない。私の欲するのは、自分のために自分の太陽を創造することだ」。

321番

新しい用心。――処罰するとか、叱責するとか、矯正するとかいったことは、これからはもうそんなに考えないようにしよう。一個の人間を変えるなど、めったにありそうにない。かりにそれに成功したとすれば、おそらくわれわれは、もう一つ別のことにも同時に成功したことに、ふと気づくだろう。すなわち、その人によってわれわれ自身が変えられたということに、だ。来たるべき一切のものにわれわれ自身のおよぼす影響が、その一切のものからわれわれにおよぼされる影響に匹敵し、それを凌駕するよう、心がけよう。じかに戦いを挑むのはやめよう。──およそ処罰したり、叱責したり、矯正したりしようと欲するのも、みなそういったことにすぎない。そんなことをするくらいなら、われわれ自身をその分だけ高めるようにしよう。われわれの模範に、ますます光り輝く彩りを与えよう。われわれの光によって、われわれ以外の人びとを暗くしよう。いやいや、そんな連中のために自分が暗くなるのは願い下げだ。およそ罰したり不満を抱いたりする者たちは、そうなるのが習いなのだが。まだしも脇によけたほうがいい。無視することにしよう。

322番

比喩。──その人の思想のなかでは一切の星辰が円軌道を描いて運動しているような、そういう思想家がいるものだ。だが、彼らの思想は最深とはいえない。広大な宇宙を覗き込むかのように自分自身を覗き込み、銀河を自分自身のうちに携えている人は、およそ銀河なるものがいかに不規則なものであるかも知っている。銀河の行き着くところ、存在という名の混沌(カオス)と迷宮(ラビリンス)にまで達する、ということもだ。

323番

運命のうちに幸福あり。──われわれをしてしばらくのあいだわれわれの敵の側で戦うように仕向けているとき、運命は、われわれにこのうえなく大きい賞を折り紙つきで授けていることになる。それによってわれわれは、大いなる勝利を手に入れるという運命を、あらかじめ定められているのである。

324番

人生半ばにして〔In media vita〕。——いやいや、私は人生に失望なんかしていない。むしろ、歳を重ねるにつれ、私には、人生はいっそう真なるもの、いっそう願わしいもの、いっそう秘密に満ちたものだということが分かってきた。——大いなる解放者に、つまり人生は——義務でも宿命でも詐欺でもなく——認識者の一実験であってよいのだというあの思想に、私が襲われたあの日以来。——そして、認識それ自体は、他の人には何か別物かもしれないが、たとえば安楽椅子だとか、安楽椅子への道だとか、娯楽だとか、のらくらだとかかもしれないが、——私にとって認識とは、危険と勝利の世界にほかならない。英雄的感情だって、そこを舞踏場や運動場にするほどである。「人生は認識の一手段」——この原則を胸に抱いていれば、勇敢でいられるし、のみならず、愉しく生きることも愉しく笑うこともできるのだ。何はさておき、戦争と勝利の心得なくして、そもそも誰がよく笑い、よく生きるすべを会得していようか。

325番

偉大さに相応しいもの。――大いなる苦痛を与えようとする力と意志を自分の内に感ずるのでなければ、誰が偉大なことを達成するだろうか。苦しみを受けることができるなどというのは、ごく些細なことである。この点にかけては、か弱い女性でも、あるいは奴隷でさえ、しばしば巨匠ぶりを発揮する。だが、大いなる苦悩を与え、その苦悩の叫び声を聞いても、内心困り果てて不安に苦しめられたあげく破滅してしまうということがないこと、これこそが偉大であり、偉大さに相応しい。

326番

心の医者と苦痛。――およそ道徳の説教者というのは、神学者がみなそうであるように、共通の悪癖を一つもっている。すなわち、彼らはみな、人間たちに、あなたがたは重態なのだ、このさい思い切って抜本的な荒療治を行なう必要がある、と言葉巧みに信じ込ませるのである。しかも、総じて人間たちは、かの教えにまるまる何世紀もの間、熱心すぎるほど耳を傾けてきたので、ついには、自分たちは重態なのだという迷信のいくばくかが、彼らに本当に乗り移ってしまった。その結果、今や人間たちの大のお気に入りと言えば、何かにつけてため息をつき、人生に楽しみのかけらも見出せずに、暗い顔をたがいにつき合わせることなのである。人生はやっぱり耐えがたいものだ、と言わんばかりに。だが、じつは彼らは人生にものすごく自信をもっており、人生に惚れ込んでいる。不快なことをそそくさと処理し、苦痛や不幸のトゲを引き抜くためなら、えもいわれぬ狡智や巧言をたっぷり弄する。私にはどうもそう思われるのだが、苦痛や不幸の話はいつも誇張されていて、あたかも、ここでは誇張することこそがよい生き方の要件なのだ、と言わんばかりである。それなのに、苦痛に効く鎮静剤なら数え切れないほどあることについては、わざと沈黙する。たとえば、麻酔とか、思想の急性熱中症とか、呑気な境遇とか、悲喜こもごもの思い出や意図や希望とか、麻酔薬と似たような効能をもつさまざまな種類の誇りや共感とか。じっさい、苦痛が最高度に昂じると、それだけでもう気絶したりするものである。われわれは、甘美な味を、われわれの苦渋に、とりわけ心の苦渋に滴らせてうっとりするすべをしっかり心得ている。勇敢であったり悲壮であったりするときこそ、われわれは癒しの薬を手に入れる。屈服や忍従によっていっそう高貴な譫妄状態に陥るときも、そうである。敗北も、一時間経てば、もはや敗北とは言いがたい。その場合、何らかの形で、天からわれわれに贈り物が降ってくることだってあるのだから——たとえば、新たな力が湧いてくる。たとえそれが力を手に入れるための機会の一つにすぎないとしても、だ。悪人の心の内なる「惨めさ」について、道徳の説教者はなんとまあ、想像を逞しくしてきたことか。情熱に駆られた人間の不幸について、彼らはなんとまあ、もっともらしい嘘をついてきたことか。——いやじっさい、嘘をつくという言い方をするのが、この場合正しい。彼らはこの種の人間の満ちあふれる幸福のことが充分わかっているくせに、それを黙殺したのだから。なぜそうしたかと言えば、その幸福が彼らの理論への反駁になったからである。彼らの理論では、およそ幸福なるものはすべて、情熱を滅却し意志を沈黙させることではじめて成り立つ、とされるのだ。この手の心の医者なら誰でも出したがる処方や、彼らの抜本的な荒療治の褒めそやしぶりについて言えば、こう尋ねることが許されよう。われわれのこの人生は本当に、ストア派流の生き方やこわばり方と交換したほうが得するほど、それほど苦痛や重荷に満ちたものなのだろうか、と。わざわざストア派流で重態にならなければならないほど、それほどわれわれはべつに重態ではないのだ。

327番

真面目に受けとる。——知性は、大多数の人にとっては、鈍重で陰鬱でギイギイ軋(きし)む機械であり、操作するのもままならない。だから、彼らは、この機械を使って仕事をし、ちゃんと考えようとするとき、それを「問題を真面目に受けとること」と呼ぶ。——彼らにとって、しっかり考えるということは、なんとまあ重荷に満ちた労苦であることか。人間という愛すべき動物は、どうやら、ちゃんと考えようとするといつでも上機嫌を損ねるようだ。つまり真面目になるのだ。「笑いや愉しさのあるところ、考えることは何の役にも立たない」——この真面目な動物は、一切の「愉しい学問」に対して、そういう先入見を抱いている。

――よし、ならば、われわれは示すとしよう。それが先入見にすぎないことを、だ。

328番

愚かさを攻撃する。――利己主義は非難すべきだという信念は、それを信じてやまない説教者によってしつこく説かれてきた。これによって利己主義が全体として被害を被ってきたのは確かである（私は百遍でも繰り返すが、これは畜群本能に有利なのだ）。とりわけこの信念が、利己主義から疚しくない良心を奪い、利己主義のうちに一切の不幸の真の源泉を見出せと命じたことによって。「汝の我欲こそ汝の生の禍なり」――何千年ものあいだ、そう説かれてきた。そのおかげで、今述べたように、我欲は攻撃され、我欲から多くの精神、多くの明朗快活さ、多くの創意工夫、多くの美しさが奪われた。我欲は愚かにされ、醜くされ、毒を入れられたのだ。――それにひきかえ、古代の哲学精神は、禍にもう一つ主要な源泉があることを教えた。ソクラテス以来、思索者は次のように説いて倦むことがなかったのである。「君たちの思考の欠如と馬鹿さ加減、規則に従ってただ漫然と生きていくこと、隣人の意見に屈服せしめられていること、これが、君たちがなぜ幸福になれないのかの理由である。――われわれ思索者は、思索者である以上、幸福者のきわみである」。愚かさを目の敵にするこの説教が、我欲を目の敵にするあの説教より、それ自体十分な根拠をもっているかは、ここでは決定しないことにしよう。だが、それが愚かさから疚しくない良心を奪ったのは確かである。——古代の哲学者たちは、愚かさを攻撃したのだ。

329番

ひまとのらくら。——アメリカ人が黄金を欲しがる仕方には、インディアン的な、つまりインディアンの血に特有の野蛮さがある。彼らの息もつかぬほどあわただしい働きぶり——新世界の真の悪徳——は、とうに伝染して古いヨーロッパを野蛮化し始め、ヨーロッパ中にじつに驚くべき無精神性を広め始めている。われわれは今ではもう休息を恥じている。物思いに長い時間耽ると、良心の呵責を感じるほどである。われわれは時計を手にして時間を気にしながら考える。新聞の株式市況に目をやりながら昼食をとるように。——何かを「怠っていやしないか」と絶えず気に病む人みたいに、われわれは暮らしている。「何もしないよりは、何かしらしたほうがいい」——この原則もまた、ありとあらゆる教養と高尚な趣味にとどめを刺す墨縄の一つである。また、労働者のこうしたあわただしさのあおりで一切の様式が目に見えて滅びつつあり、それと同様に、様式そのものに対する感覚や、挙動の妙なるメロディーを聴きとる耳や目も滅びつつある。その証拠が、人と人がともかくも正直に付き合おうとするあらゆる状況において、今や至るところで要求されているぶっきらぼうなあけすけさである。たとえば友人、婦人、親戚、子ども、教師、生徒、指導者、王侯といった人びととの付き合いにおいてである。——式典儀礼、婉曲の丁寧さ、会話での機智の一切、総じて閑暇〔Otium〕の一切を、愉しむ時間も余力も、われわれはもはや持ち合わせていない。というのも、金儲けを追求してやまない生活のために、精神は、絶えず自分を偽ったり、たくらんで陥れたり、出し抜いたりするようにと、ひっきりなしに強いられては、疲労困憊してしまうからである。今日、真の徳とは、他人より少ない時間で何かを行なうことなのである。そんなわけで、正直であることが許されている時間は、ほんのわずかしかない。だがそんな時間には、われわれは疲れきっており、「気ままに過ごす」ばかりか、みっともなく大の字に寝そべって過ごすことを好む。この癖が丸出しとなるのが、われわれ現代人の手紙の書き方である。手紙の文体と精神はつねに、真の「時代の印」となろう。社交や芸術のうえでの楽しみがまだあるとしても、労働して疲れ切った奴隷にピッタリの楽しみでしかない。われわれ教養人ならびに無教養人たちの「喜び」のこの無欲さぶりといったら！　一切の喜びに対する猜疑心のこの増大ぶりといったら！　労働は、一切の疚しくない良心を自分の味方につける一方である。喜びを求める傾向は、とうに「休養の必要」と自称しており、自分自身を恥じるようになってきている。「自分の健康は自分で責任もたなきゃね」――休日にお出掛けしているところを人に見られると、われわれはそう言う。じっさい、観想的生〔vita contemplativa〕（すなわち、思索と友人を伴って散歩すること）を好む傾向には、早晩、自己軽蔑と疚しい良心なしに随うことができなくなることだろう。――ところが、だ。かつては反対だった。つまり労働とは、疚しい良心を伴うものであった。立派な素姓の人間は、どうしても働かなければならないとき、隠れてこそ働いた。奴隷は、自分が軽蔑すべきことを為している、という重苦しい感覚をおぼえながら働いた。——「為すこと」自体が、軽蔑すべきことであった。「高貴と栄誉は、閑暇〔otium〕と戦争〔bellum〕のもとにのみある」、これこそが古代人の偏見の声だったのだ。

330番

喝采。——思索者は、拍手喝采を必要としない。ただしこれは、自分自身の拍手を受けられる確信があれば、の話だ。こちらは、彼だって欠くわけにはいかない。それもなしで、また総じていかなる種類の喝采もなしで、平気でいられる人間がいるだろうか。私には疑わしい。最高の賢者に関してさえ、タキトゥスは、彼はべつに賢者の誹謗者ではなかったが、こう言っている。「賢者でさえ名誉欲はなかなか捨てられない〔quando etiam sapientibus gloriae cupido novissima exuitur〕」——つまりタキトゥスの場合には、「決して捨てられない」という意味である。

331番

耳が聞こえなくされるくらいなら、耳が聞こえないほうがまし。——かつてひとは、名声をかちとることを欲した。今ではもはや、それでは不十分である。市場が大きくなりすぎたからである。——つまり絶叫が必要なのである。その結果、良い咽喉もどなりすぎて声をつぶし、極上の商品もかすれた声で売りに出される始末である。絶叫のしすぎでかすれた市場の叫び声なしには、もはやいかなる天才も存在しない。——ところで、これはもちろん、思索者にとって悪しき時代である。彼は、二つの騒音のあいだに自分の静けさをどうにか見つけるすべを学ばなければならないし、耳が聞こえないふりをし続けなければならない。ついには本当に耳が聞こえなくなるまで。このことを学んでいないかぎり、たしかに彼はイライラと頭痛で破滅する危険に晒されている。

332番

いやな時。——おそらく、どんな哲学者にも、いやな時というものがあったのだろう。その時、彼は思うのだった。「私には関係ない。私のまずい議論を、ひとが信じないとしたって、だ」。——すると、意地悪な小鳥が一羽、彼の脇を飛んで通り過ぎ、彼の苦しむ姿を見て、嬉しそうにこう囀(さえず)った。「あんたには関係ない。そんなの関係ない」。

333番

認識するとはどういうことか。——「笑わず、歎かず、呪いもせず、ただ理解すること

〔Non ridere, non lugere, neque detestari, sed intelligere〕」に努めたのだと、持ち前の素直さと崇高さでもって、スピノザは言う。*32 それにしても、この理解する〔intelligere〕とは、結局のところ、ほかならぬあの三つのものが一度に感得される形式でなくて何であろうか。つまり、嘲笑し、悲嘆し、呪詛しようとする相異なる衝動が拮抗し合ったことの結果ではないか。認識が可能となる前に、まずはこれらの衝動のいずれもが、事物や出来事に関する一面的な自説を申し立ててしまっているのでなければならない。そのあとで、各々の一面的な説どうしの戦いが生じ、そこから時おり、一つの中間、鎮静が、三つの側面すべてに照らしての是認、一種の正義と契約が生じた。というのも、正義と契約のおかげで、三つの衝動のすべてが存在を主張できるからであり、権利を保持し合うことができるからである。われわれには、この長い過程のうちの最後の和解の場面と最終決算しか意識にのぼらない。したがってわれわれは、理解するとは、何か和解的なもの、公正なもの、善きもの、本質的に衝動と対立するものだと思い込む。だがじつはそれは、衝動がお互いどうし係わり合う一定のふるまい方にすぎないのである。有史以来の長きにわたってわれわれは、意識的思考こそ思考一般だと見なしてきた。今日ようやくわれわれにほの見えてきた真理というものがある。つまり、われわれ人間の精神活動の圧倒的大部分は、われわれには意識も感覚もされずに働いている、ということである。だが思うに、ここで戦い合っているそれらの衝動のほうは、そのさいお互い感得し合い痛めつけ合うことを充分承知しているだろう。——およそ思索者というのは、えてして暴力的な疲労困憊に突如襲われるものだが、その原因もここにあるのかもしれない（それは戦場での疲労困憊なのである）。そう、おそらくわれわれの内面の戦いには、秘められた英雄的行為が少なからず存しているのだろう。だがスピノザの言う、永遠に自分自身のうちに安らぐ神的な何かなど存していないのは確かである。意識的な思考、とりわけ哲学者の思考は、最も微弱な、それゆえまた相対的には最も穏やかで最も安らかな種類の思考である。だから、ほかでもない、哲学者こそが、認識の本性について、いともやすやすと迷わされることになる。

334番

愛することを学ばなくてはならない。——音楽においては、次のようなことがわれわれに起こる。まず、そもそも音型や旋律を聴くことを学ばなくてはならない。つまり、聴きとり、区別し、一個の独立した生命として分離し、画定することを、である。次に、その曲をじっと我慢する労苦と善意が必要である。つまり、見知らぬ曲であっても、その曲のまなざしと表情に辛抱づよく耐え、その曲に奇異な感じをおぼえようと、心優しく接する必要がある。——その結果、その曲に慣れ親しみ、その曲を心待ちにする瞬間が、ついにやって来る。そのあかつきには、その曲がなくなれば寂しくて仕方なくなることに気づくだろう。そうなると今度は、その曲は魅惑的な強制力を次々に発揮してゆき、あげくは、われわれのほうが、魅了された恭順な愛人になり果て、ひたすらその曲のみを欲し、この世の他のどんな宝物も要らなくなってしまうのである。――だが、以上のことがわれわれに起こるのは、音楽においてだけではない。それとまさに同じようにして、われわれが今愛している一切のものを、われわれはかつて愛することを学んだのである。見知らぬものに対するわれわれの善意、われわれの忍耐、公正、優しい思いやりは、最後にはいつも報われることになる。その見知らぬものが、徐々にヴェールを脱ぎ捨て、えも言われぬ新たな美として現われてくるからである。――それは、われわれの客人歓待の精神に対する感謝なのである。自分自身を愛する者もまた、この道を通ってそれを学んできた。他に道はない。愛するということも、われわれは学ばなくてはならない。

335番

物理万歳！――観察することを心得ている人間がいったいどれだけいるだろうか。そして、その心得のある少数の人びとのうち、――自分自身を観察している人がどれだけいるだろうか。「誰でも自分にとって自分自身がいちばん遠い人」――すべての臓腑検視者は、このことを不愉快ながらもわきまえている。また、「汝自身を知れ」という箴言は、神託としては相当意地悪である。ところで、自己観察がかくも絶望的な状況にあるという事実を何よりも証言してくれるのは、道徳的行為の本質ということになるとほとんど誰もがみな云々する、その論じ方である。せかせかと、のりのりで、自信たっぷりに、えんえんとまくし立てる、目付きも微笑みも独特で、愛想のよい熱意いっぱいの、あのしゃべり方だ。彼らは君にこう言いたいかのようである。「ねえあなた、これこそわが専門というものだ。あなたは、うってつけの解答者に訊いているわけだね。たまたま私は、まさにこの問題をいちばんよく知っている。つまりこうだ。人が「そういうのが正しい」と判断するなら、またそこから、「それゆえ、そういうことが起こらねばならない」と結論を下し、そんなふうにして自分で正しいと認識し、必然的だと言ったことを今や行なうのであれば、――その場合には、その人の行為の本質は、道徳的なのだ」。だが、わが友よ、あなたがここで語っている行為は、一つではなくて三つである。たとえば、「そういうのが正しい」とあなたが判断するのも一つの行為であり、――すでに道徳的および非道徳的な仕方で判断されてはいまいか。ほかならぬこれこそが正しい、とあなたはなぜ思うのか。――「なぜなら、私の良心が私にそう告げるからだ。良心は決して非道徳的には語らない。それどころか、良心こそが、何が道徳的であるべきかを初めて決定するのだ」。――だが、あなたの良心の言葉に、あなたが耳を傾けるのはなぜか。また、そのような判断が真であり欺かないと見なす権利を、あなたはどこまでもっているのか。それを信じるためには――いかなる良心も、そこにはもう存在しないのか。あなたは、知的良心といったものについて、つまり、あなたの「良心」の背後のもう一つ別の良心について、何も知らないのか。「そういうのが正しい」というあなたの判断は、あなたの衝動、好き嫌い、経験や未経験のうちに、前史をもっている。「良心はどうして生じたのか」と、またそのあとでさらに、「良心に聞き従うように私を駆り立てるのはいったい何なのか」と、あなたは問わねばならない。あなたが良心の命令に聞き従う仕方も、さまざまありうる。将校の命令を聞く勇敢な兵士のように。あるいは、愛する男の命令に従う女のように。あるいは、命令する者に恐れおののく阿諛追従の臆病者のように。あるいは、何一つ反論できないために言いなりになる愚か者のように。要するに、百種類もの仕方で、あなたは良心に聞き従うことができるのである。では、あなたがあれやこれやの判断を良心の言葉として聞いているという事実、それゆえ、何かを正しいと感じるという事実は、どこに原因があるのか。それは、あなたが自分のことをつくづく熟考せずに、あなたが子どものとき以来、正しいと聞かされてきたものを盲目的に受け入れたということ、ここにあるのかもしれない。あるいは、あなたが義務と呼んでいるものでもって、あなたはこれまでパンと名誉に与ってきたということ、ここにあるのかもしれない――それがあなたに「正しい」と見なされるのは、あなた自身の死活の懸かった「存在条件」とあなたに見えるからである（なにしろ、あなたが存在する権利をもっていることは、あなたには論駁不可能だと思われるのだ）。あなたの道徳的な判断がどっしりと揺るぎないのは、ほかでもない、人格上のお粗末さの、人格の欠如の、旧態依然たる証拠なのかもしれない。あなたの「道徳的な力強さ」の源泉は、あなたの強情さかもしれず、――あるいは、新しい理想を見てとることのできないあなたの無力さかもしれないのだ。そして、要するに、あなたがもっときちんと考え、もっとうまく観察し、もっと多くを学んだなら、あなたはご自分の「義務」だとか、ご自分の「良心」だとかを、金輪際、義務や良心とは名付けなくなるだろう。そもそも道徳的判断はどんなふうにして生じたものなのかに関する洞察を手に入れれば、こんな悲壮な言葉はあなたにつくづく嫌になるだろう、――たとえば、「罪」とか「魂の救い」とか「救済」とかいったその他の悲壮な言葉が、とっくに嫌になっているように。――ところで、わが友よ、定言命法をここで持ち出すのはやめてほしい。――この言葉を聞くと、どうも私の耳はくすぐったくなり、たとえあなたのような謹厳実直な人を目の前にしても、笑わずにはいられない。そう、私がここで思い起こしているのは、老カントのことだ。カントは、「物自体」――これまたじつにおかしな代物だが――をこっそり着服した罰として、「定言命法」の虜（とりこ）となり、それを胸に抱いて、またぞろ「神」や「魂」や「自由」や「不死」といった元の木阿弥に迷い込んでしまった。ちょうど、自分の檻にふたたび迷い込んでしまう狐のように――かつてこの檻をこじ開けたのは、彼の力と賢さだったというのに、だ。えっ？　あなたときたら、あなたの内なる定言命法に驚嘆をおぼえるのか。あなたのいわゆる道徳的判断の、例の「どっしりと揺るぎないさま」に、だって？　「この点では万人が私と同じように判断しなければならない」といった感情の、例の無条件性に、だって？　それよりはむしろ、それらのうちにひそむあなたの我欲に驚嘆をおぼえるがいい。それも、あなたの我欲の盲目性、矮小性、寡欲に、だ。我欲だというのは、自分一人の判断を普遍法則だと感じるのは、我欲にほかならないからである。もう一度言うと、この我欲は、盲目で、矮小で、寡欲である。なぜなら、あなたは自分自身をまだ発見していないこと、自分自身の、自分だけの理想をまだ創造していないことが、そこには露見しているからである。――第一、自分だけのそういった理想が、他の誰かの理想となることはありえないし、いわんや、万人の普遍的理想となるわけなどないからだ。——「この場合、誰でもこのように行為しなければならないだろう」と、なおも判断する者は、自己認識にかけては、いまだヨチヨチ歩きの段階といったところである。そうでなければ、同一の行為など存在しないし、存在しえないということを、わきまえているはずだからである。——どんな行為も、ひとたび為されたからには、取り返しのつかない唯一無比の仕方でなされてしまったこと。未来の行為にしても、そのすべて事情は同じであろうこと。——行為の仕方をあらかじめ定めておこうとしても、その指図はどれも荒っぽい外面に関するものでしかないこと（これは、従来の道徳に見られる最も内的で繊細このうえない指図でもそうである）。——そのような指図でもって外見上の同一性は達成されるかもしれないが、しかしあくまでほんの外見でしかないこと。——いかなる行為も、その来し方行く末を見るにつけ、見きわめのつかない代物であり、しかも見きわめのつかないままにとどまること。——「善」や「高貴」や「偉大」についてのわれわれの見解が、われわれの行為によっては決して証明できないのは、いかなる行為も認識不可能だからであること。——われわれの見解や価値評価、財産目録が、われわれの行為という歯車装置を動かす最も強力な梃子の部品であるのはたしかだとしても、個々の場合ごとに行為の力学法則を証示するのは不可能であること。以上のようなことは、自己認識の道に少しでも通じている者なら、わきまえているはずなのである。それゆえわれわれとしては、われわれの見解や価値評価を純化し、独自の新しい財産目録を創造することだけに専念することにしよう。――他方、「われわれの行為の道徳的価値」については、もはや思い煩ったりしないようにしよう。そうだとも、わが友よ。ある連中が別の連中を道徳的にああだこうだと品評し合う饒舌ぶりといったら、ほとほとうんざりして今にも吐き気を催したくなるほどだ。道徳的にひとを裁くなど、われわれの趣味に反するというものだ。道徳的なおしゃべりやこの種の悪趣味は、ほんの一歩だけ過去をかりそめに引きずってゆくしか能のない、自分自身は決して現在になれない連中に、任せておくことにしよう――すなわち、多数派の連中、大多数の者たちに、だ。だがわれわれは、われわれが在るところのものに成ることを欲する。――新しい者、一回かぎりの者、比類なき者、自己自身の立法者、自己自身の創造者に、だ。そして、そのためにはわれわれは、この世界内にある一切の法則的で必然的なものに関する、最良の学習者にして発見者とならなければならない。かの意味で創造者たりうるためには、われわれは物理学者であらねばならない。――それなのに、従来の価値評価と理想の一切は、物理に関する無知のうえに、もしくは物理との矛盾をかかえて、築き上げられていた。だからこそ、物理万歳！　そして、それ以上に、物理を学べとわれわれを強いるもの――われわれの正直万歳！

336番

自然のケチぶり。――自然は人間を、その内面的な光の充実度に応じて、この人はより多く、あの人はより少なく、というふうに按排して、光らせることはしなかった。なぜ自然は人間に対して、かくもケチケチしてきたのか。なぜ偉大な人間は、太陽のように、昇るときや沈むとき、美しく映えたりはしないのか。そうなったら、人間界の一切の生は、どんなに紛れもなく明らかになったことか。

337番

未来の「人間性」。——遠い時代を見つめる眼で現代を眺めるとき、「歴史感覚」と呼ばれる特有の徳と病ほど不思議なものを、現代人に見出すことはできない。それは、歴史上まったく新しい異質な何かの萌しである。数百年とちょっと放っておけば、この萌芽からついには、素晴らしい香りを放つ素晴らしい植物が生ずるかもしれない。そのために、この古い地球は、これまで以上に住み心地がよくなるかもしれない。われわれ現代人は、今まさに、非常に強力な未来の感情の鎖を一環ずつ編み始めている——が、われわれは、自分が何をしているのか、ほとんど知らずにいる。新しい感情が問題なのではなく、古い感情をすべて解除することが肝腎であるかのように、われわれには思われるほどである。——歴史感覚は、なお何か貧相で寒々としたものであり、だから、悪寒か何かのようにそれに襲われては、そのせいでなおいっそう貧相で寒々としたものになってしまう人も多い。他方、歴史感覚を、忍び寄る老年の徴候だと思ってしまう人もいる。だから、そういう人にとっては、われわれの惑星は、現在を忘れんがために若き日の物語を綴っている憂鬱な病人みたいに見えてしまう。だがじつはこれは、この新しい感情の色調の一つなのである。人類の歴史の総体を自分自身の歴史として感ずることのできる者は、途轍もない一般化を行なうことで、次の一切の遺恨を感ずるのである。つまり、健康のことばかり思う病人の遺恨を、青春の夢のことばかり思う老人の遺恨を、愛する女を奪われた男の遺恨を、おのれの理想が無に帰した殉教者の遺恨を、何一つ決することなく傷を負い友を喪うに至った戦闘の夕べに佇む英雄の遺恨を。――だが、この途轍もない量にのぼるあらゆる種類の遺恨を一身に背負うこと、背負うことができること、かつそれでいて、第二の戦闘の夜明けには、曙とその幸福を祝福する英雄であること、自分の前と後ろに何千年も広がる地平を展望する人間であること、過去の一切の精神と遺産のありとあらゆる高貴さを責任をもって担う相続人であること、一切の古き貴族のなかで最も気高い者であるとともに、それほどの存在はどんな時代も見たことも夢見たこともない新しい貴族の初子であること――これら一切を、おのれの魂に受け止めること。人類にそなわる最古のもの、最新のもの、失われたもの、希望、征服、勝利――これら一切を、ついには一個の魂に持し、一個の感情に凝縮させること。――このことは、これまで人間の与り知らなかった幸福を生み出さずにおかないだろう、――力と愛に満ち、涙と笑いに満ちた、神の幸福を。夕べの太陽のように、汲み尽くしがたい豊かさから絶えず恵みを贈って、大洋へと降りそそぎ、これまた太陽のように、極貧の漁夫すら黄金の櫂で舟を漕ぐときにこそおのれをこよなく豊かに感ずる、そういう幸福を、だ。こういった神的な感情こそが、そのときには呼ばれよう——人間性と。

338番

苦悩への意志と、同情者たち。[*33] ——なにはさておき同情深い人間であることは、君たち自身のためになるのだろうか。また、君たちがそういう人間だとして、それは悩んでいる人のためになるのだろうか。ともあれ、第一の問いにはすぐには答えないでおこう。——われわれがこのうえなく深く個人的に悩んでいるとき、その悩みの種は、ほとんど他人の誰にも理解しがたく、近づきがたいものである。その点で、われわれは最も近しい人にも隠されている。たとえその人がわれわれと同じ釜の飯を食べているとしても、である。さて、われわれが苦悩しているとひとに気づかれる場合、われわれの苦悩は決まって薄っぺらに解釈される。他人の苦悩から真に個人的な面を剝ぎとってしまうことは、同情という情動の本質に属する。——われわれの「恩人」は、われわれの敵以上に、われわれの価値や意志を矮小化する者なのだ。不幸な人びとに対して善行が示されるたいていの場合、運命を慰み物にしたがる同情者の知的軽佻浮薄ぶりには、われわれを憤激させるものがある。なにしろ同情者は、内面的ないきさつやもつれといったものの全体を、つまり不幸が私にとって、あるいは君にとって何を意味するかということを、寸毫も知らないのだ。私の魂のやりくりの総計と、「不幸」によるその清算、新たに湧き起こるものや必要となるものの突発、古傷の癒合、過去全体の却下――不幸と結びつく可能性のあるこうした一切を、おめでたい同情者は少しも気にかけない。とにかく、彼は助けたいと思う。そうして、不幸の個人的必要といったものが存在することなど、思いつきもしない。つまり、私にも君にも、恐怖、耐乏、貧困化、真夜中、冒険、一か八かの賭け、失策が、その反対物と同じくらい必要だということ、それどころか、神秘めかして言えば、自分自身の天国への小道は、自分自身の地獄の悦びを通り抜けてはじめて開けてくるということを、である。そう、彼はなんにも知らない。「同情の宗教」（あるいは「まごころ」）が、助けなさいと命ずる。すると、ひとはたちまち信じ込むのだ。できるだけ速やかに助けさえすれば、それが最善の人助けというものなのだ、と。君たち同情の宗教の信者たちが、他人に向けているのと同じ心情を、君たち自身にも本当に向けるならば、つまり、自分自身の苦悩をいっときも自分に許そうとせず、ありとあらゆる不幸をたえず未然に防ごうとするならば、つまり、君たちの苦悩と不快を総じて、悪しきもの、憎むべきもの、絶滅すべきもの、この世に生きることの汚点として感ずるならば、そのとき君たちは、君たちの同情の宗教のほかに、もう一つの宗教を心に抱くことになる、そしてそれは、おそらく同情の宗教の母なのだ。――すなわち、安楽の宗教がそれである。ああ、君たちが人間の幸福について知ることのなんと乏しいことか、安楽でお人好しの君たちよ。――というのも、幸福と不幸とは兄弟であり、双子なのだから。両者は、そろって大きく成長してゆくか、あるいは君たちの場合のように、そろって――小さいままなのだ。さて、ここで第一の問いに戻ろう。――自分の道に踏みとどまることは、どうにも難しいことのようだ。何かしらの叫び声が、ひっきりなしにわれわれを呼んでは、脇道に逸れさせる。途上のわれわれの目に留まるのは、即座にわれわれ自身の本務を放り出して飛んで行く必要のあるものばかりである。私には分かっている。自分の道を見失うさ迷い方にも、折り目正しく天晴れな仕方が百ほどもあること、それも、まったく最高度に「道徳的」な仕方があることを、だ。それどころか、今日の同情道徳の説教者たちの見解によれば、まさしくこれが、これのみが道徳的なのだという。――そのように自分の道を見失ってさ迷い、隣人を助けに駈けつけることこそが。私にはこれまたよく分かっている。ひとが現実に苦しんでいる光景をちょっとでも目撃すれば、私だってわれを忘れて同情してしまうということを。だから、悩んでいる友人から、「ほら、ぼくはもうじき死ぬ。このさいぼくと一緒に死ぬと約束してくれ」と言われたら――、私は約束してしまうだろう。ちょうど、山岳の少数民族が自由のために戦っている光景を目にしたら――まずい例かもしれないが、それなりの理由があるので引き合いに出してもよかろう――、彼らに救いの手を差しのべ、わが命を差し出してしまうであろうように。じつのところ、そのように同情をかき立て、助けを呼ぶ一切のものには、ひそかな誘惑がある。ほかでもない、われわれの「自分自身の道」というのは、あまりにも苛酷で要求の高すぎる任務であり、他者の愛や感謝とは縁遠いものだからである。――自分自身の道から脱走し、ついでに自分の良心から脱走することが、われわれにはまんざらでもない。そこで、他者の良心のもとに逃れ、「同情の宗教」の愛すべき寺院のうちへ逃げ込むのである。ここで今、なにかしら戦争が勃発したとしよう。すると、たちまち例によって、ほかでもない、民族のなかでも最も高貴な人びとのうちに、むろん秘密裡にだが、一種の快楽が頭をもたげてくる。彼らは、死という新たな危険に恍惚として、わが身を投げ出す。なぜなら、彼らは、祖国のための犠牲という大義名分によって、長い間捜し求めていた許可——自分自身の目標から逃避してよいという許可——を、ついに授かったと信じるからである。——戦争とは、彼らにしてみれば、自殺への回り道なのである。しかもこの回り道をとれば、良心に疚しさをおぼえずにすむ。そこで、余計なことは言いたくないが、だからこそやはり私は、私のモラルを隠し立てしたいとは思わない。私のモラルは私にこう告げる。おまえがおまえらしく生きられるために、隠れて生きよ。おまえの時代に最重要と思われている事柄は、知らずに生きよ。おまえと今日(こんにち)との間に、少なくとも三百年の皮膜を置け。そして、今日の叫び声や、戦争と革命の騒音が、おまえの耳にはほんのつぶやきにしか聞こえないようにせよ。おまえだって助けたいと思うだろう。ならば、その人たちの悩みと希望がおまえと一つであるがゆえに、その苦しみがおまえに完全に理解できるような、そういう人たち——つまり、おまえの友だち——だけを救うがいい。しかも、おまえが自分自身を助けるような仕方でのみ救うがいい。——私は、彼らを勇敢にし、忍耐強くし、純朴にし、愉しくしてあげたいと思うのだ。私が彼らに教えてあげたいと思うのは、今日、少数者にしか理解できないもの、共に苦しむことを説く同情(ミットライデン)の説教者にはおよそ理解できないもの——同慶(ミットフロイデ)、つまり共に喜ぶことだ。

339番

生は女性なり〔Vita femina〕。——ある作品の究極の美を見てとること——そのためには、どんなに知識があり善意にあふれていようと、十分ではない。その作品の頂上をすっぽり覆う雲が、こちらから見て、いったん途切れ、太陽がその上に燦然と輝くためには、僥倖が必要なのである。われわれは、その山頂の景色を眺めるのに恰好の位置に立たねばならないが、それだけではまだ足りない。ほかでもない、われわれの魂それ自身が、その高みから雲の覆いを取り除いておかねばならず、それこそ足場を確保して高みをそっくり支配下に収めるためには、外的な表現や比喩を必要とせざるをえない。だが、これらすべてが同時にやって来ることはまれなので、私はこう信じたくなる。作品、行為、人間、自然のいずれであれ、一切の良きものの最高の高みは、これまで、大部分の人びとにとって、また最良の人びとにとってすら、覆い隠されたものであった、と。——だが、われわれに覆われたものはわれわれにいちどだけ露わとなるのだ。——ギリシア人は、「およそ美しきものなら、二度でも三度でも現われよ」と、よく祈った。ああ、彼らがそのさい神々に祈願したのは、もっともだった。というのも、神的でもない現実なら、われわれに美を一度も拝ませてくれないか、せいぜい一度垣間見させてくれるだけだからだ。世界は、美しい事物に満ちあふれているが、にもかかわらず、美しい事物が露わとなる美しい瞬間には乏しく、まことに乏しいと、そう私は言いたい。だが、おそらくこれこそが、生の最も強烈な魅力なのである。約束、反抗、羞恥、嘲笑、同情、誘惑といった、さまざまな美しき可能性の金糸を織り込んだ豪華なヴェールで、生は覆われている。そう、生とは女性なのだ。

340番

死にゆくソクラテス。──ソクラテスの勇気と知恵に、私は感服する。彼の行なったこと、言ったこと──そして言わなかったこと──の一切において。アテナイのこの怪物は、からかったり、恋したり、かどわかしたりするのが好きで、どんなに驕り高ぶる若者をも震え上がらせ、むせび泣かせ、どこの誰よりも賢いおしゃべり屋だった。だが、それだけではなかった。ソクラテスは、沈黙にかけても偉大だった。いっそのこと、生涯の最後の瞬間でも寡黙だったらよかったのに。──そうすれば、彼はおそらくもっと高次の精神の仲間入りを果たせたであろうに。しかるに、それが死神、毒薬、敬虔、悪意のいずれだったかは定かでないが──、とにかく何ものかが最後の瞬間に彼の口を割らせ、そして彼は言った。「そうそう、クリトン、私はアスクレピオスの神様に雄鶏一羽の借りがある」[*34]。この笑うべき、かつ恐るべき「最期の言葉」は、聞く耳をもっている人には、こう聞こえる、「おお、クリトン、生とは病気なのだ」。まさかそんな。誰が見ても一個の兵士のように快活に生きた、彼のような男が、──ペシミストだったとは。彼が生に笑顔をふりまいていたのは表向きの話で、じつは一生涯、自分の最終的判断を、心の奥底の感情を、隠し続けていたのだ。ソクラテスが、あのソクラテスが、生に悩んでいたのだ。しかも彼は、それを恨んで復讐してみせた——婉曲的で、ゾッとする、敬虔で、瀆神的な、あの言葉で、だ。ソクラテスのような男でも、やはり復讐せずにはおれなかったのか。彼のあり余る徳にも、心のおおらかさがごく少量足りなかったのか。——ああ友よ、われわれはギリシア人をも乗り越えねばならないのだ。

341番

最重量級の重み。——どうだろう。ある日、またはある夜、魔神(デーモン)が君のあとをつけて、君の孤独このうえない一人住まいにこっそり忍びこみ、君にこう告げたとしたら。「おまえが現に今生き、またこれまで生きてきたこの生を、おまえはもう一度、ひいては無数回にわたって、生きなければならないだろう。そこには新しいものなど一つもなく、あらゆる苦痛が、あらゆる快楽が、あらゆる思想と溜め息が、おまえの生の名状しがたいほどちっぽけなものや大いなるものすべてが、おまえに回帰してくるにちがいない。しかもすべてそっくり同じ順番で。——この蜘蛛も、木々の間から射し込んでくるこの月光も同様に。また、この瞬間も、私自身も同様に。存在という名の永遠の砂時計は、繰り返し繰り返しひっくり返される——それとともに、一抹の塵埃(じんあい)にすぎぬおまえもだ」。——そのとき君は、打ちのめされて倒れ込み、歯がみして口惜(くや)しがっては、そう語った魔神を呪うのではあるまいか。それとも君は、魔神に君がこう返答するという途轍もない瞬間を、これまで体験したことがあるのか。「あなたは神様のようだ。私はこんなに神々しい言葉を聞いたことがない」と。かの思想に君が支配されたとすれば、それは君のありさまを一変させ、おそらくは押しつぶすことだろう。およそ何事につけ、「汝はこれをもう一度、ひいては無数回にわたって欲するか」という問いが、最重量級の重みで君の行為にのしかかってくることだろう。それとも、この究極的な永遠の確証と確定のほかには何一つもはや求めなくなるには、君は君自身と生をどれほど好きにならなければならないことか。――

342番

悲劇が始まる〔Incipit tragoedia〕。――ツァラトゥストラは三十歳のとき、ウルミ湖畔の故郷を捨て、山に入っていった。そこで彼はおのれの精神と孤独を満喫し、十年もの間倦むことがなかった。だが、ついに彼の心中に変化が起こり、――ある朝、曙の光とともに起き、太陽に臨んで、こう語りかけた。「大いなる天体よ。あなたの光で照らされる者たちを、もしあなたが持たなかったとすれば、あなたの幸福とは何だろうか。十年もの間、あなたは私のこの洞窟の上に昇ってくれた。私や、私の友の鷲と蛇がいなかったら、あなたは自分の光と進路に飽きてしまったことだろう。しかし、私たちは毎朝あなたを待ち、あなたのあふれんばかりの光のおこぼれに与っては、感謝の祈りを捧げてきた。ほら見てください。

私は、ありあまる自分の知恵にもう飽き飽きしてしまった。蜜をあまりに集めすぎてしまった蜜蜂のように。私のおこぼれに与ろうとして差し伸べられる手が、私には必要だ。私は贈り与えたいし、頒かち与えたい。人間たちのあいだで賢者がもう一度愚かさを愉しみ、貧者がもう一度豊かさを愉しむようになるまで。そのためには、私は深みへと降りてゆかねばならない。あなたが夕方になると海中に没し、下方の世界にまで光を恵むのと同じようにしてだ、豊かすぎる天体よ。——あなたのように、私も下山しなければならない。これから私がそこへ降りてゆこうとする当の人間たちは、それを没落と呼ぶ。だから、私を祝福してください。大きすぎる幸福をも妬みなしに眺めることのできる安らかな眼よ。あふれ出ようとする盃（さかずき）を、祝福してください。金色に輝く水がその盃から流れ出、あなたの至福のかすかな照り映えを、至るところへ運んでゆくのを。見ていてください。この盃はふたたび空になろうとしている。そして、ツァラトゥストラはふたたび人間になろうとしている」。——かくしてツァラトゥストラの没落は始まった。

第五巻　われら怖いもの知らず

わが身よ、おまえは震えているのか。私が
おまえをどこへ連れてゆくかを知ったなら、
おまえはもっとひどく震えることだろう。

テュレンヌ[*35]

343番

われわれの快活さの意味するもの。――近代最大の出来事――つまり「神は死んだ」ということ、キリスト教の神への信仰が信ずるに足らぬものになったこと――は、その最初の影をヨーロッパに早くも投げかけ始めている。少なくとも、この芝居を見物するのに充分適した強力で鋭敏な眼を具え、それに充分適した疑心を眼に宿している少数の人びとにとっては、まさに或る一つの太陽が没したように見え、或る一つの古くて深い信頼が覆され、懐疑に転じたように見える。そういった少数者にとって、ヨーロッパ旧世界は、日増しに黄昏ていき、いっそう不信に満ち、よそよそしくなり、「老いが進んだ」ように見えるにちがいない。他方、とりわけ、こう言ってもよかろう。この出来事自体、あまりに大きく、あまりに遠く、多数の人びとの把握能力からあまりにかけ離れているので、その報せだけでもやっと届いたとすら言いかねるほどだ、と。ましてや、この出来事とともにいったい何が起こったのか、多数者がもう知っているなどと言えるはずもない。――この信仰が掘り崩されてしまえば、その信仰の上に築かれ、それに凭れかかり、それに寄生してきたものが、今度は総じて崩れ落ちてゆかざるをえないのに、である。たとえば、われわれヨーロッパの道徳の総体がそうである。長期にわたる取り壊し、崩壊、没落、転覆が、今まさに陸続と押し寄せようとしている。今日、この事態をいち早く充分に察知して、身の毛のよだつこの恐るべき論理の教師にして予告者となるべく、おそらく前代未聞の陰鬱化と日蝕の予言者の役回りを演ずるべく定められているのは誰か。……生まれつき謎解き屋であるわれわれは、いわば山上で待ち構えて、今日と明日の間に身を置き、今日と明日の間の矛盾に身を投じて緊張している。来たるべき世紀の初子（ういご）にして早生児であるわれわれは、やがてヨーロッパを必ずや覆うことになる影を、今ではもう見据えてしまっているはずである。それなのに、そのわれわれでさえ、この陰鬱化にさほど関心を抱かず、なかんずく、われわれの身を案じて恐怖を抱くこともなく、この陰鬱化の到来を待ち受けているのは、どうしたことだろうか。ひょっとしてわれわれは、この出来事の直近の帰結の影響下に、依然としてありすぎるのだろうか。——この直近の帰結、われわれにとっての帰結は、ひとが予想するかもしれないのとは反対に、悲しむべきことでも陰鬱にさせることでも全然なく、むしろ、名状しがたい新種の光明、幸福、安堵、陽気、鼓舞、曙光のごときものなのである。……事実、哲学者にして「自由な精神」であるわれわれは、「古き神は死せり」との報に接して、まるで新しい曙光に照らされたかのように感ずる。そのとき、われわれの胸は、感謝、驚嘆、予感、予期にあふれる。——ついに水平線はわれわれにふたたび開かれたように見える。まだ明るくなっていないとしても、ついにわれわれの船はふたたび出帆してよいのだし、どんな危険を冒しても出帆してよいのだ。認識者のいかなる冒険もふたたび許された。海が、われわれの海が、ふたたび眼前に開かれた。これほどの「開けた海」つまり公海は、おそらくこれまで存在しなかっただろう。——

344番

どこまでわれわれもいまだに信心深いか。――学問において、信念なるものは市民権をもたない。そう言われるのはもっともなことだ。というのも、信念が仮説、つまり当座の試験的観点や統整的虚構という慎ましい地位に身を落とすことを決心してはじめて、信念は認識の国に入ることを許され、その国内で一定の価値すら認められるに至るからである。――とにかく、警察の監視のもとに依然として置かれるという制限付きで、つまり不信という警察のもとに、である。――しかしこれは、よくよく考えてみれば、信念は信念たることを止めてはじめて学問の世界に入ることを許される、ということではないのか。学問的精神の訓練は、信念をもはやみずからに許さない、ということで始まるのではないか。……多分そうだろう。ただ、問題として残るのは、この訓練が始まりうるためには、なんらかの信念がすでにそこに存在しなければならないのではないか、しかもその信念が非常に高圧的で無条件的であるため、他の信念はことごとくその犠牲にされるほどではないか、という点である。見られるとおり、学問もまた一個の信仰にもとづいており、「無前提」の学問など存在しない。真理は必要か、という問いは、はじめからさっさと肯定されねばならないばかりか、「真理以上に必要なものなど何もない、真理に比べれば他の一切は二次的価値しかもたない」という命題、信仰、信念が、そこに表明されるほど、それほどまでに肯定されねばならない。――かくも無条件的な、真理への意志、これは何なのか。それは、欺かれたくないという意志であろうか。それとも、欺きたくないという意志であろうか。というのも、後者の方式にも、真理への意志は解釈されうるからである。ただし、「私は欺きたくない」という一般式のなかに、「私は私を欺きたくない」という個別事例も含めるとしての話だが。それにしても、なぜ欺きたくないのか。なぜ欺かれたくないのか。――前者の理由が、後者の理由とまったく別の領域に存することに注意しよう。欺かれたくないと意志するのは、欺かれるのは損失であり危険であり命取りである、と仮定されているからである。この意味では、学問とは、長期の賢明さであり用心であり有用性だということになろう。だがこれに対しては、次のような異議が唱えられてもおかしくない。曰く、そうだろうか、欺かれたくないという意志は、損失も危険も少なく命取りでもないというのは、本当だろうか。無条件的不信と無条件的信頼のどちらの側に利点が大きいかを決定しうるほど、人生というものの性格について君たちは前もって何を知っているというのか。もし、どちらとも、つまり数多の信頼ならびに数多の不信が必要だということになれば、学問は、おのれの拠って立つ無条件的信仰を、つまり、真理は他のなんらかの事物よりも、ひいては他のいかなる信念よりも、いっそう重要なのだとする信念を、どこから取ってくればよいのか。真理ならびに非真理はどちらも有用なのだと、事実そうであるとおりに絶えず立証されたとすれば、かの信念そのものが成立しえなかったであろう。それゆえ――まぎれもなく今日現に存在している学問信仰が、かの功利計算に起源を有しているということはありえない。むしろこの信仰は、「どんな犠牲を払ってでも真理を」という「真理への意志」の無用性と危険性が絶えず証明されているにもかかわらず、生じたのである。「どんな犠牲を払ってでも」――おお、われわれがこのことを充分理解したのは、はじめてこの祭壇に信仰を片っ端から献じて、次々に屠ったときのことだった。――したがって、「真理への意志」は「私は欺かれたくない」を意味するのではなく、むしろ――選択の余地なく――「私は欺きたくない、私自身をも」を意味するのである。――かくてわれわれは、道徳という地盤に立っていることになる。なぜというに、「なぜおまえは欺きたくないのか」と、ひたすら徹底して自問してみるがいい。とりわけ、次のように見えるとした場合――じっさいそう見えるのだが――、つまり生が見かけを、すなわち誤謬、欺瞞、偽装、眩惑、自己眩惑をめざしているかに見え、他方では事実上、生の偉大な形式がつねに、非の打ちどころのないほど百戦錬磨のずる賢い人びと〔πολύτροποι〕の側に現われてきた場合、そう自問してみるがいい。そうすれば、欺きたくないという決意は、おそらく、寛大に解したとしても、一種のドン・キホーテ的錯乱、頭のいかれた小熱狂といったところだろう。だがそれは、もっともっとひどいものかもしれない。すなわち、生に敵対的な破壊的原理かもしれない。……「真理への意志」とは、――隠された、死への意志なのかもしれないのだ。――そんなわけで、「なぜ学問なのか」という問いは、次の道徳的問題に還元される。生、自然、歴史が「非道徳的」だとすれば、そもそも道徳とは何のためか、という問いに。[*36]学問信仰が前提しているような大胆かつ究極の意味において誠実な人は、間違いなく、その信仰でもって、生、自然、歴史の世界とは別の世界を肯定する。そして、この「別の世界」を肯定するかぎりにおいて、どうだろう、彼はまさにそのことでもって、その反対物たるこの世、われわれの世界を——否定せざるをえないのではないか。……私の言わんとすることは、さすがにお分かりだろう。すなわち、われわれの学問信仰の拠って立つところは、相も変わらず一個の形而上学的信仰だということ、——われわれ現代の認識者、神を失った者にして反形而上学の徒であるわれわれが、われわれの火をとってくる松明（たいまつ）とは、依然として、何千年も前からの古い信仰が火を点けた松明であって、そしてその古い信仰こそは、かのキリスト教の信仰にしてプラトンの信仰でもあったもの、つまり、神は真理なり、真理は神的なり、という信仰にほかならないということ、これである。……しかるに、まさにこの信仰がいよいよもって信ずるに足らなくなり、誤謬、盲目、嘘よりほかには神的なものなどもはや何もないことが明白になるとすれば、どうであろうか、——神自身が、われわれのとっくの昔からの嘘であったことが明白になるとすれば、どうか。——

345番

問題としての道徳。——人格の欠如は、あちこちでしっぺ返しを受ける。人格が弱々しく、薄っぺらで、消え入りそうで、自己で自分を否定し、否認するようだと、善きことにはもはや役立たない——とりわけ哲学には向かない。「無私性」など、天にも地にも、およそ価値などない。大問題というのはすべて、大いなる愛を要求する。大いなる愛をなし能うのは、どっしり腰のすわった、強靭で、円熟した、確固たる精神だけである。一人の思想家が、おのれの問題に人格を賭して取り組み、その結果みずからの運命と困苦、そして最上の幸福をも当の問題のうちに持つのか、それとも「人格はそっちのけ」なのか、すなわち、冷ややかに新奇なものを窺う思想の触角でそっと触ってから摑まえることだけを心得ているのか、では雲泥の差がある。後者の人格欠如型からは、どんなに期待されようとも、何一つ出てこない。というのも、大問題というのは、かりにそれが摑まえられるとしても、蛙や弱虫には、それを捉えて離さないことなどできっこないのだから。これぞ、大問題にそなわる、永遠の昔からの趣味なのだ。――ついでに言うと、大問題は、すべての健気な女たちと、この趣味を共有している。――ところで私は、人格としてこういう立場で道徳に立ち向かった人に、つまり道徳を問題として弁(わきま)え、この問題をみずからの人格的な困苦、苦悶、情欲、情熱として弁えた人に、誰一人、書物の中ですら、まだ出会ったことがない。これはどうしたことだろうか。明らかに、これまで道徳はまったく問題にされなかった。むしろそれは、われわれがあらゆる不信、分裂、矛盾のあとでお互い一致し合えた当の場所にほかならず、思想家たちが自分自身からも逃れて休息し、ホッと息をつき、息を吹き返した平和の聖域なのであった。道徳的価値判断の批判を敢行した人に、私はお目にかかったことがない。せめてその代わりに、科学的好奇心の試み、心理学者や歴史家の甘やかされた誑(たぶら)かし的想像力の試みでも、あればいいのにと私は思う。そういった想像力は、問題を易々(やすやす)と先取りし、サッと素早く摑まえるものの、そこでいったい何を摑まえたか、じつはよく分かっていないのだが。私は、道徳感情や価値評価の成立史（これは道徳批判とは別物だし、倫理学体系の歴史とも異なる）をまとめ上げるための僅かばかりの出発点を見つけ出すということも、ほとんどなかった。個々の場合では、こうした類いの歴史研究向きの傾向や才能を鼓舞するために手を尽くしてみた――が、今となってはそれも無駄であったように思われる。こういう（とくにイギリスの）道徳史家は、ほとんど取るに足らない。彼らはふつう、特定の道徳の号令に彼ら自身相変わらず無邪気に服し、知らず識らずのうちに、当の道徳の楯を運ぶ従者の役回りを演じている。キリスト教ヨーロッパの民衆は、道徳的行為の特徴は無私、自己否認、自己犠牲もしくは同情、共苦に存する、という迷信を依然として天真爛漫に受け売りし、語り真似しているが、けっきょく道徳史家もそれと同じ俗信を携えているのである。彼らはその前提において、次のようなありがちな誤りを犯している。つまり彼らは、道徳の或る種の命題に関して、諸民族の間には、少なくとも野蛮でない諸民族の間には、何らかの合意（コンセンサス）があるのだと主張し、そこからして、その命題は君や私をも縛る無条件的拘束力をもつのだと結論する。あるいは逆に、民族が異なれば道徳的評価も必然的に異なるのだ、という真理が彼らに萌（きざ）したあとでは、一切の道徳は拘束力をもたない、と結論する。どちらも大いなる児戯のごときものである。彼らの中でも上等な連中の誤りは、ある民族が自分たちの道徳に関して抱く、あるいは、人間たちが一切の人間道徳に関して、たとえば道徳の由来や宗教的裁可、自由意志という迷信などに関して抱く、おそらくは馬鹿げた見解を暴露し批判しては、まさにそれでもって道徳それ自体を批判してしまったのだと思い込むところにある。だが、

「汝何々すべし」と命ずる掟の価値は、この掟に関するそういった見解や、その見解におそらく繁茂する誤謬の雑草とは、やはり徹底的に異なっており、それらとは独立しているのである。ちょうど、患者にとっての医薬品の価値は、患者が薬に関して科学的に考えるか、老婆のように考えるかということとは、なんといっても完全に独立しているように。ある道徳はそれ自身、誤謬から生ずるかもしれない。だが、そう見抜いたとしても、その道徳の価値の問題にはまだいささかも触れたことにはならない。――してみれば、すべての薬の中でも最も有名な、道徳と呼ばれる、かの名薬の価値を、これまで誰一人吟味したことはなかったのだ。そのために何はさておき必要なのは、道徳の価値を一度――疑問に付すことなのだ。よしきた、これぞわれらの仕事なり。――

346番

われわれの疑問符。――なのに、君たちにはそれが理解できないのか。実際、われわれのことを理解するのは、骨が折れることだろう。われわれは言葉を探し、おそらくは耳をも探している。それにしても、われわれとは誰か。たとえ、古びた表現を使って、神を失った者とか、不信心な輩（やから）とか、また背徳者とかと、あっさり自称したとしても、それで言い当てられたことになるとは、まだまだ信じられない。われわれは、これら三者の末期段階をすべて兼ねそなえている。あまりに末期的すぎて、この一人三役がどんな気分なのか、ひとには分からないし、君たちにもとても分かるまい、好奇心に満ちた紳士諸君よ。不信仰までも信仰に、目的に、殉教にすら拵え上げないわけにはいかない離脱者の悲痛な情熱を、そう、われわれはもはや持ち合わせていないのだ。この世界に神的な出来事など絶対起こらないし、それどころか、人間の尺度からして理性的で、慈悲深く、公正な出来事が起こったためしもない、という洞察でもって、われわれは煮詰められ、冷やされ、固まっている。われわれの住む世界は神的ではなく、不道徳的で「非人間的」だということを、われわれは知っている。――われわれはこの世界を、あまりに長い間、嘘偽りだらけに解釈してきたが、それは、尊敬を求めるわれわれの願望と意志に従ってのこと、すなわち、必要に迫られてのことだった。というのも、人間とは尊敬する動物だからだ。だが、人間とは疑り深い動物でもある。世界には、われわれが信じてきたほどの価値はない。たぶんこれこそが、われわれの不信がついに手に入れた最も確実なことなのである。不信のある分だけ、それだけ哲学がある。世界に価値がなくなった、などと言わないよう、よくよく用心しよう。人間は、現実の世界のもつ価値を凌ぐほどの価値を発明するのだ、などと主張しようものなら、今日のわれわれには嗤うべきことにすら見える。――まさにそのようなところから、つまり、長らくそうとは認識されなかった人間の虚栄と非理性の錯乱し放題から、われわれは立ち戻ってきたのである。この錯乱の最近の表現は、現代のペシミズムに見られ、もっと古いがもっと強烈な表現は、ブッダの教えに見られる。他方、キリスト教もこの錯乱を含んでおり、もとよりいっそう疑わしく曖昧だが、だからといって誘惑的でないでもない。「人間 対 世界」などと言い出し、「世界否定的」原理としての人間とか、事物の価値尺度としての人間とか、人生それ自体を最終的に秤にかけてこれを軽すぎると判断する世界審判者としての人間とか、言ってのける態度すべて——こうした態度の途轍もない悪趣味さ加減が、もろにわれわれに意識され、愛想を尽かされている。——「人間と世界」が、「と」という高尚で傲慢な小辞によって隔てられて並べ置かれているのを見ると、もうわれわれは嗤ってしまうのだ。だが、それでどうだというのか。まさにそれでもってわれわれは、嗤う者となり、人間を軽蔑するという点で、わずか一歩前進しただけの話ではないのか。それゆえ、ペシミズムの点でも、われわれに認識可能な現実存在を軽蔑するという点でも、そうではないのか。まさにそれでもってわれわれは、ある対立の疑心暗鬼に陥っているのではないか。つまり、これまでわれわれなりに尊敬を抱きながら居心地よく暮らしてきた世界と——おそらくこの尊敬ゆえにわれわれは生きることに耐えられたのだ——われわれ自身がそれであるもう一つの世界とは対立しているのではないか、という疑心暗鬼に、である。この、われわれ自身に関する仮借ない、徹底的な、最底辺の疑心暗鬼は、われわれヨーロッパ人をいよいよもって、ますますひどく支配下に収めつつあり、来たるべき世代を、「自分を尊敬するのをやめよ、さもなければ——君たち自身をやめよ」という恐るべき「あれかこれか」の前にたやすく立たせられるほどである。後者をとれば、ニヒリズムとなろう。だが、前者だって——ニヒリズムではないのか。——これぞ、われわれの疑問符にほかならない。

347番

信心深い人びとと、彼らにとっての信仰の必要。——羽振りよくやってゆくためには、ある人に信仰がどれほど必要か、身を支えてくれる微動だにしない「確固としたもの」がどれほど必要か、——は、その人の力（あるいは、もっとあからさまに言えば、その人の弱さ）の程度を測る物差しである。私の見るところ、年老いたヨーロッパでは、キリスト教を、今日なお大多数の人びとが必要としている。それゆえ、キリスト教は依然として信仰されている。それが人間というものなのだ。ある教義が千回も論駁されることはあっても、——その教義が自分に必要だということになれば、その人は何度でも繰り返し「真」だと言い募ることだろう。——聖書で言う、かの有名な「力の証し」に従って、である。形而上学を必要としている人も、いまだにいる。だが、確実性を求める、かの猛烈な要求が、科学的‐実証主義的に今日広い範囲で吐き出されており、これなどもまったくのところ、確固とした何かを得たいと欲する要求であって（この要求の熱烈さゆえに、確実性の基礎づけなど、えてしてそっちのけになるが）、やはり支えや拠りどころを求める要求にほかならず、要するに、かの弱さの本能なのである。この本能のおかげで、宗教や形而上学、あらゆる種類の信念が、なるほど創造はされないにしろ——保存されてきたのである。実際、こういった実証主義的諸科学体系の周りにくまなく立ちこめているのは、一種のペシミズム的陰鬱化の濛々たる煙であり、疲労とか、宿命論とか、幻滅とか、さらなる幻滅への恐怖とかいったものであり、

――もしくは、これ見よがしの憤懣や、不機嫌や、悲憤慷慨型の無政府主義であり、弱さの感情の徴候として、またはその仮装用に存在しているものの一切である。現代の最も分別ある人びとをみすぼらしい片隅や隘路のうちへ、たとえば愛国主義（私が言わんとしているのは、フランスでは「盲目的愛国心《ショーヴィニスム》」、ドイツでは「ドイツ的」と呼ばれているもののことである）のうちへ迷い込ませる激越さ、あるいは、パリの「自然主義《ナチュラリスム》」（これは自然のなかから、嘔吐とともに驚愕を催させる部分ばかりを抜き出して剝き出しにする――この部分を今日ひとは「本当の真実《ヴェリテ・ヴレ》」と呼びたがる）の流儀にならった美学上の偏狭な信仰告白のうちへ、あるいは、ペテルスブルクのお手本にならったニヒリズム（すなわち、そのためなら殉教も辞さぬほどの無信仰の信仰）のうちへ迷い込ませる、そういった激越さにすら、まずもって、信仰、支え、脊柱、後ろ盾等々の必要が、つねに現われている。……信仰とはつねに、意志が欠如しているところにこそ、最高度に渇望され、最も切実に必要となるものなのだ。というのも、意志とは、命令の情動である以上、自己支配と力とを決定的に示す記章なのだから。言いかえれば、ある人が命令することができなければできないほど、それだけその人は、命令する者、厳格に命令する者を、つまり神、王侯、身分、医者、聴罪司祭、教理、党派的忠誠心を、欲しがるものなのである。ここからおそらく引き出されることだが、二大世界宗教、仏教とキリスト教は、その成立根拠を、突如普及した事情ともども、途方もない意志の罹病のうちに有していたのではないか。事実その通りだったのである。どちらの宗教も、意志の罹病によって、「汝なすべし」と命ずる要求が馬鹿らしいほどうず高く積み上げられて絶望せんばかりになっていたのを、目の当たりにしたのであった。両宗教は、意志衰弱の時代に狂信主義を教えてくれる女教師だったのであり、それでもって無数の人びとに、支えを、意志する新たな可能性を、意志にまつわる悦びを提供したわけである。というのも、狂信主義とは、不確実な弱者たちにすら与ることのできる唯一の「意志の強さ」だからである。つまりそれは、支配的になってゆく一個の視点および感情点に過度の栄養を与える（肥厚化の）ために、感性と知性の体系全体にかけられる一種の催眠術なのである——キリスト教徒は、これを信仰と呼んでいる。人間は、命令されねばならぬという根本確信に達するとき、「信心深く」なる。逆に、自己決定の快楽と力、次のような意志の自由も考えられよう。つまり、そこでは精神が、あらゆる信仰に、確実性を求めるあらゆる願望に別れを告げ、か細い綱のような可能性の上に身を支えることができ、奈落の淵ですら踊るすべを、ありのままに身につけているような、そういう自由も考えられよう。そのような精神こそ、卓越した自由精神にほかなるまい。

348番

学者の素姓について。——ヨーロッパでは、学者は、あらゆる種類の身分や社会的条件から生じてくる。特定の土壌を必要としない雑草のように。それゆえ、学者は本質的かつ否応なしに、民主主義思想の担い手に属するのである。しかるに、この平民出という素姓は、ばれやすい。博識な書物や学術論文からその学者の知的特異体質——これはどんな学者にも具わっている——を見つけ出し、現場で取り押さえるだけの眼力を身につけた人は、往々にして、その特異体質の背後に、学者の「前史」を、彼の家族を、とりわけ家族の職種や商売を見てとることになる。「もう証明は済んだ、これで私の仕事は終わった」という感情が現われるときは概して、学者の血と本能にやどる先祖がそこに控えていて、この先祖の視角からして「為された仕事」を是認する、といった具合なのである。——証明への信仰は、勤勉な種族にあっては昔から「よい仕事」と見なされてきたものの徴候の一つにすぎない。一例を挙げよう。多種多様な資料を整理し、引き出しの中に分類し、一般的に図式化することをつねに主たる任務とした各種の記録係や書記係を父にもつ息子たちが、学者になった場合は、図式化してしまえばそれでもう問題は解消したと言わんばかりの先行傾向を示す。根っから図式的頭脳でしかない哲学者のタイプがいるものである。——そういう連中にあっては、父親の商売の形式が内容と化してしまっている。分類する才能、カテゴリー表の才能から、お里が知れる。蛙の子は蛙というわけだ。弁護士の息子は、研究者になっても、弁護士であるほかないだろう。彼は自分の手がける事柄に関して、自説の正しさが認められることを第一の懸案として欲するのであり、自説の正しさを欲するのはおそらく二の次なのである。プロテスタントの牧師や教師の息子たちは、彼らの示す素朴な確信で、それと分かるものである。彼らは学者として課題に取り組むさいに、ひたすら誠心誠意説きさえすればそれでもう証明されたのだと、素朴さ丸出しですぐ信じ込むからである。つまり彼らは、自分の言うこ

――彼らの父親たちの「商売」とを信じてもらうことに、すっかり慣れっこになっている。――彼らの父親たちの「商売」も、これだったのだ。逆に、ユダヤ人は、職業柄や民族の歴史からして、まさにこのこと――自分の言うことを信じてもらうこと――に、いちばん不慣れである。この点に関して、ユダヤ人の学者を調べてみるといい。――彼らはみな論理に、すなわち根拠によって同意を強制することに重きを置く。彼らには分かっているのだ。自分たちに対する人種的、階級的な反感が存在する場合でさえ、つまり自分の言うことをなかなか信じてもらえない場合でさえ、論理を駆使すれば勝てるにちがいない、と。なにしろ、論理ほど民主主義的なものはないのだから。論理は人格などお構いなしだし、曲がった鼻の言うことでも真っ直ぐだと見なしてくれる。（ついでに言うと、ヨーロッパは、ユダヤ人に感謝すべきことが少なくない。ドイツ人をきれいにするという習慣に関して、他ならぬこの論理化に関して、つまり頭脳は、今日でも相変わらず、真っ先に「頭脳を洗浄する」必要のある、嘆かわしいほど非理性的な人種なのだが、彼らなどはとくにそうである。ユダヤ人が影響を及ぼすようになったところではどこでも、より突っ込んで区分し、より鋭く推論し、より晴朗かつ清潔に書くことを、ユダヤ人は教えた。彼らの任務はつねに民衆を「理性へと」導くことであった。）

349番

ふたたび学者の素姓について。――自己自身を保存しようと欲するのは、苦境の表現である。つまり、権力の拡張を志し、この意志において自己保存を疑問に付し犠牲にすることも辞さない生の本来的根本衝動が、切りつめられてしまっていることの表現なのである。二、三の哲学者が、たとえば肺病病みのスピノザが、ほかでもない、いわゆる自己保存衝動のうちに決定的なものを見出した、いや見出さずにはいられなかったとすれば、それは症候的なことだと解されよう。――彼らは、まさに苦境にある人間だったのである。現代自然科学がスピノザ主義のドグマとあれほど絡み合っている（最近のダーウィン主義にあっても、露骨このうえなく、不可解なまでに一面的な「生存競争」説と絡み合っている――）のは、大多数の自然科学者の素姓に、その原因があるらしい。この素姓の点では、彼らは「民衆」に属している。彼らの祖先は、どうにか暮らしていく苦労を身に沁みて知り抜いていた、貧しく惨めな人びとであった。イギリスのダーウィン主義の周り一面には、イギリスの人口過密地域のむっとする空気だとか、困苦貧窮の零落者たちの臭気だとかが漂っている。しかし彼らは、いやしくも自然科学者なら、みずからの人間臭い片隅から抜け出るべきであったろう。自然を支配しているのは苦境ではなく、過剰であり浪費であり、それどころか、馬鹿馬鹿しいほどの過剰と浪費だからである。生存競争など例外にすぎず、生の意志の一時的な制限でしかない。大小の闘争が、至るところで、優越をめぐって、成長と拡大をめぐって、権力をめぐって、権力への意志にそって繰り広げられている。権力への意志こそ、生の意志にほかならない。

350番

宗教的人間〔homines religiosi〕に敬意を表して。——教会に対する闘争とは、とりわけ——というのも、ひとくちに教会に対する闘争と言っても意味はいろいろだから——、重々しさと深みと瞑想に長けた人びとの支配に逆らって、すなわち邪心と疑心に長け、この世に生きることの価値に関して、また自分自身の価値に関しても久しく疑念を抱き熟慮を重ねてきた人びとの支配に逆らって、卑俗さとご満悦と馴れ馴れしさと皮相浅薄とに根っから長けた者たちが起こした闘争でもあった。これはまったく確かなことだ。——民衆の卑俗な本能、官能の悦楽、「善良な心」が、前者の人びとに反旗を翻したのである。ローマ教会は全体として、人間の本性に関する南国的な疑心に立脚しており、北方からはつねに誤解される。そのような疑心を抱いて、南欧は、深遠な東方(オリエント)の、つまり神秘に満ちた太古のアジアとその観想の、遺産を相続してきたのであった。プロテスタンティズムからして、単純朴訥(ぼくとつ)で天真爛漫で皮相浅薄な人びとのための民衆一揆であった(北方は南方よりもつねにお人好しで薄っぺらであった)。しかるに、「善良な人間」(羊や、驢馬や、鵞鳥ども、どうしようもなく浅はかで、喚き屋(わめ)で、「近代的理念」という名の精神病院に入るにはお誂え(あつら)向きの連中の一切)の手中に、王笏(しゃく)が厳か(おごそ)にすっかり委ねられたのは、フランス革命によってはじめてだった。

351番

聖職者型の人間に敬意を表して。——思うに、知恵という言葉で民衆が理解しているもの（だが今日、「民衆」でない者などいるだろうか——）から、つまり、牧草地に横たわって生を反芻しつつ真面目に傍観している、あの利口で牝牛じみた心の穏やかさと信心深さと田舎牧師風の気立ての優しさから、自分は一番遠いところにいると感じてきたのが、まさに哲学者たちであった。なぜかといえば、たぶんそれは、哲学者が傍観に向いているほど「民衆」でも田舎牧師でもなかったからだろう。おそらく哲学者たちにしても、民衆にとって一番遠くにあるものを、つまり認識者の大いなる情熱を、何かしら理解することが民衆に許されるなどとは、よもや信じられまい。認識者は、至高の問題と最重量級の有責性という雷雲の中を不断に生きており、また生きざるをえない（それゆえ、傍観的、外面的、無関心、確実、客観的等々では決してない）ものなのだ。民衆の側で「賢者」の理想像が拵(こしら)えられる場合、民衆の崇める相手というのは、まったく別の種類の人間たちであり、まさにその種の人間を民衆が絶賛し崇敬してやまないのは、あまりに当然なのである。すなわち、穏やかでクソ真面目で貞潔な聖職者型の人間と、それに似通った人びとがそれである。——知恵に対してかの卑俗な畏敬を抱きつつ、民衆はそういった人びとに賞賛を向ける。このような聖職者型人間以上に、民衆が感謝をより多く表わすべきいわれのあるどんな相手がいるというのだろうか。なにしろ聖職者型人間は、民衆に属しており、民衆の出であり、それでいて聖別され選抜されて民衆の福祉の犠牲になった者であり——彼ら自身は神に身を捧げたと信じているにしても——、彼らの前では民衆は咎められることなく胸中をぶちまけられるし、彼らに宛てて自分たちの内緒事や心配事やもっと碌でもないことまで厄介払いできるからである（——というのも、「心中を打ち明け」れば、自分自身を厄介払いできるし、「告白」してしまったら、きれいさっぱり忘れられるからだ）。ここで支配をふるっているのは、大いなる用便というやつである。すなわち、魂の汚物にとっても、下水道と、汚れを洗い流す浄水とが必要なのであり、そうした非公開の衛生管理業務に進んで就いて身を捧げるような、強靭で謙虚で純真な心あふれる愛の奔流が無くては困るのである。——これぞ犠牲行為にほかならない。聖職者とは人身御供なのであり、どこまでもそうなのだ。……民衆は、そのように犠牲になり厳粛になった真面目な「信仰」の人を、賢者だと、知に達した人だと、自分たちの不確かさに比べて「確かなお方」だと、感ずるのである。賢者という言葉や、こういった畏敬を、民衆から奪いとろうとする者がいるだろうか。——だが逆に、哲学者の間では、聖職者も依然として「民衆」と見なされ、「知者」とは見なされないが、それも当然なのである。なぜなら、何よりも、哲学者自身が「知者」なるものを信じず、まさにその手の信仰や迷信のうちに「民衆」の臭いをすぐ嗅ぎつけるからである。ギリシアにおいて「哲学者」という言葉をあみ出したもの、知者を自称する派手な思い上がりを精神の俳優たちに任せたものは、謙虚さであった。——ピュタゴラスやプラトンの如き、かくも矜持と自制とを兼ね備えた怪物たちの謙虚さだったのだ。——

352番

どこまで道徳は無くてはならないものか。——裸の人間というのは、概して、みっともない——私が言っているのは、われわれヨーロッパの男たちのことだ（ヨーロッパの女性のことでは決してありません）。いとも愉しげに会食をしている仲間が、突如、魔法使いのいたずらによって服を脱がされて、素っ裸にされた姿をお互い見合わせたとしよう。思うに、その場の愉しい雰囲気や旺盛な食欲が台無しにされる、というだけではないだろう。——われわれヨーロッパ人は、衣装と呼ばれる仮装なしでは到底すまされないように思われる。しかるに、「道徳的人間」という変装も、つまり、道徳的な決まり文句やエチケットの概念を隠れ蓑にした彼らの扮装にしろ、義務、美徳、公共心、廉恥心、無私といった概念を隠れ蓑にしてわれわれの行為を心優しくすっぽり隠してしまうことにしろ、衣装と同じく、それなりの理由をもっているはずではなかっただろうか。だからといって私はべつに、人間の悪意や卑劣さ、要するにわれわれの内なる下劣な野獣を覆い隠さなければならない、などと言いたいのではない。私の考えはむしろ逆であって、われわれは飼い馴らされた動物であるからこそ、みっともないのだし、道徳の仮装を必要とするのだということであり、——ヨーロッパの「内向き」人間は、自分の姿を「見てもらう」ことができる（美しい存在である——）には、まだまだ十分悪人になり切れていないということなのである。ヨーロッパ人は、道徳という仮装で身をくるむ。なぜなら彼は、病気で虚弱で不具の動物になってしまったからである。この動物が「飼い馴らされ」ているのも当然で、彼はほとんど畸形であり、生半可で無力でぶきっちょだからである。……道徳的仮装を必要としているのは、猛獣の恐ろしさゆえではなく、畜群だからであり、畜群が根っから凡庸で、不安におののき、自分自身に退屈しているからこそである。道徳はヨーロッパ人を飾り立てて——そのことならわれわれも認めよう——、実際以上に高貴なもの、立派なもの、堂々としたもの、つまり「神的なもの」に見せかけているのである。——

353番

宗教の起源について。——宗教の開祖によって真に発明されると言えるのは、第一に、意志の訓練〔disciplina voluntatis〕として有効であると同時に退屈を取り除いてくれそうな、特定の種類の生き方と日々の風習を始めることである。第二に、まさにこの生活に解釈を与えることであり、その解釈のおかげで生活が至高の価値の後光に照らされて輝いて見え、ひいてはそれを求めて人びとが戦い、場合によっては命を犠牲にするほどの善きものに生活がなりおおせることである。本当を言えば、この二つの発明のうち、後者のほうが、いっそう本質的である。前者の生き方のほうは、ふつう、すでに現存していたのだが、他の生き方と並存してきたため、どのような価値がその生き方に内在しているか、意識されなかっただけである。宗教の開祖の意義、独創性がはっきりしてくるのは、ふつう、彼がこの生き方を見てとり、選び出し、それが何の役に立ち、いかに解釈されうるかを、最初に察知する、という点にある。たとえば、イエス（またはパウロ）が見出したのは、ローマ属州の下層民の生活、つまり慎ましく健気な貧窮生活であった。彼はそれを解釈し、至高の意味と価値とを投入し――それとともに、他の一切の生き方を軽蔑する勇気と、物静かなヘルンフート派的狂信主義とを投入したのである。その自己確信は、ひそかに地下で育って着実に成長していき、ついには「世界」（すなわちローマおよび帝国全土の上層階級）「に打ち克つ」ほどの勢いとなった。同様にブッダが見出した人間の種類とは、しかも彼の民族のいかなる身分や社会階層の間にも散らばっているのを見出した種類とは、怠惰ゆえに善良で親切な（誰にも危害を加えない）人びとであり、また同じく怠惰ゆえに禁欲的でほとんど無欲に生きている人びとであった。ブッダは、そのような種類の人間が、不可避的に、つまり惰性の力〔vis inertiae〕のままに、地上の労苦（すなわち労働、行為一般の労苦）の再来を防止すると約束してくれる信仰へと、いかに転げ込まざるをえないかを、理解した――この「理解」こそ、ブッダの天才にほかならなかった。宗教の開祖には、おたがい同類であることをまだ認識していなかった特定の種類の人びとの平均的心性に関する、確かな心理学的知見が具わっている。開祖とは、彼らを繋ぎ合わせる人なのだ。そのかぎりで、宗教の創設はつねに、長きにわたる認識の祝祭となる。

354番

「種属の守護神」について。——意識（より正確には自覚化）という問題が、われわれの前に立ち現われてくるのは、意識なしに済ませられるのはどこまでかを把握し始めるときにはじめてである。こういった把握を始める地点に今やわれわれが至っているのは、生理学と動物誌のおかげである（つまり、この二科学がライプニッツの先駆的な疑心に追い付くのに二百年かかったことになる）。じっさい、われわれは思考し、感情を催し、意志し、想起することができるし、同様に、語のあらゆる意味において「行為する」ことができるが、それでいてこれらはいずれも、われわれの「意識に入ってくる」（比喩的に言えば）必要はない。われわれの生の全体は、いわば鏡に映った自分の姿を見なくても、可能なのである。実際のところ、今なお、われわれのこうした生の圧倒的部分が、鏡に映し出されることなく演じられているように——しかも、われわれの思考的生、感情的生、意志的生をも含めてである。そう言うと、年老いた哲学者には耳障りに聞こえるかもしれないが。意識とは、それが大体において余計であるとすれば、そもそも何のためなのか。——ところで、この問いに対する私の答えと、そのおそらく突飛な推測にひとが耳を貸すつもりがあるならば、意識がどれだけ洗練され力強いかは、人間（または動物）の伝達能力につねに比例し、この伝達能力はこれはこれで、伝達の必要に比例するように私には思われる。ただし、後者の比例関係は、自分の必要を伝達し理解してもらうことにかけてはまさに名人である当の個々人自身が、自分の必要を携えるとともに、たいていは他者に差し向けられ依拠せざるをえない、といったふうに解されてはならない。とはいえ、人種全体や種族の連鎖の単位でなら、さもありなんと私には思われる。必要、必需のために、人間がたがいに伝達し合い、相互に迅速かつ精確に理解し合うことを長らく強いられた場合、ついには、あり余るほどの伝達の力と技術がそこに生ずる。さしずめ、積もり積もったあげく、それを蕩尽してしまう相続人を待ちこがれている資産のように（――いわゆる芸術家とはそういった相続人であり、弁論家、説教者、作家も同様である。これらの人間はみな、長期の連鎖の最後につねに現われ、いつでも語の最良の意味での「末裔」であり、上述の通り、その本質からして浪費家なのである）。もしこうした考察が正しいとすれば、さらに次のように推測を続けてもよいだろう。意識は一般に、伝達の必要という圧力の下でのみ発達してきた、と。――意識とは、はじめから、人と人との間（とりわけ命令する者と服従する者との間）にのみ必要であり、有用だったのであり、所詮この有用性の程度に比例して発達したにすぎない、と。意識とは本来、人と人との連絡網にすぎない。――そのようなものとしてのみ発達してきたに違いないのである。一人で棲む猛獣のような人間なら意識など必要なかったであろう。われわれの行為、思考、感情、運動自体が――少なくともその一部が――われわれの意識にのぼることは、人間を長きにわたって支配してきた恐るべき「ねばならぬ（ムス）」の帰結なのである。最も危険に曝された動物として、人間には援助、保護が必要であった。人間には同類が必要であった。自分の困苦を表現し、理解してもらうことができなければならなかった。――また、万事につけて、人間は「意識」をまずもって必要とした。自分に欠けているものを「知り」、自分がどんな気分なのかを「知り」、自分が何を考えているかを「知る」ためにさえ。というのも、もう一度言うが、人間は、他のすべての生き物と同じく、たえず考えてはいるが、知ってはいないのだから。意識されるようになった思考は、思考のごく一部にすぎない。それも、最も皮相浅薄で最も出来の悪い部分だ、と言おう。——この意識された思考だけが、言葉のうちで、すなわち伝達記号のうちで生ずる。これでもって、意識の素姓そのものがあばき出される。要するに、言語の発達と意識の発達（理性の発達ではなく、理性の自覚化の発達にすぎないが）は、連携している。付言すれば、人と人との間に橋を架けるのに役立つのは、言語だけではなく、眼差しや握手や身振りもそうである。われわれ自身に感覚印象が意識されること、つまり、感覚印象を固定することができ、かつそれを、いわばわれわれの外に立てる力は、感覚印象を記号によって他者に伝達する必要が増すにつれて増大した。記号を発明する人間は、同時に、ますます鋭く自己自身を意識する人間である。社会的動物としてはじめて、人間は自己自身を意識することを学んだ。——人間は今でもそうしているし、いよいよもってそうしている。——もうお分かりだろうが、私の考えはこうである。意識というのは本来、人間の個的実存には属しておらず、むしろ、人間にそなわる社会的本性および畜群的本性に属していること。その当然の帰結として、意識の発達は、わずかに社会的有用性および畜群的有用性に関して洗練されているにすぎないこと。したがって、われわれの誰もが、自分自身をできるだけ個人的に理解しよう、「おのれ自身を知ろう」と、いくら努力しても、結局いつも意識にのぼってくるのは、個人的ではないとしか言えないものばかり、その「平均的なもの」ばかりだということ。——われわれの思考自体はたえず、意識の性格によって——意識内に君臨している「種属の守護神」によって——いわば多数決で決められ、畜群的遠近法へと翻訳し直されること。われわれの行為は、根本においてどれもみな、比類のない仕方で人称的であり、唯一無比であり、どこまでも個人的である。そのことは疑いない。だが、われわれが自分の行為を意識へ翻訳したとたん、もはやそうは見えなくなってしまう。……これぞ、私の解するところの、真の現象主義にして遠近法主義にほかならない。すなわち、動物的意識の本性に付きものなのは、以下の事態である。われわれの意識しうる世界は、表層世界、記号世界にすぎず、一般化された世界、卑俗化された世界でしかないこと。——意識される一切は、まさに意識されることにより、平板で、薄っぺらで、相対的に間抜けで、種属に当てはまる全般的なもの、記号、畜群‐標識と化すこと。およそ意識されることとの一切と、大いなる根本的腐敗、偽造、皮相浅薄化、一緒くた的一般化とは結びついていること。こういった事態なのである。とどのつまり、意識の増大とは、一個の危険である。それどころか、意識過剰もいいところのヨーロッパ人の間で暮らす人なら分かっていることだが、意識の増大とは、一個の病気なのだ。お察しの通り、ここで私が問題にしているのは、主観と客観の対立ではない。主客の区別などは、文法（という俗流形而上学）の罠にはまり込んだままの認識論者に、お任せしよう。いわんや、「物自体」と現象の対立などではない。というのも、そのような区別をしてよいだけの「認識」すら、われわれは到底持ち合わせていないからである。認識のための、つまり真理のための器官を、われわれは何一つ有していない。われわれが「知る」（または信じる、または想像する）のは、人間という畜群、つまり人類という種属の利害において有用とされるもの、それぽっきりなのである。ここで「有用性」と呼ばれているものさえ、とどのつまりは、信仰、想像にすぎないし、いつかわれわれの破滅の種となるであろう、極めつけの宿命に満ちた愚昧さなのかもしれない。

355番

われわれの「認識」概念の起源。——この説明を私は横丁からとってこよう。民衆の誰かが「あいつはおれのことが認識った」と言っているのを聞いた。——そのとき私は自問した。民衆は認識という言葉でそもそも何を意味しているのか。「認識」を欲するとき、民衆は何を欲しているのか。次のこと以外の何物でもない。すなわち、見知らぬものは熟知のものに還元すべきだということ、これである。では、われわれ哲学者はどうか——そもそもわれわれは認識という言葉で、それ以上を意味してきただろうか。熟知のものとは、われわれが習慣的になじんでいて、もはやそれに驚くことのないもの、われわれの平凡な日常、われわれがどっぷり浸かっている何らかの規則、われわれがくつろいでいられるありとあらゆるもののことである。——どうだろう。認識へのわれわれの欲求とは、ほかでもない、こうした熟知のものへの欲求ではないか。つまり、およそ見知らぬもの、尋常ならざるもの、疑いの余地のあるものすべてのうちに、われわれをもはや不安にさせることのないありきたりの何かを発見しようとする意志ではないか。だとすれば、われわれに認識を命ずるのは、恐怖の本能だということにならないか。認識者が小躍りして喜ぶのは、ほかでもない、安全だという感情をふたたび手に入れたことに小躍りして喜ぶことではなかったか。……この哲学者は、世界が「認識された」と妄想した。あたかも、彼が世界を「理念」に還元し終えたかのごとくに。ああ、それは、「理念」が彼にとってそれだけ熟知であり、それだけなじみであったから、それだけ彼が「理念」に対して恐れるということがもはやなかったからではないか。――おお、認識者たちの欲求のかくも控え目なことといったら。このさい、彼らの言う原理やら世界の謎解きやらを、この点からじっくり眺めてみたまえ。彼らが、物事に即して、物事の根底に、物事の背後に、残念ながらわれわれに、はなはだ熟知の何かを再発見したとする。たとえば、われわれの九九の表とか、われわれの論理とか、われわれの意欲や欲望とか、をである。そうするやいなや、彼らはなんとまあ幸福になることか。なぜなら、「熟知のものは認識されている」からである。この点では彼らは一致している。彼らのうちで最も慎重な者たちでさえ、少なくとも、熟知のものは見知らぬものよりいっそう容易に認識できる、と思っている。たとえば、「内的世界」から、「意識の事実」から、まずは出発すべし、と方法的に命じられている、と思っている。なぜなら、それらはわれわれにいっそう熟知の世界だから、というわけだ。なんたる誤謬中の誤謬であろうか。熟知のものは、なじみのものである。だが、なじみのものこそ、「認識する」ことが最も難しいのである。言いかえれば、問題として見てとることが、言いかえれば、見知らぬもの、遠いもの、「われわれの外」にあるものとして見てとることが。……自然科学は大いなる確実性をもっている。心理学や意識諸要素の批判やら――非自然科学といってもよさそうなもの――に比べれば、そうである。その確実性のゆえんは、ほかでもない、自然科学が見知らぬものを対象としているからである。これに対して、見知らぬものではないものを、そもそも対象としようと欲するのは、ほとんど矛盾したことであり、背理に近い……。

356番

どこまでヨーロッパはいよいよもって「芸人的」になってゆくか。――生活の心配に強制されて、今日でもなお――じつに多くのことが強制力を失いつつある現代という過渡期であっても――、ほとんどすべてのヨーロッパ人男性は、一定の役柄を、つまりいわゆる職業を押しつけられる。その場合、この役柄を自分で選ぶ自由、つまり見かけ上の自由が残されている者も若干はいるが、大多数の者たちの役柄は一方的に決められる。その結果、ひどく奇妙なことになる。ほとんどすべてのヨーロッパ人が、ある程度歳をとると、自分の役柄と自分自身とを混同するのである。彼ら自身、自分の「良い演技」の犠牲になる。彼らの「職業」が決められた当時、どれほどの偶然に、気まぐれに、恣意に、彼らが左右されたかを

――また、どれほど多くの他の役柄を演じることができたかもしれないかを、というのも、今ではもう遅すぎるからだ――、自分では忘れてしまう。いっそう掘り下げて見てみると、役柄が本当に性格と化し、人為が自然になり、習い性となる。人びとが堅い信頼の念をもって、それどころか篤い信仰をもって、ほかでもないこの仕事、この生業こそ、予め定められた自分の使命だと信じて、そこには偶然だとか役柄だとか恣意的なものだとかを絶対に認めようとしなかった時代もあった。身分や同業組合や世襲特権は、こういった信念に助けられて、あの巨大な階級社会を広範に築き上げ、それを維持することができた。中世を特徴づけるこの一事、つまりその耐久力だけは、ともかく依然として讃えられるべきである（――耐久性は、この世で第一級の価値を有するからだ）。だが、それとは逆の時代もあった。つまり、こうした信念が急速に忘れられていき、それと正反対の、ある種の無鉄砲な信念と観点が前面に現われる、真に民主主義的な時代というのもあった。ペリクレスの時代に最初に認められる、かのアテナイ人の信念がそうであり、現代のアメリカ人の信念もそうであり、それがますますヨーロッパ人の信念ともなりつつある。この民主主義時代にあっては、個々人が、ほとんど何でもできると確信しており、ほとんどいかなる役柄でも演じられると確信している。そういう時代には、誰もが自分で試み、即興で演じ、新たに試み、楽しく試みるのであり、そこでは、一切の自然は止み、人為が生じる。……ギリシア人は、最初にこの役柄信念――お望みなら、芸術家的信念――に踏み入っては、周知の通り、驚くべきではあるが、どう見ても真似すべきではない変身を、一歩一歩遂げたのだった。すなわち、ギリシア人は本当に俳優になった。俳優になった彼らは、全世界をその魔力で魅了し、征服し、ついには「世界征服者」をも征服してしまった（というのも、ローマを征服したのはギリシアの俳優〔Graeculus histrio〕であって、無邪気な人びとが言いたがるように、ギリシア文化ではないから……）。ところで、私が危惧するのは、しかも分かろうとする気になれば今日では誰にでもすぐ分かるのは、われわれ現代人がもうとっくに同じ道を歩んでいることである。自分がどこまで役柄を演じているか、どの程度俳優でいられるかを発見し始めるたびごとに、人間は俳優になる……。それに伴って次に、動植物の特定新種のような人類が出現してくるのだが、この新種たるや、もっと制約の多い確固たる時代には生育するはずのない——あるいは「下層」に放置され、禁圧を受け、不名誉の嫌疑をかけられる類いのものである。——それに伴って、歴史上最も興味深く、最もいかれた時代が、いつでも登場してくるのであり、そこでは「俳優」が、あらゆる種類の俳優が、主役になる。まさにこのことによって、他の種類の人間は、ますます徹底して冷遇され、ついに不可能にされてしまう。とくに、大いなる「建築家」はそういった憂き目に遭う。かくて、建築する力は麻痺し、長期にわたる計画を立てる勇気は意気阻喪させられる。組織する才能は失われ始める。——完成するのに何千年も当てにせざるをえない仕事に取りかかろうなどと、今となっては誰があえて試みようか。一人の人間が何千年も当てにしたり、約束したり、未来を計画のうえで先取りしたり、その計画の犠牲にしたりできるような、そういう根本信念がまさに死に絶えたのだ。すなわち、人間は偉大な建築物中の一石であるかぎりでのみ価値をもち意義をもつのであり、そのためにはまずもって堅くなければ、「石」のように堅くなければならぬ……とりわけ——俳優であってはならぬ——とする根本信念が、死滅したのだった。要するに——ああ、幾久しく黙秘されることだろうか——、今後建てられることはもはやないであろうもの、建てられることはもはやありえないもの、それは——語の古い意味での社会である。社会という建物を建てるには一切が欠けており、とりわけ材料が欠けている。われわれはもはや誰一人、社会のための材料ではない。これぞ、現代という時代の真理なのだ。現存する人類のうちで、最も近視眼的で、たぶん最も誠実で、とにかく最も騒々しい人種である、現代の社会主義者諸氏が、当分の間、ほぼこれと正反対のことを信じ、望み、夢み、とりわけ叫んだり書いたりしているとしても、そんなことは私にはどうでもよいと思われる。なるほど、「自由社会」という、彼らにとっての希望の未来の言葉が、卓上にも壁面にも、とうに書いてある。自由社会、か。それもよかろう。だが、諸君は、どんな材料でそれが建つのかを知っているのか。木製の鉄で、だ。かの有名な木製の鉄で、だ。だがまさか、木製の……で、ではあるまい。[*37]

357番

「ドイツ的とは何か」という昔からの問題によせて。——ドイツ人の頭脳のおかげだとされる哲学思想の真の成果を、とくと数え直してみるがいい。それらの成果は、何らか認められた意味において、人種全体の長所といったほどのものに数えられうるだろうか。それらは同時に「ドイツ魂」の作品、少なくともその徴候だと、われわれは言ってよいだろうか。たとえば、プラトンのイデア狂（マニア）、彼のほとんど宗教的な形式‐狂いは、同時に「ギリシア魂」の事件にして証明だったと受けとるのが普通であるのと同じ意味で。それとも、その逆が真なのか。それら成果は、非常に個人的で、人種の精神とはかけ離れた例外にほかならないのか。たとえば、良心に疚（やま）しいところのないゲーテの異教精神がそうだったように。あるいは、良心に疚しいところのないビスマルクのマキャヴェリズム、彼のいわゆる「現実政治」が、ドイツ人の間でそうであるように。ドイツの哲学者は、ひょっとして「ドイツ魂」の必要に矛盾しているのか。要するに、ドイツの哲学者は本当に——哲学的ドイツ人だったのか。——三つの事例を思い起こしてほしい。第一に、ライプニッツの比類なき洞察。ライプニッツがその洞察をもって、デカルトに抗してのみならず、彼以前に哲学したものたちすべてに抗してまで唱えたこと——それは、意識性とは表象の偶有性の一つにすぎず、表象の必然的な本質的属性ではないこと、それゆえ、われわれが意識と呼んでいるものは、われわれの精神的な心的世界の状態の一つ（おそらくは一個の病的状態）でしかなく、心的世界それ自体ではさらさらないこと、これであった。——この思想の深さたるや今日なお汲み尽くされていないほどだが、この思想にドイツ的なものがあるだろうか。ラテン人だったら、見た目に明らかなことをこのように転覆してみせることなど容易には思いつかなかったろうと、そう推測してよい理由があるだろうか。——なにしろ、これは転覆なのだから。第二に、カントが「因果性」という概念に記した途轍もない疑問符のことを思い起こそう。——とはいえカントは、ヒュームのように因果性の権利一般を疑問視したのではない。むしろカントが始めたのは、因果性という概念がそもそも意味をもつ領域を慎重に限界づけることであった（この境界画定の仕事は今日なお完了していない）。第三に、ヘーゲルの驚くべき概念的手腕を挙げよう。それを駆使してヘーゲルは、論理的な習慣や習慣病を概念で一網打尽にしては、種の概念は派生し合って発展する、と大胆にも説くに至った。この命題によってヨーロッパの知性たちは、近年の大いなる科学運動、つまりダーウィン主義へと下拵えされたのである——というのも、ヘーゲルなくしてダーウィンなし、だから。「発展」という決定的概念をはじめて学問に持ち込んだヘーゲルのこの革新に、ドイツ的なものがあるだろうか。——確かにある、いささかも疑う余地なく。以上の三事例すべてにおいて、われわれはわれわれ自身の何かが「暴露」され、言い当てられたと感じるし、そのことに感謝を覚えると同時に仰天させられもする。これら三命題のいずれも、ドイツ的自己認識、自己経験、自己把握の、熟慮に富んだ一片なのである。「われわれの内的世界は、はるかに豊かであり、広範であり、秘匿されている」と、そうわれわれはライプニッツとともに感じる。ドイツ人としてわれわれは、カントとともに、自然科学的認識の最終妥当性と、およそ因果的に〔causaliter〕認識されうるものすべてを疑う。認識可能なものは、われわれには、もうそれだけで価値が少ないように見える。われわれドイツ人は、ヘーゲルなど存在しなかったとしても、ヘーゲル主義者なのである。われわれは（すべてのラテン人と正反対に）、生成や発展に、「存在」しているものよりも、いっそう深い意味と豊かな価値を本能的に付与するからには。――「存在」という概念の権利を、われわれはほとんど信じない。同様にわれわれは、われわれ人間の論理が、論理自体であるとか唯一の種類の論理であるとか認めたがらないからには（われわれはむしろ、人間の論理とは特殊事例にすぎず、おそらく最も風変わりで最も間抜けな一特殊事例でしかないと信じ込みたがる――）。第四の問いがあるとすれば、こうなろう。ショーペンハウアーもまた、彼のペシミズムでもって、すなわちこの世に生きることの価値を問題にしたことでもって、まさしくドイツ人たらざるをえなかったのだろうか、と。私はそうは思わない。この問題が確実に予期できるものとなり、魂の天文学者ならその日時を算出できるまでになったのは、ある出来事以後のことだった。その出来事とは、キリスト教の神への信仰の衰退、科学的無神論の勝利にほかならない。これは全ヨーロッパ的出来事であり、すべての人種がその功績と名誉の分け前に与るべきものである。逆に、ほかでもないドイツ人――ショーペンハウアーと同時代に生きたドイツ人たち――こそ、この無神論の勝利を最も長きにわたって最も危険に遅滞させたとの責めを負うべきだろう。とりわけヘーゲルは、その最たる遅滞者であった。われわれドイツ人の第六感つまり「歴史感覚」の助けを借りて、この世に生きることは神的なのだとわれわれを土壇場で説き伏せようとしたヘーゲルの壮麗な試みからすれば、である。ショーペンハウアーは、哲学者として、われわれドイツ人の擁した最初の自主的な不屈の無神論者であった。ヘーゲルに対する彼の敵意は、ここに背景をもっていた。この世に生きることは神的などではないことは、ショーペンハウアーにとって、明々白々で議論の余地のない所与の事実であった。このことで誰かがためらったり、煮え切らなかったりするのを見かけると、彼はいつでも哲学者らしい冷静さを失い、憤激に駆られた。こうした点に彼の実直さは丸出しであった。無条件の正直な無神論こそ、彼の問題設定の前提にほかならなかった。これぞ、ヨーロッパの良心がついに、やっとのことで戦いとった勝利であり、二千年にわたって行なわれてきた真理への訓育の最も影響力のある作用であり、その結論として、神への信仰のうちにひそむ嘘は禁止されたのである。……キリスト教の神に打ち勝ったものはそもそも何であったか、お分かりだろう。それは、キリスト教道徳自身であり、いよいよ厳格に解された誠実性の概念であり、キリスト教的良心の聴罪司祭的な精妙さであった。つまりそれが、どんな犠牲を払ってでも知的に清廉でなければならぬ、とする学問的良心にまで翻案され昇華されたのである。自然を、神の善意と庇護の証明だと見なすこと。歴史を、神的理性の名誉のために、道徳的な世界秩序や道徳的な終局目的の絶えざる証拠だと解釈すること。自分自身の体験を、信心深い人びとが長らくそう解釈してきたように、あたかも何から何まで摂理であり目配せであり、一切は魂の救済のために慈悲深く考え出されて贈られたかのように解釈すること。こうしたことは今や、終わったのであり、良心に反するのであり、すべての上等な良心にとって、不躾で不誠実だと、嘘つき、女性本位（フェミニズム）、女々しさ、臆病さだと見なされるのである。――何をそなえているかといって[*38]、この厳格なまでの正直さをそなえているからこそ、われわれはまさにいきなヨーロッパ人であり、ヨーロッパの最も長期的で最も勇敢な自己超克の相続人なのである。われわれがキリスト教的解釈をそのようにして身から振り払い、その「意味」を贋金づくりだと断罪するやいなや、ショーペンハウアーの問いが恐るべき仕方でわれわれに迫ってくる。この世に生きることにいったい意味などあるのか、と。――この問いは、そのあらゆる深みまで完璧に聞き届けられるだけでも、二、三百年を要するだろう。ショーペンハウアー自身がこの問いに与えた答えは――そう評することを許されたい――、性急で、若気の至り的なものであり、たんなる妥協であり、キリスト教的‐禁欲主義的な道徳的パースペクティヴにはまり込んでの立ち往生でしかなかった。神への信仰もろとも、そうした道徳的パースペクティヴへの信仰も破棄されたというのに、である。……しかしながら、ショーペンハウアーはこの問いを立てた――上述の通り、一個のいきなヨーロッパ人としてであり、ドイツ人としてではなく。――それとも、ドイツ人は、せめてショーペンハウアーの問いを彼らが横領したやり方で、彼らなりの内的な帰属性と親和性、彼らなりの心構え、ショーペンハウアーの問いを欲しがる彼らなりの必要を証明したと言えるだろうか。ショーペンハウアー以後、ドイツにおいても――それにしても遅きに失したが――、彼の提起した問いについて考えられ、本が出されたが、だからといって、この問いがドイツに緊密に帰属していることの決め手としては、もちろん十分ではない。ショーペンハウアー以後のこのペシミズムに特有な不器用さすら、反証となりうるほどである。――その場合のドイツ人のふるまいは、明らかに彼らの本領の場合には程遠かった。こう言ったからとて、私はべつにエドゥアルト・フォン・ハルトマン〔一八四二―一九〇六年〕のことを指しているのでは決してない。その反対に、私からすれば彼はあまりに器用すぎるという昔からの私の嫌疑は、今でもなお消えていない。私が言いたいのは、ハルトマンは、悪ふざけ屋として、最初からドイツのペシミズムをおそらく笑い物にしたばかりか——、結局のところ、泡沫会社設立時代にドイツ人自身をどこまで愚弄できたかを、遺言としてドイツ人に「遺贈」することさえやってのけた、ということなのである。ところで訊きたいのだが、古びた唸り独楽のバーンゼン〔一八三〇—八一年〕を、ドイツ人の名誉に数えるべきだろうか。彼は一生涯、自分の現実弁証法的な悲惨と「個人的不運」の周りを嬉しそうに廻っていた。——これぞまさしくドイツ的だ、ということになるのか。（ついでに言うと、バーンゼンの著作はお薦めである。私自身がそれを用いたように、反ペシミズムの食べ物として、とりわけ心理学的な優雅さ〔elegantiae psychologicae〕ゆえに、だ。栓で詰まり切った身体と心にも、これが効くように思う。）それとも、甘ったるい童貞使徒マインレンダー〔一八四一—七六年〕のようなディレッタントや老嬢を、正しきドイツに数え入れてよいのか。所詮それは、一個のユダヤ人であったと言うべきだろう（——道徳を説くと、ユダヤ人はみな甘ったるくなる）。バーンゼンも、マインレンダーも、ましてエドゥアルト・フォン・ハルトマンはなおのこと、次の問いへの確かな手がかりを与えてはくれない。つまり、ショーペンハウアーのペシミズム、神的なものが脱落し、間抜けで、盲目で、いかれて疑わしくなった世界に戦慄しつつ向けられた彼のまなざし、彼の誠実な戦慄……は、ドイツ人中の例外事例であるどころか、ドイツ的な出来事だったのか。その一方で、前面に現われている他のすべては、たとえば、われらの勇敢な政治とか、われらの愉しい愛国主義とか、哲学的とは言いがたい原理(「ドイツ、世界に冠たるドイツ」)にもとづいて、それゆえ種の相の下に〔sub specie speciei〕、すなわちドイツ種族〔species〕の下に、断固として万事を考察するものはすべて、明々白々に反対のことを証ししている。そう、答えは否。今日のドイツ人は、誰一人ペシミストではないのだ。繰り返すが、ショーペンハウアーがペシミストだったのは、いきなヨーロッパ人としてであって、ドイツ人としてではない。――

358番

精神の百姓一揆。――われわれヨーロッパ人は、巨大な瓦礫の山と化した世界を眼前にしている。そこには、まだ高々と聳えているものも若干あるが、多くのものは朽ち果てて無気味に佇んでおり、大概のものがとっくに崩れ落ち転がっているさまたるや、絵画のようであり――かくも美しい廃墟が、かつてあっただろうか――、大小の雑草が、その一面に繁っている。教会こそ、この没落の都市にほかならない。われわれが目にしているのは、キリスト教の宗教的社会が最基層の礎石まで揺さぶられてしまった姿なのだ。――神への信仰が転覆させられ、キリスト教の禁欲主義的理想への信仰は最後の戦いを今なお戦っている。キリスト教のような、かくも長らく土台から築き上げられた作品――これぞ古代ローマ人の最後の建築であった――が一挙に破壊されるなどということは、もちろんありえなかった。あらゆる種類の地震が、そこに揺さぶりをかけたし、あらゆる種類の精神が、穿ち、掘り、蝕み、湿らせては、それに加勢するはめになった。だが最も奇妙だったのは、キリスト教を支え、維持することに最も尽力した当人たちが、ほかでもない、キリスト教の最優秀の破壊者になったことである——それがドイツ人なのだ。ドイツ人は教会というものの本質を理解していないように思われる。彼らは、それを理解するに十分な精神を具えていないのだろうか。十分な不信感を抱いていないのか。ともあれ、教会という建築が拠って立つところは、精神の南国的な自由と融通無碍であり、同様に、自然、人間、精神に対する南国的な猜疑であり、——北方の人びとがもっていたのとはまったく違った人間知、人間経験なのである。ルターの宗教改革は、その全幅にわたって、「多様で複雑なもの」に対する単純素朴なものの憤激であり、慎重な言い方をすれば、大目に見るべき点の多い粗野で愚直な誤解であった。——勝利に満ちた教会の表現というものが理解できず、腐敗ばかりが目についたからである。誤解されてしまったのは、高貴な懐疑であり、勝利に満ちた自信満々なあらゆる権力が以て任ずる懐疑と寛容の贅沢であった。……今日往々にして見逃されているのは、ルターが一切の主要な権力問題に関してどれほど致命的に短絡的で、表面的で、不用心な素質の持ち主だったかであり、とりわけ、支配階級の遺産の一切や権力に対する本能の一切が欠如している民衆出身の人間だったことである。その結果、ルターの作品は、つまり古代ローマ人のかの作品を再建しようとした彼の意志は、彼自身そう欲しても知ってもいなかったのに、破壊工作の始まりになるほかなかった。老いた蜘蛛がこの上なく入念に、この上なく長きにわたって織り上げたものを、ルターは、誠実な憤怒に駆られて、解きほぐし、引き裂いてしまった。彼は、聖書を万人に引き渡した——そのため、聖書はついに文献学者の手中に、すなわち書物に基づいて一切の信仰を撲滅する者たちの手中に落ちた。彼は、霊験あらたかな宗教会議に対する信仰を投げ捨てることによって、「教会」という概念を破壊した。というのも、霊験あらたかな精神が、教会の基礎を築いたのちもなお、教会に生き続け、築き続け、おのれの家を絶えず築き続けるという前提の下でのみ、「教会」という概念は力を保持するからである。彼は聖職者に女性との性交を取り戻してやった。だが、民衆が、とりわけ民衆出の女性が捧げることのできる畏敬の四分の三は、この点での例外人間は他の点でも例外であるのだろうとする信仰に基づくのである。——まさにここにこそ、人間における超人的なものとか、奇蹟とか、人間における救いの神とかいったものへの民間信仰は、最も上等で最も油断のならない弁護士をもっているのだ。ルターは、聖職者に女性を与えたあとで、懺悔聴聞の役目を取り上げた。これは心理学的には正しいことだった。だがそれによって、キリスト教司祭そのものが根本的に廃止されることになった。キリスト教司祭の最深の有用性はつねに、聖なる耳、黙秘せる泉、秘密を葬るための墓たること、ここにあったからである。「人は誰しも自分自身の司祭」——こういった定式化、およびその百姓風のずる賢さの背後に隠れ潜んでいたのは、ルターの場合、教会によって考案されたような「高等な人間」への、また「高等な人間」の支配への底知れぬ憎悪だった。——彼は、自分に到達できなかった理想を打ち壊した。この理想の堕落を排撃し、忌み嫌ったように見えるけれども。事実、彼は、この生臭坊主は、宗教的人間〔homimes religiosi〕の支配と絶縁した。それゆえ彼は、市民的秩序に関してはあれほど容赦なく排撃した当のものを、教会の社会秩序の内部でまさに行なったのである――つまり「百姓一揆」を。――その後、彼の宗教改革から生じた一切のもの、良きものと悪しきもの、また今日ほぼ概算可能なもの――それらの結果ゆえに、ルターを単純にほめたりけなしたりできるほど、それほど素朴な者がいるだろうか。万事につけ彼には罪がない。自分のしたことを知らなかったのだから。ヨーロッパ精神の浅薄化は、とくに北方におけるそれを、道徳の言葉で表現されるのが聞きたいとお望みなら、善良化ということになるが、それは、ルターの宗教改革でもって大きな一歩を踏み出した。このことに疑いはない。それと同様に、宗教改革によって精神に生じたのは、動きやすさと不安、独立への渇望、自由を求める権利への信仰、「自然らしさ」であった。最後の点で、今日われわれの崇拝する「近代科学」なるものを準備し助長したという価値を、宗教改革に認めようとするのであれば、もちろんこう付け加えなければならない。宗教改革は、近代の学者の堕落にも、つまり学者が畏敬と羞恥と深みを欠き、認識の事柄に関してまったく素朴に純真かつ愚直であることにも、要するに、精神の平民主義にも、連帯責任がある、と。ちなみに、精神の平民主義は、過去二世紀に特有であり、そこからわれわれは従来のペシミズムによっても全然救い出されていない。――「近代的理念」にしても、キリスト教会のうちにみずからの最も偉大な記念碑を打ち立てた、冷徹さと両義性と不信感に富んだ南方の精神に対する、北方のこうした百姓一揆に、依然として属しているのである。最後にわれわれは、教会が何であるか、忘れないようにしよう。しかも、あらゆる「国家」に対立するものとして、教会とは何か、ということを。教会とは、何よりもまず、より精神的な人間に最高位を確保し、また精神性の力を信ずるがゆえに、より粗野な一切の暴力手段を禁ずる、一個の支配組織なのである。——この一点だけでも、教会は、いかなる事情においても、国家と比べて、より高貴な制度なのだ。——

359番

道徳の背景としての、精神への復讐など。——道徳——が、最も危険で最も策略に富んだ弁護士を、いったいどこに持っていると諸君はお考えだろうか。……ここに、一人の出来損ないの人間がいるとしよう。彼は、みずから楽しめるほど十分な精神は持ち合わせていないが、そのことが分かる程度の教養なら、しっかり身につけている。退屈し、うんざりした、自己軽蔑者なのだ。相続した財産をいささか所有しているために、「労働の祝福」とか「日々の仕事」に没入して自分を忘れるとかいった最後の慰めさえ、気の毒にも奪い取られてしまっている。自分の人生を心底恥じており——そのうえ、小さな悪徳も二、三おそらく宿しており——、他方では、当人にふさわしくない書物、または消化しきれない高次の知的交際によって、ますます甘やかされ、虚栄過敏的になることを余儀なくされている。すっかり毒のまわったこうした人間——なにしろ、この種の出来損ないの場合、精神は毒となり、教養は毒となり、所有は毒となり、孤独は毒となるから——は、ついには復讐の常習状態、つまり復讐への意志依存症に陥ってしまう。……精神的に上手の人間よりも自分のほうが優越しているという見かけを自前で拵えたり、復讐を果したという悦楽を少なくとも自分の想像のなかで造り出したりするためには、彼に必要なもの、絶対に必要なものは何であると、諸君はお考えだろうか。それは決まって、道徳性である。賭けてもいい。決まって、道徳の大言壮語であり、決まって、正義やら知恵やら神聖さやら徳やらの空騒ぎであり、決まって、立ち居振る舞いのストア主義であり（——人の持たざるものをストア主義はなんとうまく隠してくれることか……）、決まって、抜け目ない沈黙とか愛想のよさとか穏和さとかで仕立てられたマントである。不治の自己軽蔑者や、不治の見栄っ張りまでもがそれを隠れ蓑としてうろつき回る、理想主義者のマントと称される一切のものも、そうである。私の言うことを誤解しないでもらいたい。そのような生まれつきの精神の敵の中から、民衆に聖者や賢者といった名前で尊敬される、かの人類の珍獣が時おり生まれてくるのであり、そういった種類の人間の中から、騒動を起こし歴史を作る、かの道徳の怪物が現われるのである。——聖アウグスティヌスもその一人である。精神を前にしての恐怖、精神への復讐——駆動力に満ちたこれらの悪徳がもう、どんなにしばしば諸徳の根元となってきたことであろうか、いや、徳そのものと化してきたことか。——また、ここだけの話だが、地上のあちこちで生じた、知恵を求める哲学者の要求、あらゆる要求中最も不遜で最も狂った要求でさえ——、これまでつねに、インドでもギリシアでも、何よりもまず一個の隠れ家だったのではないか。それは時には、おそらく、生成し成長する若者たちを優しく慮(おもんぱか)っての、じつに多くの嘘を神聖化する教育的観点でもあっただろう。というのも、若者というのは往々にして、人格への信仰によって(つまり誤謬によって)自分自身から身を守られなければならないからである。……だが、いっそう頻繁な場合において、それは哲学者の隠れ家であった。その陰に潜んで、哲学者は、疲労、老い、凍え、こわばりから身を救うのである。間近な終末の感情として、つまり死に際して動物が示す、かの賢明な本能として。――傍らによけ、静かになり、孤独を選び、穴ぐらにもぐり込み、賢くなる。……どうだろう、知恵とは、哲学者の隠れ家ではないのか――精神を前にしての。――

360番

混同されがちな二種類の原因。――私の最も本質的な歩みにして進歩の一つであると、私に思われることがある。すなわち、私は、行為の原因そのものを、かくかくしかじかの行為の原因、つまり特定の方向をとり特定の目標をめざす行為の原因、と区別することを学んだ。第一の種類の原因とは、鬱積した一定量の力であって、何らかの仕方で何らかのために消費されるのを待っている。これに対して、第二の種類の原因は、この力と比べればまったく取るに足らぬものであり、たいていは、かの一定量がある特定の仕方で「解除」されるきっかけとなる、ちっぽけな偶然にすぎない。火薬樽に対するマッチみたいなものである。私は、いわゆる「目的」の一切を、また同様に、もっとずっといわゆる的な[*39]「一生の職業」を、このマッチみたいなちっぽけな偶然に数え入れる。それらは比較的任意であり、恣意的であり、ほとんどどうでもいいものである。今述べたように、何らかの仕方で使い果たされるのを求めて迫る、途方もない量の力に比べれば、そうである。通例は、これと違った見方がされる。というのも、太古以来の誤謬に従って、まさに目標（目的、職業等々）のうちに、駆り立てる力を見てとることに慣れっこになっているからである。――だが、目標というのは、舵をとる力でしかない。その場合、舵手と蒸気とが混同されているのである。しかも、目標がつねに舵手であり舵をとる力であるわけでも決してない。……「目標」や「目的」とは、往々にして、体裁を取り繕うだけの口実、虚栄心の事後的な自己眩惑にすぎないのではないか。「船は、偶然はまり込んだ潮の流れに従っているのさ。あちらへ行こうと「欲する」のは、あちらへ行く――しか仕方がないからさ。なるほど、ある方向に進んではいるが、まったくもって――舵手なんかいないのさ」と言いたくないだけの話ではないのか。――「目的」という概念の批判が、なお必要だ。

361番

俳優の問題について。――俳優の問題は、とっくの昔から、私にとって気がかりの種であった。俳優の問題から出発してはじめて、「芸術家」という危険な概念――これまで許しがたいほどお人好しな取り扱いを受けてきた概念——をうまく処理できるのではないか、ということに関して、私は確信がもてずにいた（今でも時折はそうである）。良心に疚しさをおぼえずに犯せる虚偽。力として迸り出ては、いわゆる「性格」を脇に押しのけ、洪水のように覆いかぶさり、時折はもみ消してしまう、偽装の悦楽。役割や仮面、仮象のうちへ入ってゆこうとする内的欲求。ごく身近で狭小このうえない利益に奉仕することにはもはや満足できない、あらゆる種類の適応能力の過剰。これらすべては、おそらく俳優それ自身に限られることではあるまい。……そのような本能は、下層民の家庭では、いとも容易に養成されてきたことだろう。彼ら下層民は、圧迫や強制を次々に受け、隷属状態にどっぷり浸かって暮らしてゆかねばならず、自分たちなりの境遇に応じた倹しい生活をしぶとく送り、つねに臨機応変に対処し、たえず別様の立ち居振る舞いをすることを余儀なくされる。その結果、次第に、あらゆる風向きに応じてマントを引っ掛け、それによってほとんどマントそのものに化け、動物にあっては擬態と呼ばれる永遠の隠れん坊遊びの技術の権化みたいな名人になりおおせる。しまいには、世代から世代へと蓄積されたこの能力全体が、専制的で、非理性的で、手に負えないものとなり、本能と化して、他の本能に命令を下すようになり、俳優を、つまり「芸術家」を生み出す（さしあたっては道化師、狂言師、道化役、阿呆、おどけを生み出し、古典的な従僕、つまりジル・ブラースをも生み出す。じっさいそういったタイプにこそ、芸術家の前史が、それどころか実にしばしば「天才」の前史が見出される）。より上流の社会の条件でも、似たような圧迫のもとでは、似たような種類の人間が生じてくる。ただし、その場合たいてい、俳優的な本能は、他の本能によってかろうじて抑制させられる。たとえば「外交官」の場合がそうである。――それはそうなのだが、いつの時代でも良き外交官というのは「その気」になれば良き舞台役者を務めるなど朝飯前ではないかと、私は思う。ところで、卓越した適応術を身につけたあの民族、つまりユダヤ人に関して言えば、上述の考え方からして、彼らのうちに、最初から、俳優養成のためのいわば世界史的催しを、つまり真の俳優孵化所を見出したくなるだろう。じっさい、まさにこう問うてみるべきときである。今日、良き俳優で、――ユダヤ人でない者がいるだろうか、と。生まれつきの文筆家としても、ヨーロッパの新聞の事実上の支配者としても、ユダヤ人は、俳優の能力にもとづいて、おのれの力を発揮している。というのも、文筆家とは本質的に俳優だからである。――なにしろ、文筆家は「専門知識のある人」を、「専門家」を演じるのが商売なのだから。――最後に、女性たちにふれておこう。女性史の全体をつくづく考えてみればよい。――女性は、最初から最後まで、女優でないわけがないのではないか。奥様方に催眠術をかけたことのある医者の言うことを聞いてみればよい。いざとなったら、彼女らを愛し、――「催眠術をかけられ」てみればよい。そしたらどんなことになるか。彼女らは「ふりをする（ジッヒ・ゲーベン）」――身を任す（ジッヒ・ゲーベン）ときでさえ。……女とは、かくも芸術家（アーティスト）的なのだ……。

362番

ヨーロッパの男性化によせるわれわれの信念。――ナポレオンのおかげで（であって、民族間の「同胞愛」と普遍的で麗しい友好親善を追い求めたフランス革命のおかげで、では断じてない）、われわれは今や、歴史上比類ない戦争の数世紀を迎えつつあると言ってよい。要するに、彼のおかげで、われわれは古典的な戦争時代に踏み入ったのである。それは、最大規模（の手段と才能と訓練）の学識的であるとともに庶民的である戦争にみちた時代であり、将来、何千年にもわたって、羨望と畏敬の念をこめて、一個の完成品として回顧されることになろう。――というのも、この戦争の栄光を生み出した国民運動は、ナポレオンに対する反ショック動にすぎず、ナポレオンなくしては存在しなかっただろうからである。それゆえ、いつの日かナポレオンのおかげと見なされるであろうものとしては、ヨーロッパの男性が商人や俗物を支配するようになったことが、まずは挙げられよう。のみならず、キリスト教と十八世紀の熱狂的啓蒙理性によって、またそれ以上に「近代的理念」によって、甘やかされてわがままになった「女」を、支配するようになったことも、おそらく挙げてよかろう。ナポレオンは、近代的理念のうちに、そして、ずばり言って、文明のうちに、身内の敵の如きものを見てとった。彼はこの敵意でもって、みずからルネサンスの最大の続行者の一人たることを実証したのである。彼は、古代的存在の一片をそっくり、おそらくは決定的であった花崗岩の一片を、ふたたび掲げてみせた。この古代的存在の一片が、これまた、ついには、ふたたび国民運動を支配するようになり、肯定的意味におけるナポレオンの相続者、続行者とならざるをえなくなるのではないか。それは誰にも分からない。——知っての通り、ナポレオンは、唯一のヨーロッパを欲した。それも、大地の支配者としてのヨーロッパを。——

363番

いかに両性は愛に関して異なる偏見をもつか。——私は、一夫一婦制的偏見にはどれほど譲歩しようとも、愛における男女同権を云々することは決して認めないだろう。そんなのは存在しないのだから。なぜなら、男と女は愛という言葉で別々のことを考えているからであり、——それに、ひとくちに「愛」と言っても、両性がお互い同じ感情や同じ概念を前提していないということが、両性の間に愛が成立する条件に属しているからである。女にとって愛という言葉が何を意味するかは、充分明らかだ。全身全霊で完璧にみずからを捧げること(たんに肌を許すだけではない)、いささかも気兼ねしたり留保したりはしないこと、但し書きや条件をつけて献身するといった考え方を恥じ、恐れることである。こういった無条件性において、まさしく女の愛は一個の信念なのだ。女はそれ以外の信念をもたない。——男は女を愛するとき、女からまさにこの愛を欲する。したがって彼自身は、女性的愛の前提から一番遠いところにいる。しかるに、完璧に身を献げたいという欲求を自分でも抱かないでもない男がいるとすれば、そいつはもう——男ではない。女みたいに愛する男は、そのことによって奴隷となる。だが、女らしく愛する女は、そのことによっていっそう完璧な女となる。……自分の権利を無条件に放棄したいという女の情熱は、相手の側には同じ情熱、つまり放棄したいという同じ意志が存していないということを、まさしく前提している。というのも、男女とも愛ゆえに自分自身を放棄してしまったら、そこに生ずるのは——、よくは分からないが、おそらく虚ろな空間といったものであろうから。——女は、奪われること、所有物として受領されることを欲し、「所有」とか「所有される」とかいった概念に没入することを欲する。したがって、女が欲する男というのは、奪う者であり、身を任せたり、あげてしまったりはせず、むしろ逆に、「男性自身」いっそう豊かになってゆく者である——女から力、幸福、信念をもらって大きくなることによって。女は、あげて失くしてしまい、男は、奪って増やしてゆく——思うに、この自然的対立は、どんな社会契約をもってしても、正義を欲する至高最善の意志をもってしてさえ、乗り越えられないだろう。男女のこの対立関係につきものの苛酷さ、恐ろしい点、謎めいている点、非道徳的な点を、たえず目の当りにはしないことが、いかに望ましいことであろうとも。というのも、全体的、大局的、十全に考えれば、愛とは自然であり、自然である以上、未来永劫「非道徳的」なものだからである。——これに準じて、貞操は、女の愛のうちに内包されており、その定義から帰結するものである。男の場合、貞操は、愛に伴って、感謝として、あるいは趣味の特異体質や、いわゆる親和力として生ずることもままありうるが、男の愛の本質には属していない——しかも男の場合、愛と貞操は抗争し合うのが自然だ、と述べてもあながち不当とも言い切れない。男の愛とは、所有しようと欲することにほかならず、放棄してあげてしまうことではないからである。しかるに、所有しようと欲することは、所有することで終わりに達するのが常である。……事実、「所有」したということを、たまにしか、またあとになってしか認めないほど、男の所有欲が繊細で疑り深いものである分だけ、男の愛は長続きする。そのかぎりでは、女が身を任せたあとでも男の愛が増大するということだってありうるのである。――男は、自分に「捧げる」べきものを女がもはや何も持っていないなどとは、なかなか認めたがらないのだ。――

364番

隠者の独り言。――人間と付き合う術（すべ）は、信用できない調理法で作られた食事を受け付け、摂り入れるコツ（そのためには長い練習が必要である）に、本質的に基づく。飢えた狼よろしくガツガツして食卓に就くのであれば、万事は簡単である（メフィストフェレス曰く、「ろくでなしの奴らでも、付き合ってみれば、まんざらでもないと感じられるようになるさ――」）。だが、そんな狼の空きっ腹を、ここぞというとき、われわれは持ち合わせていないものだ。ああ、人間の仲間を消化するとは、なんと難しいことか。第一の原理、それは、災難に見舞われたときのように、勇気をふるい起こし、勇敢に挑みかかり、ついでに自分自身に感心してみせ、嫌悪をひたすら噛み殺して、時には吐き気をぐっと呑み込むこと。第二の原理、それは、たとえば賞賛することによって、仲間を「改善する」こと。その結果、相手は幸福を肌にうっすら滲ませるようになる。あるいは、相手の美質または「興味深い」性質の端っこを摑んで引っ張ること。そうすれば、しまいには徳をそっくり引き出し、仲間をその徳の襞にまんまと押し込んでしまうこともできる。第三の原理、それは、自己催眠。付き合わねばならぬ相手を、さながらガラス製のボタンであるかのように、じっと見つめること。そうすれば、やがて快も不快も感じられなくなり、知らぬ間に眠り込み、身がこわばって、落ち着けるようになる。これは結婚や交友からあみ出された家庭薬であって、充分折り紙つきで、なくてはならぬものと賞賛されてはいるが、科学的にはまだ定式化されていない。その俗名は——我慢。——

365番

隠者の独り言ふたたび。——われわれだって「人間」と付き合うし、慎ましく衣装を身にまとい、それを着た姿で（そのような存在として）知られ、敬われ、求められ、そして社交の場へ出て行く。すなわち、仮装していると認めようとしないが、しかし仮装した人びとのもとへと。利口な仮面の者たちみんなと同じようにふるまい、「衣装」とは無関係のいかなる好奇心も、うやうやしく門前払いする。他方、世間で人間に「付き合う」いや「取り憑く」別のやり方も、たとえば幽霊に化けてという別の芸当もある。――さっさと厄介払いして恐ろしがらせるにはもってこいのやり方だ。やってみよう。たとえば、世の人はわれわれを捕まえようとするが、いかにも捉えることができない。彼らはゾッとする。あるいは、われわれは閉まったドアを通り抜けて、出る。あるいは、灯りという灯りが消えたあとで、出る。あるいは、もう死んでしまったあとで、出る。この最後の芸当は、とりわけ死後に生まれる人たちのものである。（「君たちはどう思うかね」と、そうした人たちの一人が、かつてイライラして言った。「われわれを取り囲む、このよそよそしくて冷たい墓場の静寂を、耐え忍ぶ気になるだろうか。生と呼ばれているが死と呼んでも差し支えない、地下のこの隠された、無言の、人知れぬ孤独を。もし、われわれが何者になるかを、――死んだあとでようやく本来の生を生きるに至り、生き生きと生き、そう、生気あふれる者となることを知らないでいるとすれば、だ。われら死後に生まれる人間よ」。――）

366番

一冊の学問書を目の前にして。――われわれは、書物の間に挟まれ書物の刺激に基づいてやっと思想に辿りつく者たちには属していない。――われわれの習慣は、歩きながら、跳びながら、登りながら、踊りながら、野外でのびのび思索することだ。できれば、孤独な山上で、あるいは海岸に面して、つまり道さえもが思慮深くなるような場所が、一番よい。書物や人間や音楽の価値に関して、われわれは真っ先にこう尋ねる。「彼は歩けるのか、いやそれより、踊れるのか」。……われわれはたまにしか読書しないが、だからといって読書が下手というわけではない。――おお、われわれには何と早く分かってしまうことか。ある人が自分の思想にどのように到りついたかを。インク壺の前にじっと坐り、腹部が圧迫されるほどの前傾姿勢で、机の上の紙に頭部を屈(かが)みこませて、ではなかったかと。われわれは、その人の本をまた何と素早くこなしてしまうことか。内臓が締めつけられていることは、すぐばれるものだ、賭けてもいい。部屋にこもった空気や、部屋の天井の低さ、部屋の狭さも、同じくすぐばれる。――これが、一冊のきちんとした学問書をちょうど読み終えて閉じたとき、私が感じた複雑な気持ちであった。感謝しながら、とても感謝しながら、他方ではホッとしながら。……学者の書いた書物には、ほとんどつねに、何かしら圧迫するもの、圧迫されたものがある。つまり「専門家(スペシャリスト)」が、どことなく顔を覗かせる。当人の熱中ぶり、真面目さ、憤怒、重箱の隅を突(つつ)くように瑣事にこだわり過ぎること、猫背が。――専門家はみな猫背である。学者の本はつねに、ねじ曲げられた魂も映し出す。手仕事というのはみな、ねじ曲げるものなのだ。若い頃の仲間で、その後学問を修めて学者になった友人たちに再会したとしよう。ああ、何と逆さまの事態になっていることか。ああ、何と彼ら自身今や、学問を修了するどころか、永久に学問に占領され、学問に取り憑かれて虜(とりこ)となっていることか。学問の片隅にしつこく根を生やし、誰なのか見分けがつかないほど押しつぶされ、自由を奪われ、バランスを失い、痩せ衰え、どこもかしこも角張ってきて、ほんの一箇所だけツルリと丸くなり——と、そんなふうに旧友と再会したら、へどもどして言葉を失ってしまう。手仕事というのはみな、たとえ床は黄金に敷きつめられていようとも、屋根は鉛に覆われているものなので、魂を圧迫し続け、ついにはその重みで魂は奇妙にひしゃげてしまう。これはもう致し方ないことだ。何らかの学芸を身につける上での教育的効果によるこうした畸形化を回避できるなどとは思えない。この世では、どんなものを得ることもおそらく余りに高くつくのだから、どんな種類の名人芸に秀でることだって高くつく。それなりの専門家になるには、当の専門の犠牲者になるという代償を払わされるのだ。しかるに君たちは、それとは違った仕方で手に入れたがる——「もっと安く」、とりわけ、もっと楽に、だ。——そうではないかね、わが同時代人諸君よ。それもよいだろう。だがその場合、君たちがただちに手にするのは、別の何かであり、すなわち手仕事職人や名人ではなく、文筆屋である。そういう器用で「万事にお誂え向き」の文筆屋は、もちろん猫背ではない。——精神の小売店員、教養の「運送係」として君たちにお辞儀するさいの背中の曲げ方を除いては。——彼ら文筆屋は、もともと無であるとしか言いようがないのに、ほとんど万事を「代表」し、その道の精通者を演じては「代弁」するのであり、代理の立場で報酬と敬意と祝福を贈られるように仕組むことすら、じつにうやうやしく身に引き受ける。——いや、わが旧友たる学者諸君よ。私は君たちを祝福しよう、まさにその猫背ゆえに。また、君たちが私と同様、文筆屋や教養寄生者たちを軽蔑するがゆえに。また、精神を売り物にして商売することを知らないがゆえに。また、お金の価値には表わせない見解ばかり抱いているがゆえに。自分の存在と違うものを何一つ代弁しないゆえに。君たちの唯一の意志は、自分の手仕事の名人になることだから、あらゆる種類の名人芸と有能な仕事ぶりに畏敬を抱き、学問芸術上の〔in litteris et artibus〕およそ見せかけのもの、まがいもの、粉飾、巨匠気どり、大衆煽動的なこと、俳優的なことの一切を非情この上なく拒否するがゆえに——要するに、躾や予備訓練に取り組む無条件的実直さに関して君たちの面前で身を証し立てられない一切のものを、だ。（どんな天才に助けられても、この種の欠陥を乗り切ることはできない。天才のおかげで誤魔化すことはできても。これは、今日最も天分豊かな画家や音楽家を近くから眺めてみれば分かることである。そういう連中はみな、ほとんど例外なく、手法や応急手段を、また原理すらも、狡猾に案出してみせることによって、訓練と陶冶のあの実直さ、あの堅固さの見かけを、技巧的かつ事後的に手に入れるすべを知っている。もちろん、だからといって、自分自身を欺くことはできないし、自分自身の疚しい良心をいつまでも口封じしておくこともできない。なにしろ、君たちも知っての通り、現代の偉大な芸術家はみな、疚しい良心に悩まされているのだから……。）

367番

芸術作品は、まずどう区別すべきか。——思考され、詩作され、絵に描かれ、作曲されるもの、それどころか、建てられ、造形されるものは、総じて、独白的芸術に属するか、目撃者を前にしての芸術に属するか、のいずれかである。後者の、目撃者を前にしての芸術としては、神への信仰を内に含む、独白芸術のようにも見える芸術、つまり祈りのための抒情詩全部も挙げられる。というのも、敬虔な人にとっては、孤独はまだ存在しないからである。——孤独をはじめて発明したのは、われわれ、そう、われわれ神を失くした者たちであった。芸術家の光学の総体を区別するうえで、この区別より深い区別を、私は知らない。つまり、芸術家は、目撃者の眼のほうから、みずからの生成する芸術作品を（「自己」を——）眺めやっているか、それとも、どんな独白的芸術の本質もそうであるように「世界を忘却してしまった」か、である。——独白的芸術は忘却にもとづく。それは、忘却の音楽なのである。

368番

キュニコス派は語る。——ヴァーグナーの音楽に対する私の異議は、生理的異議である。これを今さら審美的定式で扮装させても、何になろう。私の「事実」は、次の通りである。この音楽が私に効き始めるや、私はもう息をするのも苦しくなってくる。私の脚は、たちまち腹を立て、反乱を起こす。——私の脚は、拍子、舞踏、行進を欲しがり、何よりもまず、良質の歩行、闊歩、跳躍、舞踏をするときに襲われる歓喜を、音楽に求める。——私の胃も抗議するのではないか。私の心臓も、私の血行も、私の内臓もか。そのさい、知らぬ間に、私の声もかすれてこないか。——そこで私は、こう自問する。私の身体全体は、音楽一般からいったい何を欲するのか、と。音楽のおかげで気が軽くなることだ、と私は思う。あたかも、すべての動物的機能が、軽快で大胆で奔放で自信にみちたリズムによって速度を速められるとでも言わんばかりに。あたかも、青銅の生活や鉛の生活が、黄金の良質の優しいハーモニーによって金色に輝くようになるとでも言わんばかりに。私の憂鬱は、完璧性という隠れ家の深淵のうちに安らおうと欲する。そのために私には音楽が必要なのだ。演劇など私に何の係わりがあろう。「民衆」の歓心を買う演劇の倫理的恍惚の痙攣が何だと言うのか。魔法の呪文(ホークスポークス)みたいな俳優の身ぶりの一切合財が何だと言うのか。……お察しだろうが、私は本質的に反劇場的な性質(たち)の人間である[*40]。——しかるに、ヴァーグナーは逆に、劇場型人間にして俳優であり、これまで存在したなかでも最高度に熱狂的な芝居役者狂であった。音楽家としてもそうだ。……ついでに言うと、「演劇こそ目的であり、音楽はつねにその手段にとどまる」というのがヴァーグナーの理論であったとすれば、——彼の実践は、最初から最後まで、「ポーズこそ目的であり、演劇は、また音楽も、つねにその手段にとどまる」というものであった。音楽は、演劇的な身ぶりや俳優の官能的魅力をはっきりさせ、強化し、内面化するための手段とされた。だから、ヴァーグナーの演劇とは、数々の演劇的ポーズをとるための機会の一つにすぎなかったのだ。ヴァーグナーは、他の一切の本能と並んで、とどのつまり、大いなる俳優の命令的本能を有していた。しかも、繰り返すが、音楽家としてもそうだった。——こういったことを、かつて私は、ある実直なヴァーグナー主義者に、いくらか骨を折って説明したことがある。私は当然にも、さらにこう付け加えた。「それにしても、あなたには自分自身にもう少し誠実になっていただきたい。だって、われわれは劇場にいるわけではないのだからね。劇場では、ひとは大衆としてのみ誠実だ。個人としては嘘をつき、自分自身を騙している。ひとは劇場に出掛けるとき、自分自身は家に置いていく。自分で発言し選択する権利を放棄し、自分の趣味や、勇気すらも放棄する。自分の家の部屋の中では、神と人間に対して持ち、揮うその勇気を。自分の芸術の最も繊細な感覚を劇場へ携えてゆく者など誰もいない。劇場のために働く芸術家だって、その例に洩れない。ひとは劇場では、民衆であり、公衆であり、畜群であり、女であり、パリサイ人であり、有権者どもであり、民主主義者であり、隣人であり、同胞である。劇場では、この上なく個人的な良心も、「最大多数」の水平化的魔力に屈してしまう。劇場では、馬鹿さ加減が情欲や感染病のように作用する。劇場では、「隣人」が支配する。劇場では、ひとは隣人と化す……」。（話[*41]すのを忘れていたが、わが開明派のヴァーグナー主義者は、私の生理的異議にこう答えた。「ということは、あなたはそもそもわれわれの音楽を聴くのに充分なほど健康ではない、というだけの話だね」。――）

369番

われわれの並行関係。――われわれは、つまりわれわれ芸術家は、次のことを認めねばならないのではないか。つまり、われわれのうちには無気味な相違点があり、われわれの趣味と、他方ではわれわれの創造力とは、不思議な仕方で独立に並び立ち、相独立したまま、勝手に成長してゆくということを。——私が言いたいのは、老いや若さ、成熟、憔悴、堕落は、程度の差やテンポの違いがはなはだしい、ということだ。だから、たとえば、ある音楽家が、聴衆としての彼のわがままな耳や心が評価し、味わい、愛好する当のものとは矛盾するものを、生涯創り出す、ということだってあろう。——彼はこの矛盾に気づく必要などさらさらなかったのだ。几帳面すぎるほど規則的な経験が示す通り、ひとの趣味は当人の創造力の趣味を軽く超えて成長しうるのである。しかも、創造力がそれによって麻痺させられたり生産を妨げられたりすることすらなく。他方、それと反対のことも起こりうる——そしてこれこそ、私が芸術家の注意を喚起したいところにほかならない。不断の創造者、語の大いなる意味における人間の「母」、おのれの精神の懐胎と分娩について以外、もはや何も知ろうとも聞こうともしない者、おのれとおのれの作品を熟考したり比較したりする暇などまったくない者、自分の趣味を鍛え上げるつもりなどもはやなく、むしろきれいさっぱり忘れ、つまり立ったり横たわったり転んだりするがままに放っておく者、——おそらく、そのような人はついには、当人の判断では逆立ちしてももはや敵わない作品を生み出すであろう。その結果、彼はそうした作品や自分自身について馬鹿げたことを言い、——言ったり考えたりする。こうしたことは、豊饒な芸術家の場合には、ほとんど通則であるように私には思われる。——親ほど自分の子どものことが分かっていない者はいない。——それどころか、このことは、途方もない一例を挙げるなら、古代ギリシアの詩人と芸術家の世界全体に当てはまる。その世界は、おのれの為したことを少しも「知ら」なかった……。

370番

ロマン主義とは何か。――おそらく世の人は、少なくとも私の友人であれば、覚えてくれているであろうが、私は最初、たいそうな誤謬と過大評価をいくつか犯しながら、ともかくも希望を抱いた者として、現代世界に立ち向かっていった。私は――いかなる個人的経験に基づいてのことかは誰知ろう――、十九世紀の哲学的ペシミズムを、あたかも、十八世紀つまりヒュームとカントとコンディヤックと感覚論者の時代に固有であったものよりも、いっそう高度の思想力と、いっそう大胆不敵な勇気と、いっそう勝利にみちた充実した生を、示す徴候であるかのように解した。それゆえ、悲劇的認識とは現代文化の真の贅沢だと私には思われた。つまり、現代文化の最も高価で、最も高貴で、最も危険な種類の浪費であり、ともかくその溢れんばかりの豊かさゆえに現代文化に許されている贅沢なのだと、私には思われた。同様に、私は、ドイツ音楽を、ドイツ魂のディオニュソス的力強さの表現だとまっすぐ解した。私がドイツ音楽のうちに聴きとれると信じたのは、昔から堰き止められ鬱積していた根元力がついに吐き出されて清々するときに起こる地震――その場合、ふだん文化と呼ばれている一切のものが震動するに至るかどうかはお構いなしに――であった。見ての通り、私は当時、哲学的ペシミズムに関しても、ドイツ音楽に関しても、両者の本来的性格をなすもの――つまりロマン主義――を見損なっていた。ロマン主義とは何か。およそいかなる芸術、いかなる哲学も、成長と闘争を続ける生に奉仕する治癒薬にして補助手段であると見てよい。つまり芸術と哲学は、苦悩および苦悩する者たちをつねに前提する。だが、苦悩する者といっても、二種類ある。第一に、生の過剰な充溢に悩む者であり、彼らは、ディオニュソス芸術を欲し、同様に、生を見つめる悲劇的な見方と洞察を欲する。――第二に、生の貧困化に悩む者であり、彼らは、休息、静寂、滑らかな海面、芸術と認識による自己からの救済を求め、あるいは陶酔、痙攣、失神、狂気を求める。二番目の苦悩者に見られる、この二重の必要に対応しているのが、芸術と認識における一切のロマン主義であり、このロマン主義に対応していた（し、今なお対応している）のが、ショーペンハウアーならびにヴァーグナーなのである。かの最も有名で最も顕著なロマン主義者の名を挙げるとすれば、そうなろう。当時、私は両人を誤解していた――が、私の誤解が彼らにとって不利にはならなかったことは、あらゆる公正さをもって認めてもらえることだと、ここで言っておきたい。生の充溢の最も豊かな者、つまりディオニュソス的な神と人間は、最も恐ろしげで最も怪しげな者という姿を喜んで身に纏うことができるだけでなく、恐ろしい行為やありとあらゆる贅沢な破壊、解体、殲滅さえ惜しみなくやってのけることができるのである。ディオニュソスの化身には、邪悪で無意味で醜悪なことがいわば許されているかに見えるが、それはあり余るほどの生殖力と繁殖力の産物なのである。なにしろそういった多産性は、どんな荒野も、こぼれんばかりの豊かな沃野に作り変えることができるのだから。これとは逆に、最も悩める者、生の最も貧しき者なら、思考と行為の両面にわたって、穏和、平和、善良を最も必要とするだろうし、できることなら、まったくのところ病人向けの神、つまり「救い主」になってくれそうな神を必要とするだろう。同様に、人生を概念で分かりやすく説明してくれる論理も必要とするだろう――というのも、論理は安らぎを得させ、信用を与えてくれるから――。要するに、恐怖を寄せつけない狭いながらも暖かい場所を確保し、オプティミズムの地平に閉じこもることを必要とするだろう。こうして私は、徐々に、ディオニュソス的ペシミストの反対たるエピクロスを理解するようになったし、同様に「キリスト教徒」をも理解するようになった。キリスト教徒とは所詮、一種のエピクロス派であり、エピクロス派と同様、本質的にロマン主義者なのである。――私の鑑識眼がいよいよ研ぎ澄まされて向かっていった先は、たいていの誤謬の温床となる、最も厄介で最も危険な形式の逆推理であった。――作品から作者へ、行為から行為者へ、理想からその理想を必要とする者へ、あらゆる思考様式と価値様式からその背後で司令している必要へ、といった逆推理がこれである。――今や私は、一切の美的価値に関して、次の主要区別を宛がってみる。つまり個々の場合に、「ここで創造的になっているのは飢えであるか、それとも過剰であるか」と問うてみるのである。はじめは、これとは別の区別のほうが、もっとお薦めであるように見えるかもしれない――見た目にはこちらのほうがはるかに歴然としている――、すなわち、創造の原因となっているのは、硬直化、永遠化、つまり存在への欲求であるか、それとも、破壊、転変、新しさ、未来、つまり生成への欲求であるか、の違いである。だが、いっそう深く見究めれば、この二種の欲求は、依然として両義的であることが明らかとなり、しかも、ほかでもなく、先に挙げた図式に従って解釈されうるのである。私がこの図式を優先させるのも当然であろう。破壊、変転、生成への欲求は、未来を孕んだ充ち溢れる力の表現でありうる（それを表わす私の術語〔terminus〕が「ディオニュソス的」であるのは、ご承知の通りだ）が、他方では、出来損ないの窮乏した素寒貧たちの憎悪かもしれない。そういう破壊屋は、破壊せずにはいられない。なぜなら、そういった連中にとって、個々の存続するもの、それどころか、およそ存続することのすべて、存在のすべてが、それだけで憤慨の的となり、癪にさわるものとなるからである。——こうした情念を理解するには、現代の無政府主義者（アナーキスト）を近くから眺めてみればよい。永遠化への意志のほうも、同様に、二重の解釈を必要とする。一方で、それは感謝と愛から生ずることがありうる——こうした起源を有する芸術は、つねに一個の神化芸術となり、おそらくはルーベンスとともに酒神讃歌的（ディテュランボス）であったり、ハーフィズとともに至福の嘲笑に満ちていたり、ゲーテとともに明朗で慈悲深かったりしては、ホメロスのごとき光輝と栄光を万物の上に降り注ぐのである。他方でそれは、重度に苦悩し、苦闘し、苦悶に苛（さいな）まれている者の、僭主的意志かもしれない。そういった重度の苦悩者は、最も個人的で、最も個別的で、最も狭隘なもの、つまり、おのれの苦悩に固有な特異体質に、拘束力ある法則と強制という太鼓判を押したがるのであり、万物にいわば復讐を果たそうとして、自分の像、自分の苦悩の像を押し当て、刻み込んでは、万物にその烙印を負わせるのである。後者の永遠化への僭主的意志こそ、ロマン主義的ペシミズムにほかならない。その最も印象深い形態が、ショーペンハウアーの意志哲学であり、ヴァーグナーの音楽である。——ロマン主義的ペシミズムとは、現代文化の運命における最近の大いなる出来事なのである。（これとまったく別のペシミズムも、まだほかにありうる、つまり古典的ペシミズムがそれである——この予感と幻覚は、私のものであり、私から切り離せないもの、私に固有なもの〔proprium〕、最も自己的なもの〔ipsissimum〕である。ただ、「古典的」という語は、私には耳障りに響くし、あまりにもさんざん使い古され、角がとれて丸くなりすぎ、見分けがつかなくなってしまっている。私は、かの未来のペシミズム——というのも、それはやって来るからであり、それがやって来るのが私には見えるからだ——を、ディオニュソス的ペシミズムと呼ぶ。）

371番

われら理解されがたき者。——これまでわれわれは、誤解され、誤認され、取り違えられ、誹謗され、聞き違えられ、聞き流されたからといって、嘆いたことがあっただろうか。これこそは、われわれの運命なのだ——おお、これからも長い間そうなのだ、控え目にいって一九〇一年まではそうだと言おう——、それはわれわれの勲章でもある。もしこれと違ったことを願ったりしたら、われわれは自分自身に敬意を充分払っていないことになろう。世の人はわれわれを取り違える――それというのも、われわれ自身が成長し、絶えず変化し、古い皮を脱ぎ捨て、春が訪れるたびに一皮むけ、ますます若くなり、将来的になり、高くなり、強くなり、われわれの根をますます力強く、地下深くに――悪へと――下ろすからである。他方で、われわれは同時に、いよいよ愛情たっぷりに、いよいよ広々と、大空を抱擁し、われわれの枝ぶりと葉の繁みの一切をもって、いよいよ貪(むさぼ)るごとく、空の光をわが身にいっぱい吸い込むからである。われわれは樹木のごとく成長する――これこそは、あらゆる生と同じく、理解しがたいことなのだ――一つの場所においてではなく、至るところで、一方向へではなく、上へも外へも、また内へも下へも、成長する。――われわれの力は、幹にも枝にも根にも同時に働く。何か一つだけの事を為すとか、何か一つだけの存在にとどまるとかいったことは、われわれには許されていない。……こういったことが、繰り返すが、われわれの運命なのだ。われわれは高みへと成長する。たとえその宿命が、われわれの命取りになろうとも――というのも、われわれは稲妻のいよいよ近くに住むからだ。――さあ、ではわれわれは、怯(ひる)むことなく、その宿命に敬意を払うことにしよう。これこそは、いつまでも、われわれが人と分かち合ったり、人に伝えたりしようとは欲しない当のものである。高さの宿命であり、われわれの宿命である……。

372番

なぜわれわれはイデア主義者でないのか。——かつて、哲学者は感覚に対する恐れを抱いていた。われわれは——ひょっとして、この恐れをあまりに忘れすぎていないだろうか。われわれは今日、みんなして感覚主義者である。われら哲学にたずさわる現代人と未来人は、みなそうである。理論の面ではそうでないが、実践、実用の面ではそうである。……これに対して、かの哲学者たちは、感覚によって、彼らの世界から、つまり寒冷な「イデア」の国から、南方の危険な島へおびき寄せられ、連れ去られてしまうと思った。まさにその南の島では、哲学者としての彼らの徳が、太陽の光に晒された雪のように融け去ってしまうのではないか、と彼らは恐れた。当時は、「耳に蠟を詰めて」というのが、哲学するうえでの条件みたいなものだった。本物の哲学者は、生が音楽であるかぎり、生に耳を貸すことは、もはやなかった。彼は、生という音楽を否定した。——音楽なるものはすべて〔南の孤島に住み甘美な歌声で船乗りを誘惑し破滅させる怪物〕セイレンの音楽だ、というのが哲学者の昔からの迷信であった。——ところで、今日のわれわれは、それと正反対の判断を下したがる傾向がある（こちらの判断もそれ自体は同じく誤りなのかもしれない）。すなわち、イデアのほうが、感覚よりもっとたちの悪い誘惑婦なのだ、見た目にはおよそ冷たく貧血性としか見えないが、実は見かけとは裏腹なのだ、と。——イデアはいつも哲学者の「生き血」を吸って生きてきた。いつも哲学者の感覚を喰い尽くしてきた。いやそれどころか、こう言って信じてもらえるなら、哲学者の「心臓」をも、だ。彼ら昔の哲学者は心臓を抜かれてしまっていた。つまり、哲学するとは、つねに一種の吸血鬼主義だったのである。スピノザのような人物にしても、深く謎めいて無気味な何かを、君たちは感じないか。君たちには見えないか、そこで演じられている芝居を。ますます青白くなっていく不断の変身物語を、——いよいよもってイデア主義的解釈を施された脱感性化を。その背後では、長い間隠れひそんできた女吸血鬼が、感覚を手始めに、心臓まで喰らい、最後に残るはカタカタ音を立てる骸骨だけ、という怖い結末に、君たちは気づかないか。——私が言っているのは、カテゴリーや公式のことであり、つまり言葉のことである（というのも、言わせてもらえば、スピノザの哲学の果てに残ったもの、つまり神の知的愛〔amor intellectualis dei〕とは、骸骨のカタカタいう音であり、それ以上ではないからだ。一滴の血も無くなってしまって、何が愛だ、何が神だ……）。要するに、哲学上のイデア主義はこれまで、どれもこれも病気みたいなものだった。プラトンの場合のように、充ち溢れて危険になった健康への用心でなかったとすれば、だ。強力すぎるほどの感覚に対する恐れこそ、ソクラテス学派の賢人の賢明さだったのだ。——おそらく、プラトンの理想主義（イデア）を必要とするだけの健康すら、われわれ現代人は持ち合わせていないのだろう。それに、われわれは感覚を恐れていない。なぜなら[*42]——

——。

373番

偏見としての「科学」。——身分秩序の法則からして当然の帰結なのだが、学者というのは、知的中流階級に属しているかぎり、真の大いなる問題や疑問符を視野に収めるということが許されていない。そのうえ、彼らの勇気は、また彼らの眼力もだが、そういう上首尾に至るということがない。――とりわけ、彼らを研究者とせずにはおかなかった必要、かくかくしかじかになってほしいという彼らの内的な予測や願望、彼らの恐怖や希望は、あまりに早く休息や満足に達してしまう。たとえば、あの小うるさいイギリス人ハーバート・スペンサーを、彼ならではの仕方で熱狂させ、希望の描線、願望できる範囲を示す地平線を引くよう彼に命じたもの、つまり彼のでっち上げた「利己主義と利他主義」の最終的和解なるものは、われわれのような者には、ほとんど吐き気を催させる。――スペンサー的パースペクティヴを究極のパースペクティヴよろしく身につけた人類など、軽蔑、いや絶滅に値すると、われわれには思われよう。だが、最高の希望だとスペンサーには感じられるほかないものが、他の人びとには反吐の出る可能性としか見なされず、そう見なして差し支えないという事実からしてもう、スペンサーには予見する由もなかった疑問符なのである。……同じことは、今日非常に多くの唯物論的自然科学者を満足させている、あの信仰についても言える。人間の思考や人間の価値概念のうちに、それと等価な尺度が見つかるはずだとされる世界、つまり、われわれの手狭でちっぽけな人間理性の助けによって究極的には意のままにできる「真理の世界」を、信じて疑わない信仰がそれである。――どうだろう。われわれはそんなふうにして、存在しているものを、数学者向けの計算早見表作業室閉じこもり癖へと平気で貶めようと本当に欲するのか。とりわけ、存在しているものの多義的な性格を剝ぎとろうと思ってはいけない。わが諸君よ、このことを命ずるのは、いきな趣味、つまり諸君の地平を超える一切のものに対する畏敬という趣味なのだ。唯一正しい世界解釈というものがあり、その解釈のもとでは、諸君はつねに正しく、諸君の言う意味で科学的に（――機械論的に、と本当は言いたいところなのだろう）研究がなされ、進められていくことが可能だとするのは、つまり、数えたり計算したり量ったり見たり触ったりすることは認めるが、それ以外は認めない世界解釈だけが正しいとするのは、拙劣で幼稚と言うほかない。精神病や精神薄弱ではないとすればだ。もしかすると、逆に、存在しているもののうちで最も表面的で最も外面的なもの――最も目立つもの、皮膚、感性化――こそ、最初に捕まえられるものだというこ とのほうが、ありそうな話ではあるまいか。それどころか、おそらくそれしか捕まえられないのではないか。それゆえ、諸君が理解しているような「科学的」世界解釈は、一切の可能な世界解釈のうちで、相も変わらず最も間抜けなものの一つ、すなわち意味の乏しいものの一つかもしれないのだ。このことを、機械論者諸氏の耳と良心に言い聞かせておく。彼ら機械論者が、今日好んで哲学者の仲間入りをして、機械論こそ、存在しているものの一切がそれを土台にして築き上げられねばならぬ最初にして最終の法則を説明する理論なのだ、と信じ切っている以上は。それにしても、本質的に機械論的な世界とは、本質的に無意味な世界であろう。ある音楽の価値が、その音楽がどれだけ多く数えられ、計算され、公式化されうるかに応じて査定されるとすれば――、そのような「科学的」音楽査定は、どんなに馬鹿げたものであろうか。その音楽に関して、何が概念把握され、了解され、認識されたというのか。何一つない。その音楽にあって本来「音楽」と呼べるものは、何一つ捉えられないのだ……。

374番

われわれの新しき「無限なもの」。――存在しているものの遠近法的性格は、どこまで広範な射程をもつのか、それとも、もっと別の性格がまだ何かあるのか。存在しているものは、解釈なくしては、「意味」なくしては、まさに「無意味」と化すのではないか。他方、存在しているものはみな、本質的に、解釈を行ないつつ存在しているのではないか。――こういった問題は、当然ながら、知性がどんなに勤勉に、またどんなに綿密で良心的に分析し自己吟味しようとも、解決できない。人間の知性は、こうした分析に携わる場合、自分自身を自分の遠近法的形式のもとで眺め、その形式のうちでのみ眺める、ということにならざるをえない以上、そうである。われわれは、自分のいる片隅を俯瞰することができない。そのほかにどのような種類の知性や遠近法がなお存在しうるかを知ろうとするなど、絶望的な好奇心でしかない。たとえば、なんらかの存在者が時間を、遡ったり前進と後退を繰り返したりしながら、感覚できるだろうか、などと（それができたら、生命の別種の方向や因果性の別種の概念が与えられることだろう）。だが思うに、われわれは今日少なくとも、われわれの片隅からする遠近法をもっているだけでよいのだと、この片隅から指令する嗤うべき厚かましさとは、縁遠くなっている。世界はむしろ、われわれにとってもう一度「無限」なものとなった。世界は無限な解釈を内に含んでいるという可能性を、われわれが斥けることができないかぎりは。大いなる戦慄が、もう一度われわれを襲う。——だが、知られざる世界というこの怪物を、往年の流儀でまたぞろ神として崇める気になど、いったい誰がなろうか。今後は、この知られざる事象を、「知られざる人格」として崇拝する、などという気に。ああ、あまりに多くの神的ならざる解釈可能性が、この知られざるものには一緒に含まれている。あまりに多くの悪魔やら馬鹿やら道化やらの解釈が、——われわれにおなじみの、われわれ自身の人間的、あまりに人間的な解釈それ自体も……。

375番

なぜわれわれはエピクロス派に見えるか。——われわれ現代人は、究極の確信（ヤー）といったものには警戒心を抱く。いかなる強固な信念にも、いかなる無条件的な肯定と否定（ナイン）にもひそんでいる魔力ならびに良心の欺きに、われわれは不信を抱き、待ち伏せして捕まえようとする。このことはどう説明できるだろうか。おそらくひとはそこに、それなりにありそうなことだが、「やけどした子ども」の、つまり幻滅したイデア主義者の、用心深さを見てとるかもしれない。他方、もっとありそうなことだが、かつて片隅に佇（たたず）んでいた日蔭者の欣喜雀躍（きんきじゃくやく）たる好奇心を見てとるかもしれない。片隅へ追いやられ絶望していたその日蔭者は、今や、片隅とは反対のもの、無際限なもの、「野外の自由そのもの」に耽溺し熱狂して、小躍りしているわけである。これでもって、事物の疑問符的性格をおいそれとは見逃さない、ほとんどエピクロス派的な認識傾向が、おのずと出来上がる。同様にして、道徳的な大言壮語や立居振舞に対する反感とか、粗野で四角ばった対立を一切拒み、態度保留の訓練に誇りをもって自覚的に取り組む趣味とかも、出来上がる。というのも、われわれが誇りとするのは、次のことだからである。つまり、確実性を求めて猪突猛進しようとするわれわれの衝動を軽々と御すこの手綱さばきであり、このうえない暴れ馬を乗りこなす騎手のこの自制心である。というのも、相変わらずわれわれは狂暴な動物の背に跨っているからである。われわれがためらうとき、われわれをためらわせるものは、おそらく危険ではさらさらない……。

376番

われわれのゆったりした時。——およそ芸術家や「作品」の人はみな、つまり母性型の人間は、こう感ずる。つねに彼らは、自分の人生の時期ごとに——その時期を区切るのはいつも作品である——目標そのものにもう到達した、と考えるのである。つねに彼らは従容と死を迎えるであろう、「われわれはもう熟れた、死んでもいい」との感情を抱いて。これは疲労の表現ではなく、——むしろ、おだやかな秋の日差しとでもいったものの表現である。作品そのものが、作品の完熟が、その作者にこういった表現をそのたびごとに遺贈する。その場合、人生のテンポはゆったりしたものとなり、濃密となり、蜜のように甘美となり——、ついには長い延音記号(フェルマータ)に達し、こういう長い延音記号があるのだと信ずることへと至る……。

377番

われら故郷なき者。——今日のヨーロッパ人の中には、名誉ある卓越した意味で、故郷なき者と呼ばれる権利をもつ人たちがいなくもない。ほかならぬ彼らが、私のひそかな知恵と愉しい学問〔gaya scienza〕を、大っぴらに気にかけてくれますように。なにしろ、彼らの運命は苛酷だし、彼らの希望は不確かだし、彼らに慰めを見つけ出してやるのは至難の業だから。——第一、それが何の役に立つのか。われら未来の子どもたちが、この現代にわが家のように居心地よく暮らすことなど、どうしてできようか。壊れやすく実際に壊れてしまっているこの過渡期にさえ、人あってそれを拠り所にして相変わらずわが家のようにくつろぐことのできる理想があるなら、その一切をわれわれは疎ましく思う。だが、その「現実」について言えば、それが長続きするとは、われわれは信じない。今日まだ張っている氷は、もうすっかり薄くなってしまった。氷を融かす春風が吹いている。われわれ自身、われら故郷なき者は、氷やその他のあまりに薄い「現実」を破砕する何ものかなのだ。……われわれは、まったくもって「保守派」ではなく、過去に戻ろうとも思わないし、「自由主義者」でも絶対なく、「進歩」のために働いたりしない。市場で歌われている未来礼讃のセイレンの美声に魅惑されないようにと、わざわざ耳栓をする必要は、われわれにはない。——彼女たちの歌う「平等な権利」とか「自由社会」とか「もう主人も奴隷もいない」とかいったキャッチフレーズに、われわれは惑わされないのだ。——正義と協和の国がこの世に建設されることを、われわれは望ましいことだとこれっぽっちも考えていない（なぜなら、そんなのは所詮、骨の髄まで凡庸化した中華帝国主義でしかないからだ）。われわれと同じく、危険、戦争、冒険を愛する人びと、妥協せず捕囚されず和解せず去勢されない人びとを、すべてわれわれは喜ばしく思う。われわれは、自分自身を征服者に数え入れる。われわれは、新しい身分秩序の必要について考え、新しい奴隷制の必要についても考える。——というのも、「人間」という型式（タイプ）のいかなる強化や向上にも、新しい種類の奴隷化が付属しているからだ——そうではないか。これら一切のゆえに、われわれには現代に暮らすことが居心地悪くて仕方ないのではないか。日の下にかつて見られなかったほど、最高に人間的で、最高に優しく、最高に正しい時代と呼ばれる名誉を要求したがる時代に暮らすことが、だ。こういった美辞麗句を聞かされるたびに、ますますもって醜い下心が透けて見えるとは、なんともひどい話だ。われわれがそのうちに、深刻な衰弱の、疲労の、老いの、力の下降の表現を——仮装も——見てとるしかないとは。病人がどんなに金ピカの飾りで自分の衰弱ぶりをけばけばしく飾り立てるかなど、われわれの知ったことではない。病人が衰弱ぶりを美徳であるかのように見せびらかすとしても——、その衰弱ぶりのおかげで、病人が優しくなり、ああ、かくも優しくなり、かくもきちんとして、かくも当たり障りなくなり、かくも「人間的」になるのは、疑う余地のない事実だ。——「同情の宗教」をひとはわれわれに説いて聞かせたがる。——おお、ほかならぬこの宗教を覆い布（ヴェール）や取り繕いの衣装として今日必要としているヒステリー症の男女どものことを、われわれは充分よく知っているのだ。われわれは人道主義者ではない。われわれは、われわれの「人類への愛」について語ることを、みずからに許すような真似など決してしないだろう。——われわれのような者は、それに充分なほど俳優ではない。あるいは、充分にサン＝シモン派ではなく、充分にフランス人でもない。それどころか、まじめな話、欲情を燃やして人類に近づくためには、ガリア人的な度外れの性愛的過敏さとせっかちな惚れっぽさに、すでに取り憑かれていなければならない。……人類に、か。およそ老女たちのうちで、かくもゾッとする老婆が、かつていただろうか。（——もしいたとすれば、それこそ「真理」という名の老女に違いあるまい。これは哲学者向けの問題）。いや、われわれは人類を愛してなどいない。だが、他方でわれわれは、民族主義（ナショナリズム）や人種間憎悪の肩をもっては民族主義的心臓疥癬や敗血症に喜びを覚えるのに充分なほど、今流行（はや）りの「ドイツ的」という形容詞に見られるような意味で「ドイツ的」では一向にない。そうした病気のために、ヨーロッパでは今日、民族と民族とが、検疫で隔離されたみたいに、分断され遮断されている。そんな偏狭さに流されるには、われわれはあまりに囚われなく、あまりに意地悪く、あまりに贅沢に慣れ、あまりに良い教育も受け、あまりに「旅を重ねて」いる。われわれがはるかに好むのは、山上に生きること、脇に逸れ、「反時代的」

に、過去や未来の世紀のうちに生きることである。その結果われわれは、現代政治の目撃者となる運命のせいで余儀なくされるはずの静かな憤りを免れる、という寸法だ。なにしろ現代政治は、ドイツ精神を虚栄的にすることで荒廃させているありさまだし、かてて加えてちっぽけな政治でしかないのだから。——この小政治は、おのれ自身の被造物がまたぞろ四分五裂しないようにと、当の被造物を二つの激しい憎悪の間に植え込む必要があるのではないか。小政治は、ヨーロッパの小国家分立状態の永遠化を欲さざるをえないのではないか。……われら故郷なき者、われわれは、「現代人」である以上、人種や血統の点で、あまりに多様で混淆している。それゆえ、あの偽りの人種的自己讃美という猥褻行為に加わる気には、到底なれそうにない。今日ドイツでは、この猥褻行為が、ドイツ的心情の印として誇示されており、「歴史感覚」の民族において欺瞞と卑猥の印象を二倍も与えているのだが。われわれは、一言で言えば——これをわれわれの誓いの言葉としよう——、いきなヨーロッパ人であり、ヨーロッパの相続人であり、つまり、何千年にもわたるヨーロッパ精神の、富裕で、おびただしい蓄積をもち、他方ではありあまるほどの責務を負った、相続人なのだ。また、そのような相続人として、キリスト教からも一人立ちし、キリスト教に反発するに至っている。しかもそれは、われわれがキリスト教から育ってきたからこそであり、われわれの祖先が、信仰のためなら財産も生命も地位も祖国も犠牲にしてやまなかったキリスト教の仮借なき実直さを奉ずるキリスト教徒だったからこそである。われわれも——祖先と同じことをやってのける。だが、何のためにか。われわれの無信仰のためにか。あらゆる種類の無信仰のためにか。否。わが友よ、君たちにはそのことがもっとよく分かっている。君たちの内なる隠された肯定（ヤー）は、君たちが君たちの時代とともにその病気に冒されている一切の否定（ナイン）やおそらく（フィーライヒト）よりも、強力だということを。君たち国外脱出者よ、君たちが海へと乗り出さねばならぬとき、それを君たちにも強いるのは——一個の信仰なのだ……。

378番

「そしてまた澄んでふたたび晴れやかとなる」[*43]。——われわれ心の豊かな者、気前のよい自由精神は、公衆井戸のごとく街通りに佇（たたず）み、われわれから水を汲もうとする者あらば、これを拒まない。なにしろ、われわれは拒みたくても残念ながら拒みようがないのだ。人あってわれわれを濁らせ、どす黒くするようなことがあっても、防ぎようがない。——われわれの生きているこの時代が「最も時代的（ツァイトリヒ）なるがゆえに最も儚（ツァイトリヒ）いもの」を、時代のけがらわしい鳥がその汚物を、子どもががらくたを、疲れ果ててわれわれの許で休息をとる放浪者が大小の不幸を、排泄物よろしくわれわれの中へ抛（ほう）り込むのを、どれも防ぎようがない。だがわれわれは、いつもそうしてきた通りに、これからもそうするだろう。つまり、ひとがわれわれの中に何を抛り込もうとも、われわれはわれわれの深みへと引き受け——というのも、われわれは深いし、忘れないから——、そしてまた澄んでふたたび晴れやかとなる……。

379番

道化が戯言を挿む。——この本を書いた人は、人間嫌いなのではない。人間憎悪は、今日あまりに高くつく。昔の人が〔筋金入りの人間嫌いで古来有名なアテナイの〕ティモンよろしく、人間というものを全体として、掛け値なしに、心の底から、憎しみという名の愛をすべて注いで憎んだように、憎むためには——そうするためには、軽蔑することを断念せざるをえないだろう。——だがわれわれは、いかに多くの上品な喜びを、いかに多くの忍耐を、いかに多くの親切心をも、まさにわれわれの軽蔑に負っていることか。おまけに、われわれは軽蔑でもって、「神に選ばれし者」になっている。上品な軽蔑こそ、われわれの趣味にして特権であり、われわれの芸術であり、おそらくはわれわれの徳なのだ。現代人の中でも最たる現代人であるわれわれにとっては。……これに対して、憎しみは、同列に置き、対立させる。憎しみのうちには、名誉心がある。結局のところ、憎しみのうちには、恐怖がある。相当大きな恐怖がある。だが、われら怖いもの知らずは、現代の精神的にましな人間たるわれわれ、そういうわれわれは、ほかでもない精神的にましな人間としてこの時代を怖れずに生きることの利点を知悉している。われわれは、そうやすやすと斬首されたり監禁されたり追放されたりはしないだろう。われわれの本が発禁にされたり焚書にされたりすることは決してないだろう。時代は精神を愛し、われわれを愛し、われわれを必要としている。たとえわれわれが時代に、次のことを悟らせなければならないとしても。つまり、われわれは軽蔑にかけては芸術家だということを。人間とのいかなる交際もわれわれに軽い戦慄を催させるということを。どんなにわれわれが穏和で忍耐強く人間愛に満ち礼儀正しいとしても、人間が近づいてきたとき自分の鼻が抱いてしまう偏見を止めるようにと鼻に言い聞かせることはできないということを。自然の中に人間的なものが少なければ少ないほど、われわれは自然を愛するということを。また芸術が、人間からの芸術家の逃避、あるいは人間に対する芸術家の嘲笑、あるいは自分自身に対する芸術家の嘲笑である場合にこそ、われわれは芸術を愛するということを……。

380番

「放浪者」の言い分。――現代ヨーロッパの道徳性を一度遠くから眺め、それとは異なる過去または未来の道徳性と見比べるためには、ある都市(まち)の塔がどれだけの高さかを知ろうとする放浪者と同じようにやらなければならない。つまり、そのために彼は都市を立ち去るのである。「道徳的先入見についての思想」は、それが先入見についての先入見とならないようにするためには、道徳の外部に立つことを前提する。つまり、われわれがそこまで登り、よじ登り、飛んでゆかねばならない、何らかの善悪の彼岸を必要とする。――しかも、目下の場合それはとにかく、われわれの善悪の彼岸、一切の「ヨーロッパ」からの自由である。ここでのヨーロッパとは、われわれの血となり肉となってわれわれに命令してくる価値評価の総計の謂いである。まさにそこからわれわれが脱出し超出しようと欲することは、おそらく、一個のちっぽけな狂愚、奇矯で非理性的な「汝なさねばならぬ」であろう――なにしろ、われわれ認識者は「不自由意志」という特異体質を具えているのだから。――問題は、われわれが実際に超出することができるか、である。その成否は、多くの条件に懸っている。主としてそれは、われわれがどれだけ軽く、どれだけ重いかという問題、われわれの「種に特有の重さ」の問題である。われわれはじつに身軽であらねばならない。認識への意志をかくも遠くにまで、いわばみずからの時代を超え出て駆り立てるためには、つまり、何千年も見渡す眼を造り出し、のみならずその眼に映る澄んだ大空を造り出すためには、だ。ほかでもない、われわれ現代ヨーロッパ人を圧迫し、妨害し、抑圧し、重くしている多くの束縛から、身をもぎ離しているのでなければならない。そのような彼岸の人間は、自分の時代の最高の価値規準そのものを視野に収めようと欲するのだが、そのためにはまずもって、この時代を自分自身において「克服する」ことが必要だし――これは彼の力試しである――、それゆえまた、この時代のみならず、この時代に抗する自分のこれまでの反感や異議、この時代に悩み苦しむこと、自身の反時代性、自身のロマン主義をも克服する必要がある……。

381番

分かりやすさの問題。——ものを書く人は、分かってもらいたいと思うばかりではない。それと同様に、分かってもらいたくないと思うのも確かだ。誰かが或る本を難しくてよく分からないと感じたとしても、その本に対する異議にはまだ全然ならない。おそらく、それこそが著者の意図だったかもしれないからだ。——彼は、どこの馬の骨か分からない「誰か」に分かってもらいたいなどとは思いもしなかった。高貴さの点でましな精神と趣味は、自分のことを伝えたいと思うとき、自分の聴き手をも選ぶのがつねである。聴き手を選ぶとき、彼は同時に「その他の人びと」に対して柵を設ける。文体上の上等な法則はすべて、ここにその起源をもつ。その法則は同時に、遠ざけておき、距離をつくり、「立入」禁止にし、上述の通り理解を禁ずるからだ——が、他方、われわれと似た耳をしている者には、耳を開けてやる。また、ここだけの話だが、私の場合——、私の無知によってであれ、私の敏捷な気質によってであれ、君たちに分かってもらうことを自分で妨げようとは思わない、わが友よ。いやしくも何事かを成し遂げるためにはすばしこく成し遂げよと、この敏捷さがどんなに私に強いてくるとしても、である。というのも、私は、深遠な問題に取り組む場合、冷たい水の中へ潜るときと同じやり方をするから——素早く入って素早く出るというやり方を、である。それでは深みには達しない、充分深く沈潜することもない、などと決めつけるのは、水を怖がる人、冷水嫌いの人の迷信である。そういう連中は、経験もないのに言っているだけだ。おお、大いなる冷たさは、人をすばしこくさせる。――ついでに訊くが、物事は本当に、サッと素早く触れられ、瞥見され、睨みつけられるだけでは、理解されず認識もされないのだろうか。物事の上にまずはどっしりと腰を据えて頑張らねばならないのだろうか。卵を抱くようにその上にじっと坐り続けていなければならないのか。ニュートンが自分のことをそう述懐したように、「夜も昼も熟考し続けて〔diu noctuque incubando〕」か。少なくとも、即座に捉えるほかない独特のはじらいとくすぐったさをそなえた真理というものがある。――不意打ちを喰らわすか、放っておくかせざるをえないたぐいの真理が……。結局のところ、私の簡潔さには、もう一つ別の価値がある。つまり、私が携わっているような問題の内部では、多くのことを簡潔に言わねばならないが、それは聴く側にいっそう簡潔に聴いてもらうためなのである。なにしろ、背徳者たる者、清純無垢を汚さないように気をつけなければならない。私が言っているのは、驢馬や性別無記の老嬢のことであり、彼らは清純無垢のほかには人生から何一つ得ていない。そればかりではない。私の著作は、彼らを感激させ、昂揚させ、徳を積むよう励ますべきなのだ。感激した驢馬や老嬢が、甘美な徳感情によって興奮している姿を見ることほど、面白い観物はこの世にはなかろう。しかるに「私はそれを見た」――、ツァラトゥストラはこう言った。簡潔さに関しては以上である。私の無知のほうはと言えば、こちらはもっと困りものである。私は自分の無知を自分に隠し立てしたりはしない。私としては、これを自分で恥ずかしく思う時もある。むろんそれと同じく、その恥ずかしさ自体を恥ずかしく思う時もある。おそらくわれわれ哲学者は総じて、今日、知に関して形勢が悪い。科学は成長を続けており、われわれのうちで最も学識ある者たちでさえ、自分があまりに無知だということを発見しかねない始末である。だが事情が別だったら、もっと困ったことになっただろう――われわれがあまりに多く知っていたとすれば。われわれの課題であり、最初から課題であり続けているもの、それは、自分で自分を取り違えたりはしないことである。われわれは、学者とは別種の何かである。そういうわれわれだって、どちらかといえば学者的であることは避けがたいとしても。われわれは学者とは別の欲求をもち、別の仕方で成長し、別の仕方で消化する。われわれは、より多くを必要とするが、それほど要らない場合もある。一個の精神が栄養のために、どれだけ必要とするかに関して、公式など存在しない。しかるに、彼の趣味が自主独立のほうを、迅速な往来や漂泊のほうを、おそらくは、最もすばしこい者にのみ耐えられる冒険のほうを向いているとすれば、その精神は、不自由な身でたらふく食うよりも、糧はわずかでも自由に生きることを選ぶ。よき舞踏者が自分の食物に求めるものは、脂肪ではなく、最大のしなやかさと力なのである。――それに、哲学者の精神がよき舞踏者であること以上のどんな存在になりたいと願うか、私には分かりかねる。なぜなら、舞踏こそ彼の理想であり、芸術でもあり、結局のところ、彼の唯一の信心深さ、彼の「礼拝」でもあるからだ……。

382番

大いなる健康。——われら新しき者、名もなき者、分かってもらいにくい者、いまだ証明されざる未来に属する早生児たるわれわれ——われわれは、新しい目的のために、新しい手段をも必要とする。すなわち、新しい健康を、従来のいかなる健康よりも力強く、抜け目なく、強靭で、大胆不敵で、快活な健康を必要とする。従来の価値と願望の全域をくまなく体験し、この理想上の「地中海」の浜辺をすべて周航してしまおうと渇望する魂の持主。理想の征服者にして発見者であるとはどんな心境なのか、同様に、芸術家、聖人、立法者、賢者、学者、篤信家、預言者、古風な信仰離脱者、等々であるとはどんな心境なのかを、自分に最も固有な経験という冒険から知ろうとする人。そういう人がこの目的のために真っ先に必要とする、たった一つのこと、それが大いなる健康にほかならない。——われわれはそのような健康を、所持しているだけでなく、なおも不断に獲得しつつあり、獲得してゆかねばならない。なぜなら、われわれはそれを繰り返し放棄するからであり、放棄しなければならないからだ。……理想をめざす〔ギリシア神話の勇士たちが乗り込んだ〕アルゴー船乗組員であるわれわれは、そのようにして、賢明というよりはおそらく勇敢に、じつにしばしば難破し災難に見舞われながらも、上述のように、許容限度を超えて健康であり、危険なほど健康であり、繰り返し健康を回復しては、長いこと航海の途上にあった。そういう航海を今や終えたあと、——その報いとして、われわれの眼前に、いまだ発見されざる国がひらけてくるように見えるかのようだ。誰もその全貌を見究めたことのない国、従来のあらゆる理想の国や理想の奥地のはるか彼方の国、美しいもの、よそよそしいもの、疑わしいもの、恐ろしいもの、神々しいものに満ちあふれているがゆえに、われわれの好奇心も所有欲も我を忘れてうっとりしてしまうような世界、——ああ、そうなった以上もはやわれわれが絶対見飽きることのない世界が、だ。そのような光景を目にしてしまい、そのような烈しい飢(かつ)えを知的良心におぼえたからには、現代の人間に満足することなど、われわれにどうしてできようか。それは無理というものだ。じっさい、われわれが現代人の最も尊重する目標や希望を、へどもどして取り繕った真面目さで眺めるのは、いや、おそらくもはや一度も眺めたりしないのは、やむをえないことだ。もう一つの理想が、われわれの眼前をよぎる。風変わりで、誘惑的で、危険に満ちた理想が。われわれはこの理想を何人(なんぴと)にも説きつけようとは思わない。なぜなら、何人にもその権利があるとはわれわれは容易に認めないからである。その理想にふさわしいのは、これまで聖とか善とか不可侵とか神的とか呼ばれてきた一切のものと、天真爛漫に、すなわち、恬淡と、あふれこぼれんばかりの充溢と力強さで戯れる精神のみなのだから。民衆が当然のように彼らの価値規準と仰ぐ至高のものは、この精神にとってはもう、危険、頽落、辱めのごときものしか、あるいは少なくとも休養、盲目、一時的自失のごときものしか意味しないだろう。かの理想は、人間的‐超人的な幸福と好意の理想であり、じつにしばしば非人間的に見えるだろう。たとえば、従来の地上的真面目さの総体と並べて、つまり振舞や言葉や声音(こわね)や視線や道徳や任務におけるあらゆる種類の厳粛さと並べて、その権化のきわみの気乗りのしないパロディーであるかのように持ち出されるときには、そう見えるだろう——にもかかわらず、かの理想とともに、おそらく大いなる真面目さがはじめて生じ、真の疑問符がはじめて打ちつけられ、魂の運命が向きを変え、時計の針が進み、悲劇が始まる……。

383番

エピローグ。[*44] ——ところで、私が締めくくりに、この陰鬱な疑問符をゆっくりゆっくりと書きつけ、正しい読み方という徳を——おお、なんと忘れられた知られざる徳であることか——、私の読者の記憶に今しも呼び起こそうとして、ふと気がつくと、私の周りには、意地悪このうえない、底抜けに陽気で、とびきり妖精めいた笑い声が響き渡る。私の本の精(ガイスター)どもが、われがちに私に襲いかかり、私の耳を引っぱり、慎んでほしいと私に頼む。「もう私たちの我慢の限界です」——と彼らは私に呼びかける——「やめてください、そんなカラスみたいに真っ暗な音楽は願い下げです。周りはまだ明るい午前じゃないですか。それに、やわらかな緑の地面と芝生、舞踏の王国ですよ。愉しむのに、こんな素晴らしい時がこれまでありましたか。歌を、午前の歌を、誰か私たちに歌ってくれませんか。太陽のようにまばゆく、軽やかで、飛ぶ羽の生えそろった歌を。ふさぎの虫を追い払うのではなく——、むしろふさぎの虫さえ、一緒に歌い、踊りましょうと誘うほど明るい歌を。素朴で鄙(ひな)びた風笛のほうが、よっぽどましです。そんな秘密に満ちた音声、そんなカエルの鳴き声、墓場から響いてくる声、モルモットのキイキイ声なんかよりも。そんながさつな音色であなたはこれまであなたの荒野で私たちを歓待してくれたけれど、隠者居士のあなた、未来の音楽家さん。勘弁してください、そんな音調は要りません。そうじゃなくて、もっと心地よく、もっと喜びに満ちた歌を歌いましょうよ」。——そんなのが君たちのお気に召すのか、こらえ性のないわが友たちよ。ならば、それもよし。君たちの意を喜んで迎えようとしない者などいまい。私の風笛はお待ちかねだし、私の喉だってそうだ——こっちはちょっとがさついた音を出すかもしれないが、大目に見てくれ。そのためにわれわれは山の中にいるのだ。さて、君たちが耳にするのは、少なくとも新曲だ。君たちがそれを理解せず、歌手を誤解したとしても、そんなことはどうでもいい。それが「歌手の呪い」〔ドイツの詩人ウーラント（一七八七—一八六二年）の詩のタイトル〕というやつだ。君たちが歌手の音楽と曲調をはっきり聴きとれればば聴きとれるほど、それだけ歌手の笛にも沿ってうまく——踊れるというもの。君たちが聴きたいのは、これかな……。

付録　鳥のように自由（フォーゲルフライ）王子の歌*45

ゲーテに物申す

滅びることのないもの、なんて、
あんたの比喩にすぎないよ。
神などというかがわしいものは、
詩人の捏造したものさ……

世界という名の車輪は、くるくる回って、
目標を次々に剝ぎとっていく。
苦難――、と恨み屋が名づけるものを、
道化は名づける――遊戯、と……

世界という名の遊戯は、高飛車に命じて、
存在と仮象を混ぜ合わせる。――
永遠に道化的なものは、
われわれを混ぜ合わせ――ごっちゃにする……

詩人の召命

ついこの間、一休みしようと思い、
木蔭に腰をおろしていたときのこと、
コツコツ、とかすかに音がした。
拍子や調子に合わせているように、こまやかに。
私はムッとして、顔をしかめた。
でも、しまいにはこちらが折れて、
あげくの果ては、私も詩人よろしく、
いっしょにトントン言いはじめた。

そうして自分で曲を作っては、
節ごとに、踊ったり飛んだり跳ねたり、
急に可笑しくなって、こらえ切れず吹き出した。
十五分も笑いころげた。
おまえが詩人？　よりにもよって詩人だって？
おまえの頭はそんなにおかしくなったのか。
——「いや、だんな様は、りっぱな詩人ですとも」

肩をすくめて、啄木鳥は言う。
この茂みで、私は何を待ちこがれているのか。
強盗の私は、誰を待ち伏せしているのか。
箴言を、それとも比喩を、か。すばやく、
私の詩文が、うしろから乗りかかる。
サッと跳び去ろうとするものを、一刺しとばかり、
詩人はすかさず詩句に仕立てて、一丁あがり。
――「いや、だんな様は、りっぱな詩人ですとも」
肩をすくめて、啄木鳥は言う。

思うに、詩文とは、矢の如きものらしい。
矢が急所を刺し貫いて、
じたばたして、ピクピク動いて、跳ねまわる。
トカゲのからだは串刺しに。
ああ、おまえたちはこれでお陀仏か、かわいそうなやつ。
さもなければ、酔いどれのようによろめくありさま。
――「いや、だんな様は、りっぱな詩人ですとも」

肩をすくめて、啄木鳥は言う。

あわてふためいて、ゆがんだ言葉の切れ端や、
酔っぱらいのうわ言が、押し合いへし合い。
あげくは、どれもこれも一行一行に、
トントントンと、音の鎖につながれる。
そこに、残忍な無頼漢がいて、
これを——喜ぶのか。詩人とは——悪党なのか。
——「いや、だんな様は、りっぱな詩人ですとも」
肩をすくめて、啄木鳥は言う。

鳥め、嗤(わら)うのか。からかうつもりか。
私の頭は、もう具合がおかしくなっている。
私の心は、もっと具合がおかしくなりそうだ。
畏れよ、私の怒りを畏れよ。——
それでも、詩人は——詩文をあみ出す。
怒りながらでも、とにもかくにも何とか。
——「いや、だんな様は、りっぱな詩人ですとも」

肩をすくめて、啄木鳥は言う。

南国にて

そんなわけで私は、しなった枝につかまって、
疲れた身体をゆすっている。
一羽の鳥が、私を客として招いてくれた。
鳥の巣の中が、私の憩いの場。
それにしても、ここはどこだ。何とまあ、はるか遠くに。

白波立つ海は、眠りこけている。
海に浮かぶは、深紅の帆一つ。
岸壁、無花果（いちじく）の木、櫓（やぐら）、港。
あたりは牧歌的、羊がしきりに鳴いている。——
南国の無垢よ、私を迎え入れておくれ。

一歩一歩前進あるのみ——そんなの人生じゃない。
たえず足を前に踏み出すのは、ドイツ式で重苦しい。

私は風に命じた、舞い上がらせてくれと。
鳥たちとともに宙に浮くことを、私は習った。――
南方へと、海を越え、私は飛んでいった。

理性だって？　こりゃ、ろくでもない仕事だ。
それだと目標に達するのが、あんまり早すぎる。
飛んでいたら、何にからかわれているのか分かった。――
さっそく私は、勇気と血気と元気を感じて、
新たな生活、新たな遊戯へと向かう。

一人きりで考えるのは、賢いと言えるが、
一人きりで歌うのは――、こりゃ間抜けだ。
だから聴いておくれ、君たちを讃える歌を。
私のまわりに輪になって、静かに座って、
君たち、性悪の小鳥たちよ、周りを囲んでくれ。

かくも若く、かくも惑って、かくもあてどなく、
君たちはまったく、愛するために作られたかのよう。

しかも、ありとあらゆる見事な暇つぶしのために、か。
北の国では――ためらいながらも白状すると――
私はある女を愛した、ゾッとするほどの老女だった。
その年増女の名は、「真理」……

信心深い女ベッパ

私がまだピチピチしているうちは、
信心深さも、甲斐があるというもの。
知っての通り、神様だって小娘を愛される。
美しければ、なおさらのこと。
神様は、あのかわいそうなお坊様見習いを、
きっと赦してくださることでしょう、
お坊様見習いがよくなさるように、あの方が
私のところにしげしげ通ってくることを。
白髪(しらが)の神父様なんかじゃありません。
いいえ、紅顔のまだお若い方です。

いつも真っ暗なのでよくは分からないけど。[*46]
やきもち屋で困らせ屋です。
私、お爺さんは嫌いです。
あの方も、お婆さんは嫌いです。
ほんとに霊験あらたかなこと、
こんな計らいを神様がなさるなんて。

教会は、人生をよくご存じで、
胸の内も顔色もよくお見通しです。
いつも私を赦してくださる。——
だって、私を赦さない人なんているかしら。
口をすぼめて私にささやいて、
ひざまずいて出ていくのです。
また新たに小さな罪が犯されては、
古い罪は帳消しにされるのです。

みんなで神様を讃えましょう。
ご自分でも、美しい生娘を愛され、

こんな差し障りのあることを
みずから進んでお赦しになる神様を。
私がまだピチピチしているうちは、
信心深さも、甲斐があるというもの。
年とって、よぼよぼ婆さんになったら、
悪魔にでも求婚してもらいましょう。

秘密の小舟

昨晩のこと、ものみな寝静まり、
あやふやな溜め息を洩らす風が、
通りを吹き抜けたちょうどそのとき、
枕も睡眠薬も、私を安らかな眠りに
就かせてはくれなかった。いつもなら、
深い眠りをもたらす――疚しくない良心も。
私はついに眠ることをあきらめ、
渚のほうへ走っていった。

月はさやかに、優しかった。——すると、
暖かな砂の上に、男と艀(はしけ)が見えた。
ともに眠るように、羊飼いと羊のごとく。——
眠るように、小舟はつと岸を離れた。

一時間、いや優に二時間か、
それとも丸一年経ったのか。——そのとき
突如、私の物思う心は、
永遠の単調さのうちへと沈んだ。
どこまでも底なしの深淵が、
パックリ開いた——かと思うと、消えた。

——朝が来た。漆黒の水面(みなも)の上に、
小舟がゆらゆらと浮かんでいる……
何が起こったのか、と叫ぶ声がし、たちまち
数百もの声が叫ぶ。何があったのか、刃傷沙汰か————
何も起こらなかったのだ。われわれはぐっすり眠った、
いい、い、みんなして。——ああ、気持ちよかったなあ。

恋愛宣言
（とそのとき、詩人は穴に落ちた——）

こりゃ驚いた、あいつはまだ飛んでいるのか。
高く高く昇っていく、翼は動かないのに。
あいつを高め、運んでいるのは、何だろう。
あいつの目標、進路、手綱とは、いったい何か。

永遠の星辰のごとく、
あいつは今、生を離脱する高みに生きる、
嫉妬にすら同情を催して——。
また高く飛んだ。宙に浮かんでいるとしか見えないのに。

おお、あほう鳥よ。
永遠の衝動で、私は高みへ駆り立てられる。
私はおまえの身を想った。そこに流れるは、
私の涙、また涙。——そう、私はおまえのことが好きだ。

テオクリトス風の山羊飼いの歌

ここで私は臥せっている、腹痛を抱え——
南京虫に食われながら。
向こうでは、まだ煌々として騒々しい。
聞こえる、彼らの踊るのが……

この時刻に、そっとやって来るわと、
あの女は私に言い残した。
私は忠犬みたいに待ったが、——
きざし一つさっぱり現われない。

十字を切って約束したのに、
彼女が嘘をつくはずがない。
——それとも、誰でもよいから追っかける、
メス山羊みたいなものだったのか。

絹のスカートを彼女は誰から貰ったのか——

ああ、私の自慢の女なのに。
もっとほかにオス山羊が、
この森には住んでいるのか。

――どんなに心を乱し、毒々しくさせることか、
恋に落ちて待つ身というのは。
蒸し暑い夜、庭ににょきにょき
生えてくるのは、毒キノコ。

恋は、身をやせ細らせる、
七つのわざわいのように、――
何も食べたい気がしない。
玉ネギたちよ、さようなら。

月は、海にとっくに沈んだ、
星にもみな、疲労の色が浮かんでいる。
しらじらと夜が明けてきた、――
私も、死んだほうがましだ。

「この不確かな奴らときたら」

この不確かな奴らときたら、
むかついて恨めしくなる。
奴らの名誉はどれも、苦悶の種、
奴らの称賛はどれも、自己嫌悪と恥辱。

私が奴らの綱に乗って
世渡りをしないからといって、
奴らが私に送ってくる挨拶のまなざしは、
毒入り菓子の救いがたき妬みそのもの。

いっそ、奴らが私を心底呪い、
笑い物にしてくれたほうが、ましだ。
頼りなく探し回るあんな目つきは、
私には永遠に届かないでいてほしい。

阿呆が絶望して

ああ、私が机や壁に書きつけては、
阿呆の心と阿呆の手でひねり出したもの、
そんなものが、机や壁の飾りになるわけがない……

でも君たちは言う、「阿呆の手が書きなぐっても、――
机や壁をきれいに拭きとればよいのだ、
わずかに残った痕跡すら消えてなくなるまで」

許してくれ、私も手を貸すから――、
これでも、スポンジや箒（ほうき）の使い方は習った。
批評家らしく、潜水夫らしく。

それにしても、掃除が片付いたら、
見せてもらいたいものだ、君たち超のつく賢者さんが、
知恵をしぼって机や壁に落書きするのを………

作詞療法〔Rimus remedium〕
もしくは、病める詩人はいかにしてみずからを慰めるか

おまえの口から、
おまえ、よだれを垂らした魔女、時間よ、
一刻一刻が、ゆっくり滴り落ちる。
いたずらに私の吐き気はこぞって叫ぶ、
「ひたすら呪われるがいい、
永遠という名の咽喉よ」

世界――は、青銅製の拷問具、
灼熱の牡牛、――叫び声にも聞く耳をもたぬ。
短剣を投げつけて、苦痛が書き刻む、
私の全身に入れ墨で、
「世界は無情なもの、
だからといって恨むのは、愚かなこと」

ありったけの麻薬を注してくれ、

熱病よ、私の脳髄に毒を射(い)れてくれ。
おまえは、私の手と額を、やけに長く診(み)ているな。
何を訊(き)きたいのだ、何を。「では――おいくらで?」
――――ふん、この売女(ばいた)め、
馬鹿にするにもほどがある。

　いや、戻ってきてくれ。
外は寒い、雨の音が聞こえる――
おまえともっと仲良しになるべきだった。
――ほら、金貨をあげよう、ピカピカ光っているぞ――
おまえを「幸福」と呼ぼうか。
熱病よ、おまえを祝福しようか――

　ドアがさっと開いたぞ。
雨が、私のベッドに濡れかかる。
風が、灯りを吹き消す、――積もりに積もった不幸。
――百の詩文を持ち合わせていない者は、
賭けてもいい、

滅びるのが定めなのだ。

「わが幸福よ」

聖マルコ寺院の鳩を、今朝もまた眺めている私。
広場はひっそりと、午前のたたずまい。
おだやかな冷気の中、のんきに歌を贈ろう。
鳩の群れのように、青空へ舞い上がらせ――
　ふたたびおびき寄せよう、
その羽に、韻をもう一つ懸けて。
――わが幸福よ、わが幸福よ。

静かな青天井よ、おまえは絹仕立ての蒼い光に満ち、
色とりどりの伽藍を護(まも)って、ぽっかり浮かんでいる。
その青空を私は――なんと言うか――愛し、怖れ、妬む……
まことに、その魂を飲み干したい。
　いつかそれを返せるだろうか――
いや、黙っていてくれ、おまえ、目の保養になる不思議よ。

――わが幸福よ、わが幸福よ。
厳(いか)めしい尖塔よ、おまえは獅子のように猛々しく、
ここに聳(そび)え立つ、威風堂々と、疲れも知らずに。
おまえの鐘の音は、広場じゅう深く響き渡る――。
フランス風に言えば、鋭(アクサンテギュ)アクセントといったところか。
おまえと同じく、私もここにとどまるとすれば、
絹のように柔らかな強制力ゆえだと、分かってはいるが……
――わが幸福よ、わが幸福よ。

失せよ、消えよ、音楽隊よ。影が次第に暗くなり、
褐色の温和な夜に成長するまで、待て。
音楽が鳴り響くには早すぎるし、日はまだ明るい。
金色の飾りつけは、バラ色に輝いておらず、
昼は、まだたっぷり残っている。
詩を作り、忍び歩き、一人囁(ささや)くのに、たっぷりある。
――わが幸福よ、わが幸福よ。

新しき海へ

かなたへ――私は行きたい。頼みとなるのは、
今後は、この私と、私の手腕だけ。
海は、はるかに開け、その青き大海原へ、
わがジェノヴァの船は乗り出す。

私には一切が新しく、いっそう新しく輝いている。
時間も空間も眠りはてた真昼どき――、
おまえの眼だけが――怪物のように
私をじっと見つめている、無限なる海よ。

シルス・マリーア

ここに私は座り、待ちに待った――何を待つわけでもなく、
善悪の彼岸で、ときには光の、
ときには影の、ただただ戯れを楽しむのみ、
ひたすら湖、まったき真昼、あてどなき丸ごとの時間。

すると突然、女友達よ、一つが二つになり——
——そしてツァラトゥストラが傍らを通り過ぎていった……

北風（ミストラル）に向かって
ある舞踏の歌

冷たい北風よ、おまえ、雲の狩人よ、
陰鬱の殺し屋、大空の掃除夫よ、
吹き荒れ屋よ、どんなに私はおまえを愛することか。
おまえと私は、同じ胎（はら）から生まれ、
同じ運命を永遠に定められた、
初子の捧げ物どうしではないか。

このすべすべの岩場のうえを、
私は踊りながら、おまえを出迎えに走る、
おまえの笛と歌に合わせて踊りながら。
おまえは、船も舵（かじ）もないのに、

自由奔放きわまりない兄弟らしく、
荒海をひとっ飛びに越えてゆく。

目覚めるや、私はおまえの呼ぶのが聞こえ、
断崖へと突進していった、
海ぎわの黄色の岩壁のところまで。
万歳、おまえはもうここに来ていた、さながら
ダイヤモンドの光を放つ奔流のごとくに、
山々のほうから、意気揚々と。

平らな大空の牧場を、
おまえの馬が駆けるのが、
おまえの御する馬車が走るのが、
おまえ自身の手がさっと動くのが、見えた、
その手が、馬の背中に
雷光のごとく鞭を打ち降ろすそのとき——、
おまえが馬車から身を躍らせ、

一刻も早く降り立とうとするさまを、
矢のように素早く飛んで、
まっすぐ深みへ突き進むさまを、見た——
まるで、朝一番のバラ色の曙光を貫いて
ひとすじの金色の光が差し込むかのよう。

さあ、踊れ、千の背中の上で、
波の背、波のいたずらを舞台として——
万歳、新しき舞踏を創り出す者。
千の旋律でわれわれは踊ろう、
自由——われわれの芸術はそう呼ばれ、
愉しい——われわれの学問はそうあるべし。

咲きほこる花のなかから、
われわれの栄誉を讃えるべく、花を一つと
葉を二枚摘めば、花冠の出来上がり。
中世の吟遊詩人トルバドゥールのように踊ろう、
聖女と娼婦のあいだ、

神と世界のあいだで踊ろう。

風があると踊れない者、
オムツをしなければならない者、
縛られた者たち、老いぼれた腰抜けども、
偽善屋のたぐい、
見栄坊、道徳家どもは、
われわれの楽園から出て行ってくれ。

街路のほこりを巻き起こし、
病人の鼻に吹き入れてやろう、
病弱な連中なんか追っ払ってやるぞ。
海辺からすっかり取り払おう、
痩せこけた胸の吐息を、
意気地のない眼を。

大空を曇らせる者どもを追い立てよう、
世界を真っ暗にする者、暗雲を垂れこめさせる者を。

天国を明るくしてやろう。
吹き荒れよう……おお、ありとあらゆる自由な
精神の中の精神よ、おまえと二人して、
私の幸福は、暴風のように吹き荒れる。――

――ならば、そのような幸福の思い出よ、永遠（とわ）にと
願って、その幸福の形見を受け取っておくれ、
この花冠をいっしょに持ち上げておくれ。
それをより高く、より遠く、より先へと抛って、
大空の階段を一気に駈けのぼり、
その冠を、懸けておくれ――星に。

訳注

序文

＊1〔八頁〕本訳書の底本である第二版（一八八七年）に付された巻頭言。初版（一八八二年）の巻頭言は次の通りであった。

詩人や哲人には、どんな物も友達や供物となり、どんな体験も役に立つ。どんな日も聖なるものとなり、どんな人間も神的なものとなる。

エマソン

＊2〔一五頁〕逐語的に訳せば、「つまり〔アルファベットの〕最後の文字〔Z〕の二つ前の文字〔X〕」。

＊3〔一八頁〕シラーの哲学詩「ヴェールを被ったザーイス（サイス）の像〔Das verschleierte Bild zu Sais〕」を踏まえている（邦訳は、『シラー選集1　詩・小説』新關良三編、冨山房、一九四一年、一五〇—一五五頁）。第二巻冒頭の57番「現実主義者たちに」にも、「サイスの神像」という言葉が出てくる（一二五頁の訳注＊11を付した箇所）。シラーの詩のあらすじは次の通り。——昔々、ある若者が、激しい知識欲に駆られ、エジプトの都市サイスを訪れた。真理について高僧と聖堂で問答を交わすうち、彼は、ヴェールを被った像がそこに安置されているのを目に留める。禁断のヴェールの蔭に蔽い隠されているのは何かと問うて、「真理」だと聞かされた若者は、自分で蔽いを取ってみたくなり、真夜中、聖堂に侵入する。像からヴェールを剝ぎ取ろうとしたその瞬間、彼の心は千々に乱れ、昏倒してしまう。翌朝、女神イ

シスの像の足下に横たわっているところを発見された彼は、こう言い残してあえなく絶命する。「禍なるかな、罪を犯して真理に到る者は禍なるかな。真理は絶対にその者には悦ばしい〔erfreulich〕ものとはならないだろう」。——哲学者ニーチェお気に入りの恋歌であったに違いない。なお、プルタルコスによれば、エジプト神話における理知の女神イシスは、ギリシア神話ではアテナ（ミネルヴァ）に相当し、サイスにあるイシス像の碑文には、「わがまとう外衣の裾を、死すべき人間のただ一人も、翻せしことなし」と刻まれていたという（プルタルコス『エジプト神イシスとオシリスの伝説について』柳沼重剛訳、岩波文庫、一九九六年、二五頁）。

序曲

＊4〔三三頁〕　自分にとって自分自身を認識することは難しいので、自分に近すぎも遠すぎもしない「中間（inter-）」の位置で自分を理解してくれる者、つまり自分の「解釈者（Inter-pret）」になって欲しい、という「お願い」のこと。テクストは、書き手自身よりも、読み手の媒介的「解釈（Inter-pretation）」によってこそ理解されうる。この25番最後のなぞなぞのヒントになっているのが、二つ前の23番「解釈（Interpretation）」である。そこでも、自分を「解釈すること（auslegen）」とは自分自身を「置き入れる（hineinlegen）」ことにすぎないので、自分を外に引っぱり出して開かれた解釈をしてくれる他人＝読者がいて欲しい、と言われていた。

＊5〔四九頁〕　次の空白行は、ＫＳＡ版にはなく、原書第二版では頁と頁にまたがっていて見分けがつかないが（S. 18-19）、形式的にも意味的にも一行空けたほうがよいと判断した。氷上訳やカウフマン英訳も一行空けている。

第一巻

＊6〔五三頁〕　軽妙な序曲から一転して、第一巻冒頭を飾るのは、分量的にも思想的にも重厚な断片である。実存の哲学者ニーチェがさっそくお目見えする。本書を読み進めようとする者にとっての第一関門。見出しの「この世に生きることの目的を説く教師」からして、じつに重々しい。原文の „Dasein“ を、ここでは「この世に生きること」と訳した。ただし、本訳書ではこの同じ語に、文脈に応じて、「存在」、「存在しているもの」、「人生」、「生存」、「現実存在」といった訳語をあてた。たとえば、この1番に出てくる „die Komödie des Daseins“ は、「存在という名の喜劇」と訳した（五四―五五、五七頁）。一つの原語に単一の訳語をあてがい続けるのは、学問的誠実さとは必ずしも言えない。

＊7〔六〇頁〕　フランスの思想家（一六五七―一七五七年）。啓蒙時代のベストセラー『世界の複数性についての対話』は邦訳あり（赤木昭三訳、工作舎、一九九二年）。ニーチェは本書の第二巻94番「死後の成長」では、フォントネルの『新・死者の対話』を取り上げ、自由思想家の先達に敬意を表している。

＊8〔六三頁〕　イタリアの革命家（一八〇五―七二年）。『人間の義務について』でマッツィーニは、イタリアの労働者に向けて、「君たちの《義務》は神に由来します」と説き起こしている（齋藤ゆかり訳、岩波文庫、二〇一〇年、三八頁）。

＊9〔七一頁〕　ニーチェが「大いなる……」という形容をするときは、逆説による意味転換を試みている場合が多い。「大いなる効用」とは、ふつう「効用」とは見なされないもの、それどころか「効用」の反対と思われているもの、しかしよく考えてみると「効用」と言えなくもないもの、それゆえむしろ「効用」概念の転換を迫るもの、のことを意味する。意識に対する人類の過大評価は、意識の発達を遅らせたが、その分かえって、意識が性急に完成させられることなく発達の余地をなお残しているという「効用」をもつ、というのである。次の12番には、「大いなる苦痛運び女」という言い回しが出てくる（七三頁）。科学――„Wissenschaft“ は女性名詞――はふつう、苦痛を与えるとは見られておらず、むしろ安楽さを

もたらすと信じられているが、じつは、人類に恐るべき災厄を引き起こすこともある、というのである。第四巻の318番にも、「英雄的人間、つまり人類の大いなる苦痛運び人」とある（三一九頁）。本書にも頻出するこの用法の最も重要なものの一つは、第五巻382番の見出しともなっている「大いなる健康」であろう。ふつうなら「病気」と言うほかない状態のことを、あえてそう表現しているのである。（『ツァラトゥストラはこう言った』では、身体が「大いなる理性」と、死への欲動が「大いなるあこがれ」と呼ばれ、『善悪の彼岸』では、「大いなる政治」が遠望される。）

＊10（八八頁）「たとえバカ殿でも」の「バカ殿」は、原文では「――」と仄めかしているところを、あえて補ってこう訳してみた。見られるとおり、ニーチェは遊び心たっぷりに書いている。だが、ここに何気なく述べられていることは、含蓄にとむ。「詩人」の場合は、その人自身の存在（人物）よりも、彼が書いた作品（事象）のほうに価値があるが、「殿様」の場合はその逆で、その人が書いたものよりも、当人自身のありよう、その人格の現われのほうが重要だ、と言っている。ポイエーシスでは制作物の出来に、プラクシスでは行為者の器量に、それぞれ重きが置かれるのである。

第二巻

＊11（一二五頁）　訳注＊3を参照。

＊12（一三六頁）　この71番は、モーパッサンの自然主義小説『女の一生』（一八八三年刊）のモティーフと酷似している。

＊13（一四八頁）「あるフランスの大数学者〔ジル・ペルソンヌ・ド・ロベルヴァル〕がラシーヌの『イフィジェニー』を読み終わったあと、肩をすぼめて、「これは何を証明しているのかね」と尋ねたそうである」（ショーペンハウアー『意志と表象としての世界』第三巻第三六節。西尾幹二責任編集『ショーペンハウアー』（「世界の名著」45）、中央公論社（中公バックス）、一九八〇年、三七四頁、の西尾幹二訳に拠

る。『イフィジェニー』は、エウリピデスの『アウリスのイピゲネイア』を翻案したラシーヌの悲劇）。ショーペンハウアーはこれを、「傑出した数学者は芸術作品に対しあまり感受性をそなえていないということ」を「端的に物語る有名な逸話」として持ち出している（同書、三七三―三七四頁）。これに対してニーチェは、次のように言っているわけである。「古代ギリシア人はロゴスを好み、言葉を尽くして語り合った。そういう「ギリシア的趣味」が、一方では言論本位の悲劇を生み、他方では論理本位の幾何学を生んだ。つまりそこでは、芸術と数学はかけ離れたものではなかった」と。ギリシア人のロゴス志向への着目は、80番から82番まで一貫している。次の訳注＊14も参照。

＊14（一四九頁）「われらドイツ人は」は、原文にはなく、訳者の補足。古代ギリシア人は、フランス人のような社交上の「エスプリ」には乏しかったが、そういう非論理的な感覚的飛躍の才を欠いていたからこそ、論理的思考を純然と発達させることができた。「それゆえ、ギリシア人と同じくエスプリを欠くわれらドイツ人は、論理の精神（ガイスト）を誇っており、理路整然たるドイツ哲学の伝統を築き上げることができた。つまり、フランス的なエスプリは非ギリシア的だが、それに比べてドイツ的なガイストはギリシア的なのだ」――と、ニーチェは言いたがっているように思われる。だが、そう公言したとたん、野暮なお国自慢に堕してしまうし、ナショナリズムはいきな趣味に反するので、秘すれば花ということにしておこう、と言っているのである。第二巻の締めくくり近くで祖国ドイツをこっぴどく批判するニーチェだが、ドイツ的な魂（ガイスト）に対する思い入れがまったくなかったわけでもないだろう。

＊15（一六五頁）フランスのモラリスト（一七四一―一七九四年）。『格言と反省』には、「およそどんな日といって、いちばんつまらない日は笑わなかった日である」とある（大島利治訳、『世界人生論全集9』筑摩書房、一九六三年、所収、四一九頁）。この笑いの重視は、「生きることは病気である。眠りが十六時間ごとにその苦しみを軽くしてくれる。眠りは一時的緩和剤であり、死は特効薬である」（同書、四二一頁）とするペシミズムと、表裏一体だった。なお、坂部恵は、西洋哲学史の教科書の中でフランス・モラリス

トの系譜にふれるさい、ニーチェがシャンフォールを「あらゆるモラリスト中、最も機知に富んだ」モラリストと評したことに、つとに注意を促していた（原佑・井上忠・杖下隆英・坂部恵『西洋哲学史』（第三版）、東京大学出版会、一九七四年、一六三頁、参照）。

＊16〔一六八頁〕『ジュリアス・シーザー』という題名は、訳者の補足であり、ニーチェ自身はこの「誤った題名」を明記していない。公的現われを舞台とする政治的自由のドラマを、内面的自由の葛藤劇と解し、かつそこに詩人シェイクスピアの苦い自己反省を読み込んでいるあたり、いかにも近代人ニーチェらしい。最後のほうで引用される詩人への罵り言葉は、第四幕第三場に出てくる（福田恆存訳、新潮文庫、一九六八年、一〇六頁）。

＊17〔一七六頁〕『反時代的考察』第四篇、原著（一八七六年刊）の頁付け。第一一節（最終節）より自己引用。強調は原著にはない。

第三巻

＊18〔二一〇頁〕本書全体の中心に位置するのみならず、ニーチェの文章の中で最も有名なこの125番の見出し„Der tolle Mensch“は、ずばり、「狂人」と訳すのが一番よい（ちなみに、生田長江は早くもそう訳している）。精神に異常をきたした者のみが到達しうる高みと深さ、そしてそこに示される人間の尊厳を、これほど力強く語っている文章がほかにあろうか。あえてストレートな訳語を採用させていただく所以である。読者諸賢のご理解を乞う。

＊19〔二三二頁〕「〔劇は〕五幕より短いのも、それより長いのもよくない。神は介入してはならない。もし救い手を必要とする葛藤〔nodus（結び目）〕が生じるのでなければ」（ホラーティウス『詩論』岡道男訳、『アリストテレース 詩学／ホラーティウス 詩論』松本仁助・岡道男訳、岩波文庫、一九九七年、所収、二四一頁）。なお、この153番は、全体が最初から最後まで引用符号で括られており、本書の中で異色

である（33番のように対話形式ゆえにカッコに入れられているものならあるし、234番は、「ある音楽家の言葉」を引用する形になっている）。独白の性格がことのほか強いということであろうか。

＊20〔二三四頁〕"mentiri"（嘘をつくこと）と同系の"mens"というラテン語は、「心、精神」を意味する。嘘つきは泥棒と精神文化の始まり、といったところか。

＊21〔二四〇頁〕KSA版ではここで改行されているが、原書第二版では改行されていない（S. 175）。本書の本文は、他のどこでも改行はなされておらず、ここも改行しないほうがよい。

＊22〔二四七頁〕カントの「共通感覚（センスス・コムニス）」論を指しているように思われる。ニーチェはこれとよく似た解釈を、第一巻の2番「知的良心」では、デカルトの「良識（ボン・サンス）」論に施している。

＊23〔二四八頁〕老人にありがちな難聴のことを言っているように聞こえるが、マルクスの次の有名な言葉と対比してみるのも面白い。「人間が立ちむかうのはいつも自分が解決できる課題だけである」（『経済学批判』〔一八五九年刊〕、武田隆夫・遠藤湘吉・大内力・加藤俊彦訳、岩波文庫、一九五六年、「序言」一四頁）。

＊24〔二五四頁〕見出しの „Der Glaube macht selig." は、「信ずる者は救われる」という意味だが、ここは愚直に「信仰は至福にする」とした。「徳は至福にする」のではなく、ということ。

＊25〔二六二頁〕序曲40番「嫉妬なし」を参照。遠大な目標をひたすら追求する者は他人を妬んだりはしないものだ、と自分に繰り返し言い聞かせているのは、そういう境地にはなかなか至りつけない自分を感じていることの証左であろう。207番「妬み屋」も参照。

＊26〔二六九頁〕「一掛ける一は、いつまでも一のまま。つまり、孤独な思考においては自問自答の内的対話が果てしなく続くのみで、真理にはいつまでも到達しない」という意であろう。

第四巻

＊27〔二八四頁〕　この最後の一文は、正確に言えば、訳者による解釈的敷衍である。

＊28〔二九五頁〕「元素〔Elemente＝原基〕」とあるが、この293番には、古来、学問の模範とされたアリストテレスの世界観における五つの元素が出揃っている。その伝統的世界観によれば、月下の世界は、重さの順に「地・水・風・火」の四大元素から成り立ち、天上の世界は、光の媒質であり重さをもたない神的元素「エーテル」から成り立つ、とされた。

＊29〔三〇六頁〕　老ホメロスが、漁から戻ってきた若者たちに、「捕えたるは捨て置きたり、捕えざりしはここに持つ（俺たちが捕ったものは置いてきた、捕らなかったものは今持っている）」、これはどういう意味か、となぞなぞをかけられた。答えは、「漁では獲物が何もなく、虱捕りをしたが、捕った虱はその場に捨ててきたものの、捕れなかった虱は今も着物の中に持っている」という他愛ないものだったが、ホメロスはなぞを解くことができず、ガッカリして死んだ、という伝説を踏まえている（「ホメーロスとヘーシオドスの歌競べ」、ヘーシオドス『仕事と日』松平千秋訳、岩波文庫、一九八六年、所収、一四三―一四四頁、および「ホメロス伝」、ホメロス『イリアス』下、松平千秋訳、岩波文庫、一九九二年、所収、四八三頁、を参照）。

＊30〔三一二頁〕　魔女アルミーダが、十字軍の騎士リナルドを快楽の園に誘惑するという筋書きは、タッソの叙事詩『エルサレム解放』（A・ジュリアーニ編、鷲平京子訳、岩波文庫、二〇一〇年）に由来するテーマであり、グルック、ハイドン、ロッシーニらによってオペラ化された。

＊31〔三二一頁〕　この「再会」は、279番「星の友情」で述べられていた二人の友人の「再会」とも読める。両テクストとも、序曲の63番「星のモラル」と響き合うところがある。

＊32〔三三二頁〕「私は人間の諸行動を笑わず、歎かず、呪詛もせず、ただ理解することにひたすら努めた」（スピノザ『国家論』第一章第四節、畠中尚志訳、岩波文庫、一九七六年、一四頁）。ニーチェは、スピノザのこの文章に反論しているかに見えるが、じつは、相異なる衝動が拮抗し合うという発想そのもの

を、スピノザから学んでいるように思われる。

＊33〔三四二頁〕 本書には、段落分けなしに何頁にもわたって続く長大な断章が、少なからず収められている。とりとめなくダラダラ書かれているようにも見えるが、じつは意味の区切りが非常に明確で整然とした論述になっているものが多い。338番はその典型である。段落分けをあえて行なわず、読者に、まずその作業を各自行なって意味の区切りを確認してからじっくり読解せよ、と勧めているのだとすれば、不親切というよりは、むしろ親切と言うべきだろう。分かりやすさの大安売りとは対極の、読者が自分で苦労して意味を解き明かす喜びを味わえるようにする仕掛け（第五巻381番「分かりやすさの問題」参照）は、この338番の同情批判の趣旨に通ずるものがある。カウフマンの英訳は、断章ごとに段落分けを試みており、なかなか参考になるが、本訳書では著者ニーチェの老婆心を尊重することにした。

＊34〔三四七頁〕 岩田靖夫は『パイドン』末尾の訳注で、「ソクラテスがなぜ今わの際に「アスクレピオスに鶏を献げる」ことを指示したかについては、いろいろな解釈がある」とし、「ソクラテスは今や、この世の生という病から解放されて神々の国に癒されて目覚めることを、癒しの神アスクレピオスに感謝している」とする解釈を最初に挙げ、結局これが「もっとも単純でソクラテスらしい、ということになる。ソクラテスは、いまや間近に期待している「あの世の幸福」を「この世の生」という病気からの快復に喩えている」と結論づけている（プラトン『パイドン――魂の不死について』岩田靖夫訳、岩波文庫、一九九八年、一九二―一九三頁、の訳注（91）を参照）。これは、ニーチェの「隠れペシミスト」ソクラテス解釈に近い。なお、「死にゆくソクラテス」というテーマは、第一巻の36番「最期の言葉」ですでに予告されていた（一〇二頁）。この340番は、それに正確に呼応するとともに、直前の339番のオプティミズムと補い合う関係にある。「生は女性である」と「生は病気である」という対照的な命題を並べていること自体、ニーチェの複眼的思考の流儀を遺憾なく示している。この鮮やかな一対に続いて、341番でいよいよ、「最重量級の重み」をもつ永遠回帰思想が告げられるのである。そこでも、オプティミズムとペシミズム

は表裏一体であることが分かる。

第五巻

＊35〔三五二頁〕　フランスの名将（一六一一—七五年）。戦さに臨んで武者震いが止まらなかったとき、こう自分に言い聞かせたという。第五巻「われら怖いもの知らず」でニーチェがどこに向かおうとしているかを暗示するモットー（原文はフランス語）であり、最初の343番に、そのままつながっている。

＊36〔三五七頁〕　ここから344番最後まで、ほぼそっくり、『道徳の系譜学』第三論文「禁欲主義的理想は何を意味するか」の第二四節で、自己引用される。（途中の「私の言わんとすることは、さすがにお分かりだろう。すなわち、」の箇所は省かれている。また、隔字体(ゲシュペルト)の強調が若干増やされている。なお、『道徳の系譜学』では、『愉しい学問』第五巻の「二六三頁〔S. 263〕」と記載されているが、原書第二版の頁付けでは、「二六三頁以下〔S. 263f.〕」が正しい。）ニーチェの「真理への意志」批判の核心がここに語り出されている、ということだろう。

＊37〔三八五頁〕　ギリシア喜劇では、男優が巨大な張りぼて（木製？）を腰につけてお笑いを演じたというから、ニーチェのなぞなぞ遊びに付き合うとすれば、「……」には「パッロス」という語を補うべきか。„aus hölzernem …“とあるので、少なくとも男性名詞か中性名詞が入る。

＊38〔三八九頁〕　斎藤忍随は、かつて酒席で学生相手に、「君だったら、ニーチェのguter Europäerを何と訳しますか。「よきヨーロッパ人」？——それは誤訳だ、「しぶとい」と訳さなきゃ……」と語ったという（神崎繁『ニーチェ——どうして同情してはいけないのか』日本放送出版協会（哲学のエッセンス）、二〇〇二年、一二四頁による）。本訳書では、„gut“（良い、優れた、良質の）という形容詞を、あえて「いきな」と訳した。この形容を「ヨーロッパ人」に冠することは、「いき」を日本文化に固有な価値語と見なした九鬼周造の考えに反するだろうか。しかし、九鬼がニーチェの思想を深く摂取したことも確かで

ある。本書には、„fein“（洗練された、上等な、上品な、繊細な、鋭敏な）という語が頻出する。さすがにこの語を「いきな」とは訳さなかったが、その反対の „unfein“（洗練されていない、上品でない、野暮な）とセットで考えてみても、ニーチェのめざす自由精神の境地は、「いき」の美学に通ずるものがある。„gute Europäer“を「いきなヨーロッパ人」と訳したくなるのは、それと対比される「野暮なヨーロッパ人」、つまり「世界に冠たるドイツ」と豪語する民族に、ニーチェがあくまで距離をとろうとしているからでもある。377番「われら故郷なき者」で「いきなヨーロッパ人」の理想が語られるのも（四三一頁）、やはりドイツ人のナショナリズムを揶揄する文脈においてである。――なお、357番のこの箇所（「キリスト教の神に打ち勝ったものはそもそも何であったか」から、「われわれはまさにいきなヨーロッパ人であり、ヨーロッパの最も長期的で最も勇敢な自己超克の相続人なのである」まで）は、『道徳の系譜学』第三論文の第二七節で自己引用される。

＊39（三九九頁）この強調は原文にはない。原文 „die noch viel sogenannteren ‚Lebensberufe'“（「いわゆる」という形容が比較級で用いられている）を訳すうえでの便法として、強調を付した。

＊40（四一二頁）「私は本質的に反劇場的な性質の人間である」と宣言する「私」が、この368番の見出し「キュニコス派は語る」の「キュニコス派」の謂いである。古代ギリシアの小ソクラテス派の一つであった「キュニコス派（犬儒派）」の最も有名な哲学者、シノペのディオゲネスに、こういう言い伝えがある。「彼は劇場へ入って行くときには、ちょうど出て来る人たちと鉢合せになるようにしたものだった。それで、どうしてそんなことをするのかと訊かれると、「これこそぼくが、ぼくの全生涯を通じてなそうと心がけていることなのだ」と彼は答えた」（ディオゲネス・ラエルティオス『ギリシア哲学者列伝』中、加来彰俊訳、岩波文庫、一九八九年、一六三頁）。劇場にいそいそと足を運ぶ人びとと真逆の挙動をしてみせたこの「狂えるソクラテス」は、「白昼にランプに火をともして、「ぼくは人間を探しているのだ」と言った」（同書、一四四頁）という逸話一つとっても、近代の小ソクラテス派ニーチェの鑑（かがみ）であっ

た。

＊41（四一三頁）　ニーチェは『ニーチェ対ヴァーグナー』（一八八八年成立）で、『愉しい学問』のいくつかの断章を、改変のうえ再録している。この368番もその一つ（他に、87番、370番、序文の第三節と第四節）。『ニーチェ対ヴァーグナー』では、この断章末尾のカッコ内の文章は削られている。しかし、だからといって、このカッコ内の発言が余計だということにはならないだろう。むしろ、ニーチェ自身の――おまえこそ病気なのではないか、とささやく声が聞こえるという――自己批評がさりげなく洩らされており、味わい深い。本書では、カッコ内にこそ重要なことが語られている場合があるので、注意したい（たとえば、348番「学者の素姓について」の末尾に付されたカッコ内のユダヤ人論）。

＊42（四二二頁）　ここも、言い淀んでぼかしているが、「不感症という病気に罹っていて、鈍感だから」とでも続くところである。

＊43（四三二頁）　378番の見出しは、引用符号でそっくり括られており、異色である。

＊44（四四一頁）　第五巻、ひいては本文全体の「エピローグ」が、付録の詩集の前口上、つまり「プロローグ」でもあるという仕掛けである。

付録

＊45（四四三頁）「鳥のように自由」という形容は、一見、軽妙洒脱な境地のように見え、じっさいこの付録には、大空を飛翔するかのような「かるみ」を感じさせる戯れ歌が並んでいる。だが、„vogelfrei“とは、字義的には、「法的保護を奪われた、鳥の餌食になるほかない」という意であり、現世から遺棄された極限状況を意味する。つまり「鳥のように自由」とは、いつ野垂れ死にするかもしれない「故郷なき者」の寄る辺なさと、別物ではない。（ちなみに、ジョン・レノンが死んだあとで発表されたビートルズの曲に、「フリー・アズ・ア・バード（Free As A Bird）」と題されたものがある。「鳥のように自由に／

それがその次に素晴らしいこと」という歌詞が繰り返されるこの遺作は、「そもそも生まれてこないのが最善で／次善は速やかに死ぬことだ」と歌った古代ギリシア人のペシミズムを髣髴させるものがあり、ニーチェの「フォーゲルフライ王子」詩集の詩想とも響き合うところがある。）

＊46〔四五二頁〕　この行 „Oft trotz dem grausten Kater" は、なかなか難しい。„Kater" には「雄猫」のほかに「二日酔い」という意味があるため、「しばしばひどい二日酔いでやってくるけれども」という意味にも解されうるが、あまりピンとこない。„Bei Nacht sind alle Katzen grau." (「夜には猫はみな灰色に見える（＝やみ夜にカラス）」) ということわざがあるようなので、このような艶っぽい訳し方をしてみた。

訳者あとがき

本書は、フリードリヒ・ニーチェの主著の一つ *Die fröhliche Wissenschaft* の新訳である。訳者としては、大役を果たせて光栄であり、あとがきを記すところまで漕ぎつけることができ、ホッとしている。他方、そう書き出して、読者に説明しておくべきことがあることにさっそく気づく。(1)本書がニーチェの主著の一つだとどうして言えるのか。(2)書名を『愉しい学問』と訳したのはなぜか。(3)既訳が複数あるなかでさらに訳出することに意味があるのか。——以下、この三つの疑問に順番に答えていくことにしよう。

まず、本書がニーチェの主著の一つだとどうして言えるのか、について。

ニーチェの主著はどれか、と訊かれれば、ふつう誰しも『ツァラトゥストラはこう言った』(以下、『ツァラトゥストラ』)を思い浮かべることだろう。それで間違いではなかろうが、現代哲学の扉を開いた思索者の多面的世界に親しむうえで、この一冊だけというのはいかにも寂しい。

ニーチェ(一八四四―一九〇〇年)は、一八七二年に『悲劇の誕生』を出版して以来、一八八九年初に活動停止するまで、ほぼ毎年一本のペースで著作を発表している。旺盛な執筆活動のなかでも最も多産だったのは、一八七八年の『人間的、あまりに人間的』以来、一年ごとに深みを増しつつ書き継がれていった断片集スタイルである。『さまざまな意見と箴言』(『人間的、あまりに人間的』第二部上)が一八七九年、『放浪者とその影』(同第二部下)が一八八〇年、『曙光』が一八八一年、と続くこのジャンルの到達点を示しているのが、『愉しい学問』(初版一八八二年)なのである。次いで取り組まれた物語仕立ての『ツァラトゥストラ』全四部(一八八三—八五年)を挟んで、ふたたび断片集の体裁をとって『善悪の彼岸』(一八八六年)、『偶像のたそがれ』(一八八八年執筆)が書かれた。長短の断章を連ねるアフォリズム形式はニーチェの得意としたところであり、なかでも完成度の高い作品として、『愉しい学問』と『善悪の彼岸』が挙げられる。『ツァラトゥストラ』シリーズも、この二書の中間に著されている。気力充実した四十歳前後のニーチェが生産性の絶頂を迎えたちょうどその頃書かれたのが、この三作であった。

かつてニーチェの主著と言えば、没後の一九〇一年に出た『権力への意志』(増補版一九〇六年)だとされた時期があった。遺稿に重きを置くこの見方は、ハイデガーのニーチェ講義にも見られるが、ニーチェ自身が配列し印刷に付した豊富な著作群をさしおいて、他人が死後に編集した遺文集を優先させるという発想はあべこべもいいところで、支持しがたい。出版社探しに手こずった経験のある者なら、自著の出版という事業がどんなに大変か、身に沁みて知っているはずである。遺稿は読む価値がないと言うつもりは毛頭なく、その精査の重要性を認めるに吝(やぶさ)かではないが、公刊著作そっちのけで遺稿研究に精を出すのは、衒学的と言われても仕方ない（これは他の哲学者の研究に関しても同様である）。

それゆえ、ニーチェの仕事のエッセンスとして、アフォリズム形式の代表作である『愉しい学問』と『善悪の彼岸』を挙げるのは、大方の異存のないところだろう。この二作は等しく完成度が高く、優劣のつけようがない。だが、第一の主著『ツァラトゥストラ』と好一対をなすという点では、やはり『愉しい学問』に軍配が上がる。『愉しい学問』と『ツァラトゥストラ』は、まさしく姉妹編と呼ぶべき間柄にある。よく知られているように、『愉しい学問』初版の最後を飾った342番「悲劇が始まる」は、『ツァラトゥストラ』の書き出しとほぼ同じだし、その一つ前の341番「最重量級の重み」に告げられた永遠回帰思想は、『ツァラトゥストラ』の中心テーマに据えられることになる。永遠回帰思想が初出というだけではない。ニーチェとともに有名な「神は死んだ」の一句がはじめて公言されたのも、『愉しい学問』なのである。『ツァラトゥストラ』の序説から第四部まで、「神の死」というモティーフはさまざまに変奏されるが、それを言うなら、『愉しい学問』もそうで、最も有名な125番「狂人」はもとより、至るところにこのモティーフは見え隠れしている。

成立時期からして、『愉しい学問』と『ツァラトゥストラ』とは、相前後して書かれた。一八八二年刊の『愉しい学問』が先で、次いで『ツァラトゥストラ』の第一部（一八八三年執筆）、第二部（一八八三年執筆）、第三部（一八八四年執筆）、第四部（一八八五年執筆）が続いたが、それればかりではない。一八八六年に『善悪の彼岸』を出したあと、ニーチェは『愉しい学問』を、第五巻「われら怖いもの知らず」と付録「鳥のように自由王子の歌」（その多くは一八八二年執筆)、そして序文を付して、一八八七年に再刊している。つまりこの第二版は、『ツァラトゥストラ』の前後のみならず、『善悪の彼岸』をもサンドイッチ状に挟んで、絶頂期ニーチェの境地を存分に伝えているのである。

『曙光』と似た穏やかな趣の第一、二巻と、核心思想の表明へと突き進む第三、四巻との間にも、調子の違いは見られるが、それら初版のテクストと、第二版で加えられた第五巻とでは、調子はさらに異なる。そこに窺える転調に、思索の境涯のいっそうの深まりを見出すことも、精神の高揚ゆえの翳り(かげ)りを認めることも、等しくできよう。それでいて「神の死」というモティーフは健在であり、付録の歌集も逸品である。ともかく、一書の中に多様な思想世界が横溢していることは、本書の味わいをいやがうえにも高めている。

ウリ二つの双子でも持ち味は異なるように、密接な姉妹編でも味わいは別様である。箴言体と物語調という文体の違いもさることながら、『愉しい学問』にあって『ツァラトゥストラ』にはないものがある(むろんその逆も言えるが)。それは歴史的限定性の有無である。箴言伝説上の人物を主人公とする設定年代不明の物語が、歴史から切り離された普遍的真実を建前とするのに対して、ニーチェが自分の生きている時代を凝視してさまざまな意見や箴言を記した断片集は、著者が歴史的現実にどう向き合い、同時代とどう格闘していたか、を吐露している。たとえば、祖国ドイツのナショナリズムに冷や水を浴びせかける辛辣さには、ニーチェの屈折した愛国心が窺えるし、故郷なきユダヤ人のあり方に「いきなヨーロッパ人」の指針を見てとろうとする公平さは、反ユダヤ主義の台頭した時代を優に突き抜けていた。

十九世紀後半という近代諸科学隆盛の時代、進化論をはじめとする新理論を、古典文献学者あがりのディレッタントが注視していた様子が分かるのも、意義深い。ドイツ人文主義の申し子のごとき、古今の文学、芸術、政治、歴史に通暁する批評家のたしかな鑑識眼も、時空を超越した『ツァラトゥストラ』では味わえない醍醐味であろう。

鏤（ちりば）められた小品の一つ一つが独自の世界を形づくり、パースペクティヴの多様さに富む本書は、そのテクスト自体、ニーチェ流「解釈学」の極上の達成と言ってよい。本書に収められた断章の各々が、相互に牽制し合いつつ醸し出している偏りのなさ、バランスの妙は、ニーチェに「権力思想家」、「差別主義者」、「厭世家」、「ニヒリスト」、「反キリスト者」といった既成のレッテルを貼って済まそうとする読み筋に対する、またとない反証となろう。百面相のような変幻自在の文体に、一面的なニーチェ観はもはや通用しない。融通無碍のスタイルという点では、『ツァラトゥストラ』と比べて本書に一日（いちじつ）の長がある。

次に、書名を『愉しい学問』と訳したのはなぜか、について。

Die fröhliche Wissenschaft というドイツ語タイトルは、生田長江訳ニイチエ全集で『悦ばしき知識』と訳され、理想社版（現在はちくま学芸文庫版）ニーチェ全集の信太正三訳もこれを踏襲している。そのヴァリエーションとして『華やぐ知慧』や『喜ばしき知恵』といった訳もある（この方向の英訳は *The Joyful Wisdom*）。ニーチェが第二版の表題に添えた古イタリア語 „la gaya scienza“ からして、トルバドゥール（中世に南仏を中心に活躍した

騎士道風恋愛詩人たち）の讃えた「性愛のわざ」を表わしているともされ、一筋縄では行かないが、カウフマンの定評ある英訳（*The Gay Science. With a Prelude in Rhymes and an Appendix of Songs*, Translated, with Commentary, by Walter Kaufmann, Vintage Books, 1974）はその古語をそのまま活かし、表題を「ゲイ・サイエンス」としている（「ゲイ」とはこの場合「陽気な・快活な・楽しげな」の意）。

私も、ここは「直訳」がいちばん適していると思う。„fröhlich“とは「楽しげな・上機嫌の・快活な・喜ばしい・おめでたい」という意の普通の形容詞であり（„Fröhliche Weihnachten!“は「メリークリスマス」）、„Wissenschaft“は、英語の“science”やラテン語の“scientia”に相当し、「学・学問・科学」という意味である。「学」では硬いし、「科学」だと自然諸科学がいかんせんイメージされやすいので、ここは「学問」のほうがよく、好事家のひそかな愉しみというニュアンスを込めて、『愉しい学問』がピッタリすると、私には思われる。

だが、ここで一つの疑念が持ち上がる――「〈学問〉が〈愉しい〉だなんて、形容矛盾ではないか」。なるほど、「愉しい」と「学問」の二語は、折り合いが悪そうに見える。日本語でこの「直訳」が敬遠されてきたゆえんも、ここにあるのだろう。逆に言えば、そう、このタイトルには、学問は謹厳実直なものであらねばならぬとする固定観念への挑戦が含まれているのだ。学問とは愉快で陽気なもの、しかつめらしい顔をした学者などクソくらえ、と本書は終始、巻頭のモットーから第五巻のエピローグまで、タイトル通りに主張している。その一貫した主張を字義通りに受け止めることが肝要である。

本書には、至るところに笑いがあり、茶目っ気たっぷりな微笑、失笑、哄笑がある。そのとぼけたおかしみの質を日本語に再現するのは至難の業だが、それがまったく不可能だと思うのなら、翻訳に携わる意味はない。私は、ニーチェに教えてもらった「学問の愉しさ」を日本語で読者に伝えたいと願って、丹精込めて本書を訳したつもりである。

とはいえ、さらなる疑念を抑え切れない人もいるだろう――「その場合の〈学問〉とは何を指すのか。なんとお気楽なことか」。たしかに、「道楽」と称するに相応しい極めつけの「学問」が、本書では想定されている。「哲学」がそれである。

哲学入門で教わるように、"philosophia"とは「知への愛」である。知ること、見てとること、考えることは、愉しく嬉しく悦ばしいことであり、その愉悦は至福をもたらすと、哲学者は古来、おのれの愛欲の営みをゆるぎなく肯定してきた。プラトン、アリストテレス、エピクロスから、スピノザ、ヘーゲル、ショーペンハウアーまでそうであった。彼ら名立たる道楽者たちの流れに棹差(さおさ)すニーチェの哲学礼讃の書こそ、『愉しい学問』にほかならない。『饗宴』にしろ『精神現象学』にしろ、古今の哲学書の行き着くところ、知への愛の成就がいかに快楽に満ちたものであるかを言わんとしている。もしこの世に救いがあるとすればコレだ、という確信を本書が洩らしていることを、敏感な読者は聴きとるであろう。

「なんだ、哲学者の自己満足か――」と一蹴することなかれ。知的満悦というだけでは済まない事情が、ここにはひそんでいるからである。ニーチェは自分の生きている時代、つまり近代では、「神は死んだ」と言わざるをえないと思い至り、本書を記した。その場合の「神」とは、ユダヤ－キリスト教の唯一神であるとともに、人類が古来あやかりたいと願ってきた知の理想形のことでもある。信仰にとってのみならず、哲学にとっての至高の目標もまた潰え去り、しかもそれをもたらしたのは、真理を求めてやまない者たちの志向そのものであった。こうした自業自得の目標喪失状況こそ、「神の死」という一句の言わんとするところなのである。試みに、現代思想において「真理」がどう遇されているか、思い浮かべてみればよい。この言葉を発するだけでお門違いとされるのがオチである。哲学が、ひいては真理をめざす人間の学問的営為の一切が、気がついてみると自己否認に追い込まれているのが現代なのであり、まさにその知的状況をニーチェはつとに察知したのであった。

こうした八方塞がりの窮境にあって、みずからの置かれた困難な状況を冷静に観察し、その由来と帰趨と範囲と深度を実測してみることは、しかし、不思議と愉しい作業である。神の死というドス黒い影の広がる地上を悠然と見下ろす視点をどこかで保ち、目標を見失い破滅に向かってひた走る人間たちの押し合いへし合いの一部始終をじっくり見てやろうとする見物は、自由精神にとってこのうえない悦楽である。真理への意志の自滅という悲喜劇が人類規模で演じられる光景は、怖いもの知らずにはたまらない快感をもたらす。死すべき者どもが身のほど知らずにも神的高みに駈け昇る決死のスリルがそこにある。

えっ、人間界とその愚かさを見下ろしては嗤っていたオリュンポスの神々も、死んだのでは——だって？　いやいや、一度死んだくらいではへっちゃらなのが、かの霊験あらたかな酒神ディオニュソスだということを、肝に銘じておこう。八つ裂きの修羅場をくぐり抜けては幾度も蘇る神を、「愉しい学問」の徒は恭しく崇め奉るのである。

第三に、既訳が複数あるなかでさらに訳出することに意味があるのか、について。

ニーチェのこのテクストには、少なくとも次の五種類の既訳がある。①生田長江訳『悦ばしき知識』（一九二〇年、新潮社／一九三五年、日本評論社）、②氷上英広訳『華やかな知慧』／『華やぐ知慧』（一九五二年、新潮社／一九八〇年、白水社）、③神保光太郎訳『愉しい知識』（一九五四年、創元社）、④信太正三訳『悦ばしき知識』（一九六二年、理想社／一九九三年、筑摩書房）、⑤村井則夫訳『喜ばしき知恵』（二〇一二年、河出書房新社）。どれも立派な訳業だし、②の白水社全集版、④のちくま学芸文庫全集版、⑤の河出文庫版、の三つは入手しやすい。私自身長らく④の信太訳に親しんできたし、⑤の村井訳もお薦めである。②の訳者氷上氏には『ツァラトゥストラはこう言った』の名訳もある。それなのにわざわざ新訳を出す意味があるのか、と言われても仕方ないところがある。

一つ釈明させてもらうと、私が本書の翻訳に着手したのは、今から十年以上前であった。前任校の東京女子大学哲学科の初級者向け演習のテクストに使い続け、少しずつ訳出していったのである。同時並行的に別の翻訳の仕事もあり、なかなか完成しないうちに、村井訳が出て、慌てた覚えがある。とはいえ、当時すでに訳稿は大方できていたし、今さら公刊を断念するわけにもいかない。ほぼ訳し終えた段階で或る出版社に打診してみたが、向こうの編集者からはさっぱり音沙汰がない。いったん宙に浮いた拙訳に、日の目を見る機会を与えてくださったのが、互盛央さんである。ちょうど講談社に移って学術文庫の古典新訳を企画し始めていた互さんに、救っていただいたのである。

以上の釈明だけでは、むろん、拙訳公刊の申し開きとしては十分ではない。『ツァラトゥストラ』の邦訳が二十種類に届こうかという勢いなのに、ニーチェのもう一つの主著は五種類しかないので、と弁解してもまだ足りない。とどのつまり、読者に本訳書を繙(ひもと)いていただき、ゆっくり丁寧に読んでいただくしかない。翻訳を手がけるとき私はいつもそうしているが、今回も、声に出して読める訳文を心掛けた。本書のように張りのある文体の場合、とくにそれが要求される。詩文を韻文にすることは断念せざるをえなかったし、翻訳にはおのずと限界はあるものの、全編これ散文詩と言ってよいほどテンポのよい調子で書かれている彫心鏤骨の作品を、日本語に移そうとする以上、それなりの覚悟が要る。ニーチェの愉快な表現実験を日本語に移し替える危うさをまず確認しておきたいという向きには、序曲の4番「ボケとツッコミ」、付録の詩篇「信心深い女ベッパ」あたりを薦める。第四巻の279番「星の友情」も、声に出して味わいたい散文詩の名品である。同じく第四巻の334番「愛することを学ばなくてはならない」は、序曲の1番「ご招待」とともに、本書に挑もうとするすべての人に、最初に読んでもらいたいイントロである。

読みどころの紹介を、もう少し続けよう。第一巻の22番「王様のための一日のご予定」や、第二巻の60番「女性とその遠隔作用」では、自分の見た夢や妄想をニーチェが精細に記述していて、不思議なリアリティがある。第三巻は、冒頭の108番「新たな戦い」で、「神は死んだ」とおもむろに語られ、125番「狂人」で緊張は一気に高まるが、126番「神秘的な説明」でそれを軽くいなし、153番「この人は詩人だ」では、独白のうちに「神の死」という中心主題をまとめ上げる。第四巻になると、冒頭の276番「新年にあたって」から、『ツァラトゥストラ』に接続する最後から三つ目の340番「死にゆくソクラテス」まで、緊迫した流れのうちに「哲学の愉しさ」が謳い上げられ、鮮烈なテクストがひしめき合っている。ニーチェ哲学の絶頂の一つがここにある。第五巻も、冒頭の343番「われわれの快活さの意味するもの」で、「神の死」が再説され、続く344番「どこまでわれわれもいまだに信心深いか」では、「真理への意志」の自己批判が昂然と表明される。第五巻は終盤に進めば進むほど、ニーチェが最終的に行き着いた境涯を自分に語って聞かせるような、自省的で沈潜的なテクストが続く。厳粛な382番「大いなる健康」へ行き着いた果てに、本文最後の383番「エピローグ」では軽やかな調子が戻り、付録の戯れ歌詩集「鳥のように自由王子の歌」へと導かれてゆく。

以上で、最初に挙げた三つの疑問に概ね答えたと思うが、もう少し補足しよう。

読みどころ、と今書いたが、これは釈明のための方便のようなもので、読者におかれては、とにかく最初から最後まで一つ一つ、ニーチェの磨き上げた珠玉の言語世界を存分にお楽しみいただきたい。そのように日本語で読み味わっていただくためにこそ、私は訳者としてできるかぎりのことをしようと願ったのである。

神の死、力への意志、永遠回帰といった鳴り物入りの思想も、ニーチェの魅力にはちがいないが、それらの蔭に隠れ、ひっそり佇(たたず)んでいる掌編も味わい深い。総花的な編集物よりも、著者が自分で編み上げた作品を丸ごと一冊賞味するほうが、苦労が多い分、愉しみも多い。一つ一つの断片をためつすがめつ読んでいく付き合いのいい読者には、思いがけない発見の喜びが待っている。たとえて言うと、名盤のアルバムを通して聴いているうち、シングルカットされた有名な曲とはまた別の味わいの、地味な小品がたまらなく好きになるようなものである。ヒット曲オンパレードのアンソロジーもいいが、オリジナルアルバムを聴き込んではじめて当のアーティストの真価は分かるというもの。それと似たことが、ニーチェの公刊著作にも言えるのである。

そうした発見の一つ、つまりおおらかな読書のご褒美の一つに、ニーチェがキリスト教に対して驚くほど多面的理解を試みている現場に立ち会えるという愉しみがある。

キリスト教をバッサリ斬って捨てたニーチェというステレオタイプは、本書を前にして崩れ去る。「神の死」を宣告したはずの第三巻でも、キリスト教は啓蒙に貢献したとか、祈禱には効用があるとか、宗教戦争は民衆に教育効果ありとか、ルター以前のドイツのキリスト教文化は豊かだったとか、プロテスタントに比べてカトリックには南方ならではの深い知恵があるとか、じつに多彩な考察を加えている。だからといって護教家顔(づら)しているわけではなく、宗教批判の舌鋒鋭く、キリスト教を斥けるのはもはや趣味の問題だと言ってのける懐疑家がそこにいる。拮抗し合う視点からキリスト教に光を当てるあっけらかんとした批評精神と、おのれの出自と内面を容赦なく抉り返す自己反省。そのような襞をもつ警句の一部だけ都合よく取り出し、キリスト教を見下す便利な口実を見つけたと安心するような連中には、弱者の復讐根性しか見出せないと、そうニーチェなら言うであろう。

もう少しだけ付言しておこう。本書では、宗教批判、道徳批判、科学批判に負けず劣らず、哲学批判が展開されるが、その一方で、ソクラテス、プラトン、デカルト、スピノザ、ライプニッツといった古今の哲学者たちへの敬慕の念が表明される。たとえば、冒頭近くの2番「知的良心」は、『方法序説』の書き出しの翻案と言えるし、重要テクストとして先に挙げた276番や344番も、デカルト解釈への寄与として読める。『パイドン』読解に役立つ340番はもとより、イデア説に古代人の健康ぶりを認める372番「なぜわれわれはイデア主義者でないのか」にも、プラトンへの思い入れは見てとれる。6番「威厳の喪失」、42番「労働と退屈」、329番「ひまとのらくら」からは、観想的生の威信が失墜した近代にあって、悠長な思索をこよなく愛した隠棲者の気概が伝わってくる。

かくも知への愛に生きたニーチェに、反哲学者とか反形而上学の徒とかいったレッテルを貼っても仕方ない。繰り返そう。戦慄から始まる哲学の愉悦を謳う本書『愉しい学問』は、近代という哲学の危機の時代をまっとうに生きた哲学者の主著なのである。

最後に、謝辞を若干述べさせていただく。

本書の生みの親は、前述の通り、互盛央さんである。素早い企画から行き届いた校正まで、万事お世話になり、いくら感謝してもし過ぎるということはない。現代日本を代表する編集者に、本作りにかける情熱のほどを教えていただいたことは、身に余る光栄であった。凡例にも記したように、本書のテクスト第二版原著 Friedrich Nietzsche, *Die fröhliche Wissenschaft (,,la gaya scienza")*, Neue Ausgabe mit einem Anhange: Lieder des Prinzen Vogelfrei, Leipzig, Verlag von E. W. Fritzsch, 1887 が、東北大学附属図書館の「ヴント文庫」に収蔵されている。一三〇年近く前に出た本の現物にめぐり合えたのは、あたかも自分のために用意されていたかと思えるほど、出来すぎの幸運であった。互さんに相談に乗っていただき、原著の写真を訳書の扉裏のページに収めることができたのは、嬉しかった。

その原書撮影とともに、本書のカバーを飾る写真提供をお引き受けいただいたのは、縁あって仙台で知り合った写真家、小岩勉さんである。被災地を一緒に見て回り、写真展や写真集を拝見し、何度かお話しするうちに、ニーチェの思索世界をイメージするのに、小岩さんが撮るストイックなモノクロ写真はうってつけだ、と確信するに至った。勝手なお願いを寛大に聞き届けてくださった小岩さんに、御礼申し上げたい。広瀬川の河原は仙台に来てから私がよく散歩する場所で、一昔前のその川で遊ぶ子どもたちの姿をとらえた不思議なアングルを装幀に使わせていただき、感慨もひとしおである。

長年コツコツ作ってきた訳文ではあったが、一人だと目の行き届かないところがどうしても出てきてしまう。拙訳が改善されているとすれば、それは、互さんの異能と、訳稿を原文と照らし合わせて的確なコメントを多数寄せてくれた若い友人、橋爪大輝さん、嶋崎史崇さん、瀧将之さん、のおかげである。三人の気前のよい友情に、深く感謝する。

本書を完成させるうえでお世話になった方は数多いが、なかでも私が一番負うているのは、ニーチェのテクストを授業に取り上げるという教員のわがままに付き合ってくれた、歴代の学生諸君である。東北大学では、一年生向け全学教育科目で『愉しい学問』を講ずるという好き放題をさせてもらって、感謝している。とりわけ、東京女子大学では、先に述べた通り、哲学科二年生必修の講読ゼミで毎年、難解で皮肉で嫌味で残酷なニーチェのテクストを読む労苦を学生たちに強いた。よくまあそんな拷問みたいな仕打ちに耐えてくれたことか、と卒業生全員に感謝、いや陳謝しなければならない。彼女たちの呻吟のおかげで、ようやく本書を世に送り出すことができたのであった。一九二四年竣工のアントニン・レーモンド作の西校舎二階の、三面に広く窓をとった明るい教室で、学生たちとニーチェについて語らった時間は、私にとって毎回、至福の時であった。各年度のニーチェ演習に参加してくれた東京女子大学哲学科卒業生諸姉のまなざしを懐かしく想起しつつ、彼女たちとの「愉しい学問」の思い出に、本書を捧げたいと思う。

二〇一六年九月

森　一郎

マ 行

ヤ 行

ラ 行

ナ　行

ハ　行

サ　行

タ　行

事項索引

・項目選択にあたっては、本書の理解に資する重要語を拾うよう心がけた。網羅的であろうとはしていない。
・訳語対照表という意味もこめた。原語の綴りはニーチェのテクストに拠った。

ア 行

カ 行

マ　行

ラ　行

サ 行

タ 行

ナ 行

ハ 行

人名索引

・人名索引、事項索引とも、本訳書の頁付けで示す。
・名前のアルファベット綴りは、原則としてニーチェのテクストに従った（古代の人名や神名の表記はドイツ語式とした）。近代人のファーストネーム等は、適宜こちらで補った。

ア　行

カ　行

＊本書は、講談社学術文庫のための新訳です。

フリードリヒ・ニーチェ
1844-1900年。ドイツの哲学者。近代という時代がはらむ問題を一身に受け止め，古代以来の哲学との対決に挑み，現代思想に衝撃を与えた。代表作は，本書（初版1882年）のほか，『ツァラトゥストラはこう言った』（1883-85年），『善悪の彼岸』（1886年）など。

森　一郎（もり　いちろう）
1962年生まれ。東京大学大学院人文科学研究科博士課程中退。東京女子大学教授を経て，現在，東北大学教授。専門は，哲学。著書に，『死と誕生』，『死を超えるもの』ほか。訳書に，アーレント『活動的生』ほか。

定価はカバーに表示してあります。

愉（たの）しい学問（がくもん）

フリードリヒ・ニーチェ／森（もり） 一郎（いちろう） 訳

2017年1月11日　第1刷発行
2022年7月12日　第4刷発行

発行者　鈴木章一
発行所　株式会社講談社
東京都文京区音羽 2-12-21 〒112-8001
電話　編集（03）5395-3512
販売（03）5395-4415
業務（03）5395-3615

装　幀　蟹江征治
印　刷　株式会社ＫＰＳプロダクツ
製　本　株式会社国宝社
本文データ制作　講談社デジタル製作

ISBN978-4-06-292406-1

「講談社学術文庫」の刊行に当たって

これは、学術をポケットに入れることをモットーとして生まれた文庫である。学術は少年の心を養い、成年の心を満たす。その学術がポケットにはいる形で、万人のものになることは、生涯教育をうたう現代の理想である。

こうした考え方は、学術を巨大な城のように見る世間の常識に反するかもしれない。また、一部の人たちからは、学術の権威をおとすものと非難されるかもしれない。しかし、それはいずれも学術の新しい在り方を解しないものといわざるをえない。

学術は、まず魔術への挑戦から始まった。やがて、いわゆる常識をつぎつぎに改めていった。学術の権威は、幾百年、幾千年にわたる、苦しい戦いの成果である。こうしてきずきあげられた城が、一見して近づきがたいものにうつるのは、そのためである。しかし、学術の権威を、その形の上だけで判断してはならない。その生成のあとをかえりみれば、その根は常に人々の生活の中にあった。学術が大きな力たりうるのはそのためであって、生活をはなれた学術は、どこにもない。

開かれた社会といわれる現代にとって、これはまったく自明である。生活と学術との間に、もし距離があるとすれば、何をおいてもこれを埋めねばならない。もしこの距離が形の上の迷信からきているとすれば、その迷信をうち破らねばならぬ。

学術文庫は、内外の迷信を打破し、学術のために新しい天地をひらく意図をもって生まれた。文庫という小さい形と、学術という壮大な城とが、完全に両立するためには、なおいくらかの時を必要とするであろう。しかし、学術をポケットにした社会が、人間の生活にとってより豊かな社会であることは、たしかである。そうした社会の実現のために、文庫の世界に新しいジャンルを加えることができれば幸いである。

一九七六年六月　　野間省一

西洋の古典

世界史の哲学講義 ベルリン　１８２２／２３年(上)(下)
G・W・F・ヘーゲル著／伊坂青司訳

一八二二年から没年（一八三一年）まで行われた講義のうち初年度を再現。上巻は序論「世界史の概念」から本論第一部「東洋世界」を、下巻は第二部「ギリシア世界」から第四部「ゲルマン世界」をそれぞれ収録。

2502・2503

小学生のための正書法辞典
ルートヴィヒ・ヴィトゲンシュタイン著／丘沢静也・荻原耕平訳

ヴィトゲンシュタインが生前に刊行した著書は、たったの二冊。一冊は『論理哲学論考』、そして教員生活を送っていた一九二六年に書かれた本書である。長らく未訳のままだった幻の書、ついに全訳が完成。

2504

言語と行為 いかにして言葉でものごとを行うか
J・L・オースティン著／飯野勝己訳

言葉は事実を記述するだけではない。言葉を語ることがそのまま行為をすることになる場合がある――「確認的」と「遂行的」の区別を提示し、「言語行為論」の誕生を告げる記念碑的著作、初の文庫版での新訳。

2505

老年について　友情について
キケロー著／大西英文訳

偉大な思想家にして弁論家、そして政治家でもあった古代ローマの巨人キケロー。その最晩年に遺された著作のうち、もっとも人気のある二つの対話篇。生きる知恵を今に伝える珠玉の古典を一冊で読める新訳。

2506

技術とは何だろうか 三つの講演
マルティン・ハイデガー著／森　一郎編訳

第二次大戦後一九五〇年代に行われたテクノロジーをめぐる講演のうち代表的な三篇「物」、「建てること、住むこと、考えること」、「技術とは何だろうか」を新訳で収録する。技術に翻弄される現代に必須の一冊。

2507

閨房の哲学
マルキ・ド・サド著／秋吉良人訳

数々のスキャンダルによって入獄と脱獄を繰り返し、人生の三分の一以上を監獄で過ごしたサドのエッセンスが本書には盛り込まれている。第一級の研究者がついに手がけた「最初の一冊」に最適の決定版新訳。

2508

《講談社学術文庫　既刊より》

西洋の古典

物質と記憶
アンリ・ベルクソン著／杉山直樹訳

フランスを代表する哲学者の主著――その新訳を第一級の研究者が満を持して送り出す。簡にして要を得た訳者解説を収録した文字どおりの「決定版」である本書は、ベルクソンを読む人の新たな出発点となる。

2509

科学者と世界平和
アルバート・アインシュタイン著／井上　健訳（解説：佐藤　優／筒井　泉）

ソビエトの科学者との戦争と平和をめぐる対話「科学者と世界平和」。時空の基本概念から相対性理論の着想、統一場理論への構想まで記した「物理学と実在」。平和と物理学、それぞれに統一理論はあるのか？

2519

中世都市　社会経済史的試論
アンリ・ピレンヌ著／佐々木克巳訳（解説・大月康弘）

「ヨーロッパの生成」を中心テーマに据え、二十世紀を代表する歴史家となったピレンヌ不朽の名著。地中海を囲む古代ローマ世界はゲルマン侵入とイスラーム勢力によっていかなる変容を遂げたのかを活写する。

2526

箴言集
ラ・ロシュフコー著／武藤剛史訳（解説・鹿島茂）

十七世紀フランスの激動を生き抜いたモラリストが、人間の本性を見事に言い表した「箴言」の数々。鋭敏な人間洞察と強靱な精神、ユーモアに満ちた短文が、自然に読める新訳で、現代の私たちに突き刺さる！

2561

国富論（上）（下）
アダム・スミス著／高哲男訳

スミスの最重要著作の新訳。「見えざる手」による自由放任を推奨するだけの本ではない。分業、貨幣、利子、貿易、軍備、インフラ整備、税金、公債など、経済の根本問題を問う近代経済学のバイブルである。

2562・2563

ペルシア人の手紙
シャルル＝ルイ・ド・モンテスキュー著／田口卓臣訳

二人のペルシア貴族がヨーロッパを旅してパリに滞在している間、世界各地の知人たちとやり取りした虚構の書簡集。刊行（一七二一年）直後から大反響を巻き起こした異形の書を、気鋭の研究者による画期的新訳。

2564